COLLECTION

ACTIVITÉS POUR LE CADRE COMMUN

B1

Marie-Louise PARIZET
Éliane GRANDET
Martine CORSAIN

Conseillères pédagogiques
au Cavilam, Vichy

CLE INTERNATIONAL
www.cle-inter.com

Nos remerciements

à Elisa Chappey, responsable de Fréquence FDLM, supplément sonore de la revue *Le Français dans le monde*,

à Frédérique Bourgade pour le document *L'Airbus A 380*,

à Nicolas Schmitt pour le document *Paroles d'enfants : les mots qu'ils aiment et ceux qu'ils n'aiment pas*,

à Christelle Lapierre pour le document *Paroles d'enfants : quand je serai grand*,

à Edouard Garzaro pour le document *Goémonier* et

à Roger Arduin pour le document *Le Corbusier et la Cité radieuse de Marseille*.

Nous remercions également Nicole Arnold, *Éditions sonores et musicales de Radio France*, pour l'aide précieuse qu'elle nous apporte dans la recherche de documents radiophoniques.

Direction éditoriale : Michèle Grandmangin
Illustrations : Xavier Husson
Couverture : Maria Mercedes Salgado
Iconographie : Agnès Calvo
Mise en pages : Sophie de Vilmorin
Conception graphique et édition : Sophie Godefroy

ISBN 978-2-09-035382-2

INTRODUCTION

Le Cadre européen commun de référence pour les langues (CECRL) occupe aujourd'hui une place prépondérante dans l'enseignement-apprentissage des langues.

Prolongement naturel des approches communicatives, il se situe dans une perspective actionnelle qui « considère l'usager et l'apprenant d'une langue comme des acteurs sociaux ayant à accomplir des tâches dans des circonstances et un environnement donnés[1] ».

Organisé en six niveaux qui vont de la découverte à la maîtrise de la langue-culture, le CECRL établit une progression plus réaliste et plus précise que l'habituelle distinction entre élémentaire, intermédiaire et avancé. **Le niveau B1**, qui comporte deux degrés : B1 et B1+, est dit « niveau seuil ». À ce niveau l'apprenant est un utilisateur indépendant de la langue, il peut « se débrouiller dans la plupart des situations rencontrées en voyage[2] ». Il peut « raconter un événement, une expérience ou un rêve, décrire un espoir ou un but et exposer brièvement des raisons ou explications pour un projet ou une idée[3] ». L'aider à développer ces compétences, tel est l'objectif de cet ouvrage.

Destiné à de grands adolescents ou adultes, il peut être utilisé seul ou en complément de manuels actuellement disponibles, compatibles avec les orientations du Cadre européen commun de référence pour les langues.

Conçu comme un ensemble d'activités et non comme un manuel d'apprentissage de la langue, il s'organise en deux parties : l'une consacrée à l'oral, l'autre à l'écrit. Dans chacune d'elles, soulignées par des couleurs différentes, les trois aptitudes de réception, production, interaction sont abordées successivement. Cependant, elles sont liées et s'enrichissent mutuellement.

Les activités proposées suivent de près les compétences répertoriées dans le Cadre. Elles correspondent aux niveaux B1 et B1+ et sont donc de difficulté différente dans la mesure où l'écart est important entre le début de B1 et B1+. À ce niveau, les documents oraux ou écrits deviennent plus longs et plus complexes. Les activités mettent en œuvre et développent, de façon implicite ou explicitée dans des encadrés matérialisés par le signe , des stratégies destinées à faciliter la communication. Pour la production et l'interaction, il s'agit d'activités ouvertes mais souvent guidées par des canevas, facilitées par l'apport de conseils et d'outils. S'il travaille en autonomie, l'apprenant peut, à tout moment, confronter ses propres productions aux propositions contenues dans les corrigés.

Cet ouvrage étant destiné à un public multilingue, il ne peut développer la compétence de médiation qui implique le passage d'une langue à une autre. Toutefois, quelques notes matérialisées par le signe incitent l'apprenant à réfléchir sur quelques spécificités de la médiation (notions difficilement traduisibles, charges culturelles de certains mots) et à s'entraîner à la reformulation de textes français dans sa langue maternelle.

Les auteures

1. *CECRL*, Didier, page 15.
2. et 3. *CECRL*, Didier, page 25

COLLECTION

ACTIVITÉS POUR LE CADRE COMMUN

B1

Corrigés

Marie-Louise PARIZET
Éliane GRANDET
Martine CORSAIN

Conseillères pédagogiques
au Cavilam, Vichy

CLE
INTERNATIONAL
www.cle-inter.com

ISBN 978-2-209-035382-2

Corrigés de l'oral

I. COMPRÉHENSION ORALE

1 **a)** Rose est la servante, la bonne de Follavoine.
L'arrogance, la satisfaction de soi, le désir de bien faire, la bonne volonté, la peur…

b)

FOLLAVOINE	ROSE
Sentiments/Attitudes	**Sentiments/Attitudes**
L'autorité : *Au fait, dites donc, vous… !/Allez retrouver Madame.*	L'étonnement : *Comment ?/Les Hébrides ?*
L'agacement/l'impatience : *Quoi ? Qu'est-ce que vous voulez ?/Je regrette ! je travaille./Oui, bon, merci, ça va bien !*	La justification : *Y a pas longtemps que je suis à Paris, n'est-ce pas… ?/Et je sors si peu !*
La colère : *On ne trouve rien dans ce dictionnaire !*	La soumission : *Bien, Monsieur./Oui, Monsieur./ Monsieur ?*
L'amusement : *Mais non, pas de la boue !/« C'est pas elle qui a rangé les Hébrides » ! Je te crois parbleu !*	Le soulagement : *Ah ! oui !… c'est dehors !*
Le mépris : *des îles ! bougre d'ignare !... de la terre entourée d'eau… vous ne savez pas ce que c'est ?/ Elle ne sait rien, cette fille ! rien !*	L'inquiétude : *Ah ! non !… non !… C'est pas moi qui range ici !… C'est Madame.*

2

Sentiment/ Attitude	1	2	3	4	5	6	7	8	9	10	11	12	13	14	15
La colère									✗				✗		
L'admiration											✗				
Le regret	✗														
L'enthousiasme		✗													
L'indignation						✗		✗					✗		
Le doute												✗			✗
La surprise							✗			✗					✗
La critique			✗												
La satisfaction					✗									✗	
Le mécontentement				✗				✗							

3 **b) 1.**

Année de création : 1979	Nombre de spectateurs : environ 130 000
Durée : 9 jours	Horaires des séances : une séance toutes les heures, de 13 h à 23 h (13 h - 15 h - 17 h, etc. dans une partie des salles, 14 h - 16 h - 18 h, etc. dans les autres)
Nombre de films reçus : près de 4 000	Prix d'entrée : 3 € la séance, 56 € le carnet de 20 places
Types de compétition : nationale, internationale, « labo »	Lieux de projection : 2 cinémas, la fac (l'université), la Maison des congrès

2. • Des films plus expérimentaux, des recherches formelles.
• Oui, il y a des sélections pour les jeunes, des programmes sur des thèmes particuliers, un pays invité d'honneur.
• Parce qu'il trouve que ce festival donne une très bonne idée des tendances actuelles du cinéma international. Et puis il aime beaucoup l'ambiance. Il apprécie aussi que les réalisateurs assistent aux projections.

4 **a)** **a**: dans un magasin de chaussures - **b**: pendant les soldes, un après-midi - **c**: 3 - **d**: une cliente, une vendeuse, la responsable du magasin - **e**: la cliente veut échanger son achat, la vendeuse refuse puis doit accepter d'échanger ou de rembourser l'achat de la cliente, la responsable vérifie le bien fondé de la réclamation et accède à la demande de la cliente.

b) La cliente va se faire rembourser ou acheter autre chose - En période de soldes, les articles ne sont normalement ni repris ni échangés, mais ils peuvent être repris, échangés ou remboursés s'il y a un défaut non visible à l'achat.

5 **1)** Madame Courtine veut savoir quand elle voyage en train, si elle est indemnisée en cas de vol de ses bagages.
a) La société de transport n'est pas responsable, même si elle impose au voyageur de déposer ses bagages dans un endroit éloigné de sa place mais elle est responsable si on lui confie ses bagages, si on utilise son service « bagages à domicile ».
b) Le service « bagages à domicile » prend et livre les bagages aux adresses qu'on lui indique.
La SNCF verse une indemnité forfaitaire de 30,50 € si le jour de livraison prévu n'est pas respecté. Elle verse une indemnité limitée à 914 € par bagage ordinaire (valise, sac...) et 396 € par bagage volumineux (un vélo, par exemple).

2) Monsieur Villiers veut savoir quand il voyage en avion, ce qu'il doit faire s'il a des problèmes avec ses bagages.
a) Selon les statistiques, deux bagages sur mille sont endommagés par an, sept sur mille sont mal acheminés, et trois sur dix mille sont définitivement perdus.
b) Si le bagage n'est pas livré à l'arrivée, il faut le signaler tout de suite au service bagages de la compagnie ou de l'aéroport et exiger un récépissé. On peut demander une indemnité si on a dû acheter des affaires de première nécessité, à condition de faire cette réclamation au plus tard dans les 21 jours qui suivent la livraison du bagage.
c) Si les bagages sont perdus ou endommagés, on obtient une indemnité de 25 € par kilo pour les bagages transportés en soute. Pour les bagages transportés en cabine, il n'y a pas d'indemnisation sauf si le dommage intervient pendant le vol. On obtient alors 410 € au maximum par passager.

6 **a)**

	Vrai	Faux
Il s'agit d'une conversation amicale.		✗
Les personnes se contactent pour la première fois.	✗	
Les personnes donnent l'impression de se connaître.		✗
Elles vont se recontacter bientôt.	✗	
Chacune expose ses problèmes.		✗

b) Les séjours au pair.

c) Karen est danoise, elle a 22 ans, elle voudrait trouver un emploi de *fille au pair* pour améliorer son français. Elle a une petite expérience de ce genre de travail: elle s'est occupée d'un bébé au Canada. Elle est patiente avec les enfants. Elle adore la montagne.

d) 1. Conditions:
- âge requis: 18 à 27 ans
- durée du séjour: 18 mois maximum

2. Obligations:
- pour elle: essentiellement s'occuper des enfants de la famille d'accueil, c'est-à-dire selon leur âge: les préparer pour l'école, aller les chercher, préparer les goûters et les repas, jouer avec eux, leur donner le bain, s'occuper de leur linge, ranger les jouets. Au total = 30 heures de travail par semaine.
- pour la famille d'accueil: lui donner 300 euros par mois (au minimum 275 euros), la nourrir et la loger,

lui donner également un jour de congé complet par semaine (le dimanche, par exemple), lui permettre d'aller suivre des cours de français 2 fois 3 heures par semaine. En outre, si elle reste plus de 6 mois, la famille lui devra une semaine de vacances rémunérées.

3. Formalités: remplir un dossier d'inscription et produire un passeport valide ou une carte d'identité.

7 **a)**

ÉPOQUES	DATES	PERSONNES	ÉVÉNEMENTS FONCTIONS
IXXe siècle			Caserne de cavalerie et Palais d'Orsay
La Commune	*1871*		*Incendie de la caserne et du Palais d'Orsay*
1871 à 1898			Ruines
1898 à 1900			Terrain cédé à la Compagnie des Chemins de fer d'Orléans. Construction d'une gare et d'un hôtel.
	14 juillet 1900		Inauguration de la gare et de l'hôtel
1900 à 1939			Gare importante
Pendant la guerre (1939-1945)			Centre d'expédition de colis aux prisonniers.
La Libération			Centre d'accueil pour les prisonniers
Par la suite			Décor pour films et accueille la compagnie de théâtre Renaud-Barrault
	1973		Inscrite à l'inventaire supplémentaire des Monuments historiques
	20 octobre 1977	Le président Valéry Giscard d'Estaing	Décision d'y implanter un musée consacré aux arts du XXe siècle.
	1978		Le bâtiment est classé monument historique.
	Décembre 1986	Le président François Mitterrand	Inauguration du musée.
	Jusqu'au 28 mai 2006		Exposition Cézanne - Pissarro

b) 1 - 2 - 4 - 6

8 **a)** Profil au moment du changement: Marie-Michelle avait 51 ans et de grands enfants. Christophe avait 37 ans, il était marié, ses deux enfants avaient 6 et 8 ans.
Situation antérieure. M.-M.: responsable de fabrication chez Total. C. travaillait à La Poste.
Raisons du changement. M.-M. en avait assez de l'ambiance de travail, du manque de contact avec les gens, du stress, de la pollution. Pour C., la société où travaillait sa femme a fermé (mais ils pensaient déjà à ce changement avant).
Nouveau métier. M.-M. tient un commerce multiservices. C. et sa femme ont ouvert leur hôtel-restaurant.
Aspects positifs de leur nouvelle vie. Pour M.-M.: les contacts, l'apprentissage de nouveaux rythmes, la découverte d'un autre univers, l'équilibre. Pour C.: oublier le stress, l'insécurité, la pollution.
Contraintes ou difficultés. Pour M.-M., beaucoup de travail. Pour C., l'adaptation des enfants.
Jugement sur le changement. Entièrement positif pour les deux.

b) Vrai: 2, 5, 6. **Faux:** 1, 3, 4.

9 **a) 1:** les pellicules photo, la peinture, le rouge à lèvres, les chemises synthétiques, la crème glacée.
2. Ils contiennent tous des alginates fabriqués à base de goémon autrement dit d'algues.

b) 1. Yannig BIGOUIN est le responsable du musée des goémoniers de PLOUGUERNEAU. **2.** en Bretagne - **3.** Depuis des siècles - **4.** Au début du IXXe siècle, en 1828 - L'iode est extrait des algues brûlées **(6)**; on fait sécher les algues avant de les faire brûler **(7)**; la teinture d'iode s'obtient à l'aide de cendres d'algues et d'alcool **(9)**.

c) Vrai: 2 - 3 - 4 - 7 - 8 - 10 **Faux:** 1 - 5 - 6 - 9

e) • « Avez-vous une petite idée de... eh bien pour connaître la réponse, écoutez attentivement le reportage d'Édouard Garzaro ».
• «... comme nous l'explique Yannig Bigouin », «... comme s'en souvient très bien Francine Le Tredoux, issue d'une famille de goémoniers depuis plusieurs générations ».

10 **a)** Longueur : 73 mètres ; hauteur : 24 mètres ; poids : 560 tonnes ; voilure : 845 m^2 ; nombre de roues : 20 ; nombre de ponts : 2 ; nombre de passagers en vol charter : 1 000 ; nombre de décibels au décollage : 88,5 ; nombre de décibels à l'atterrissage : 103 ; prix : 250 millions d'euros ; nombre d'exemplaires vendus : 150 ; Premiers vols commerciaux au printemps (2006) sur Singapore Airlines ; Date du deuxième vol d'essai : 4 mai dernier (2005) sur l'aéroport de Toulouse-Blagnac.

b) 1 : 5 personnes.
2 : Frédéric BOURGADE, un journaliste, était sur le terrain lors du vol d'essai ; Noël FORGEARD est le PDG d'Airbus ; Nadine SALOMÉ et Henri SUNE sont riverains des pistes d'Airbus ; Chantal DEMANDER fait partie de l'Association contre les nuisances aéroportuaires.
3 : sur le bruit.
4 : Pour Airbus, oui : c'est l'avion le moins bruyant du monde par passager. Ils expliquent aussi qu'« au premier vol l'avion ne rentre pas immédiatement le train d'atterrissage et qu'il faut ajouter au bruit de l'Airbus celui de la Corvette qui le suivait ».
Les riverains pensent que c'est faux car lors du survol d'Airbus, il leur était impossible de s'entendre ; « le survol des maisons parisiennes par l'A380 sera dérangeant pour les habitants » (selon Chantal Demander).
5 : La meilleure solution est « d'enlever ces aéroports qui sont trop nuisants et de les mettre en dehors des villes ».

11 **1 :** *amour* parce qu'il y a des fois où on fait des enfants et puis c'est beau à voir des enfants.
2 : *chaton* parce qu'il adore les chats, les chatons et leurs couleurs.
3 : *lapin* parce qu'il aime bien les lapins quand ils sautent ; ça fait « bouing bouing ».
4 : *vacances* parce qu'il n'aime pas l'école.
5 : le mot *les*, parce qu'il y en a plusieurs, des machins.
6 : Son mot détesté, c'est sa *sœur*, parce qu'elle ne fait que l'embêter.
7 : Le mot qu'il n'aime pas est le mot *porte*, parce qu'il oublie toujours de la fermer et qu'il se fait gronder par sa maman.

12 **1.** Les cinq métiers préférés des enfants, dans l'ordre, sont : policier, maîtresse, pompier, coiffeuse et footballeur.
2. Enfant 1 : maîtresse, parce qu'elle aime bien les maîtresses, elle aime bien faire la maîtresse pour donner du travail aux enfants et les mettre en récréation.
Enfant 2 : Pompier parce qu'il y a des tuyaux d'arrosage, il y a des bottes et aussi il y a des combinaisons.
Enfant 3 : Policier parce qu'il aime bien arrêter les gens ; ils vont trop vite et puis ils font des bêtises. Ils volent des trucs aussi, de l'argent, des diamants et tout.
Enfant 4 : coiffeuse parce qu'elle aime bien coiffer les autres, leur faire des chignons, leur couper les cheveux, se servir des ciseaux.

13 **a) 1.** La Cité radieuse. - **2.** À Marseille - **3.** Conçue peu après la guerre, terminée en 1952. - **4.** Le Corbusier. - **5.** Révolutionnaire.

b) 1. Longueur : 153 mètres ; nombre d'étages : 8 étages doubles (soit 16) ; nombre d'appartements : 337 appartements duplex ; orientation : est-ouest.
2. C'est la première utilisation du béton brut dans l'architecture moderne ; il est construit sur pilotis ; il y a huit rues, c'est-à-dire huit couloirs. Des ascenseurs venus des États-Unis.
3. a) un vide-ordures, une cuisinière - **b)** la climatisation - **c)** une isolation phonique par l'utilisation des doubles vitrages - **d)** des liaisons téléphoniques intérieures gratuites.
4. Il voulait introduire des lieux de rencontre. Ce sont : une section de cinéma, une bibliothèque, une école maternelle, des commerces et un hôtel-restaurant.
5. « La maison du fada », c'est-à-dire la maison du fou parce qu'on jugeait que cet homme était fou et qu'il allait rendre les gens fous en les empilant de la sorte. Ce bâtiment est maintenant classé monument historique et c'est l'un des sites les plus visités de Marseille.

14 **a) 1.** Marie-Galante / **2.** Il s'agit d'une île située près de la Guadeloupe (dans les Caraïbes), au climat chaud et humide.

b) 1. Non, il n'y a pas beaucoup de touristes, d'abord parce qu'il y a très peu d'hôtels et de chambres d'hôtes, ensuite parce qu'il faut prendre un bateau depuis Pointe-à-Pitre et que c'est un peu compliqué.
2. Beauté d'une nature préservée (pas de supermarché, d'autoroute, de béton...), plages splendides et paisibles au bord de la mer des Caraïbes. Chaleur. Dépaysement total, authenticité et surtout qualité du contact avec les habitants.
3. L'habitation Murat est une ancienne plantation de canne à sucre.
4. Le calme, l'absence totale de stress.

15 a) 1. Thème du livre : les couleurs. **Titre : «** Le Petit Livre des couleurs ».
2. bleu – blanc – vert – jaune – orange – rouge – rose – noir.
3. La peur : le vert ; la colère : le bleu ; la raison : le bleu ; la trahison, l'infamie : le jaune ; l'écologie : le vert.
En français, on voit rouge et on rit jaune.
Les Français préfèrent le bleu ; les Japonais, le rouge.

b) Les Grecs utilisaient beaucoup le bleu. **(Faux)** / Le bleu a toujours été une couleur masculine. **(Faux)** / Autrefois, la robe de mariée était rouge. **(Vrai)**

c) 1. Le violet, l'indigo et l'orangé.
2. Parce qu'elle vante les millions de couleurs des écrans alors que l'œil humain ne peut pas distinguer plus de 200 nuances.

d) L'arc-en-ciel.

16 a) 1. Ce sont des offres d'emploi. **2.** La région Auvergne.
b) Voir la transcription.

17 a) un événement littéraire : messages 1 et 5. / une émission de radio : messages 2 et 3. / un concours public : message 4.

b) Message 1
1. Il est plus particulièrement destiné aux auditeurs de France Bleu Pays d'Auvergne qui aiment lire.
2. Les amis du livre en Auvergne-Bourbonnais organisent leur 5e Train du livre le 14 mai. À cette occasion, le public intéressé peut prendre place à bord d'une locomotive à vapeur et voyager de Clermont-Ferrand à Montluçon en compagnie de 130 auteurs. À Montluçon, une séance de signatures est organisée au centre Athanor ; il est aussi possible de visiter la ville.
3. Les personnes intéressées par cette manifestation doivent téléphoner au 04 73 63 61 50 pour réserver leur place.

Message 2
1. Des insectes. - **2.** « Qu'ils **volent**, qu'ils **sautent**, qu'ils **rampent** ou **piquent**, vous ne regarderez plus les **insectes** avec le même œil. »

Message 3
1. *Rue des entrepreneurs* est une émission de France-Inter présentée par Didier Adès et Dominique Dambert et diffusée (le samedi) à 09h10.
2. Thème abordé dans l'émission du lendemain : l'économie sociale, les coopératives, les mutuelles, les associations.

Messages 4 et 5
1. et 2. Ces deux messages sont destinés à recruter des candidats. Ils ont le même ton incitatif (recours à l'impératif). Ils sont construits sur le même modèle (définition du profil recherché) : *vous avez un projet innovant/vous aimez les livres, alors participez au concours/devenez juré*. Ils se terminent par des informations pratiques : date de clôture des inscriptions et numéro de téléphone ou adresse.
3.

	Vrai	Faux
Le message 4 est un message du ministère de la Recherche.	✗	
Le ministère lance un concours de recrutement de 800 chercheurs.		✗
Il offre un soutien financier aux lauréats du concours.	✗	
On peut se renseigner à l'adresse suivante : www.recherche-gouv.fr		✗
Le message 5 s'adresse aux libraires.		✗
Le Prix « Les semelles de vent » est décerné par un jury de lecteurs.	✗	
Le prix récompense un livre de voyage.	✗	
Le prix est décerné le 1er avril.		

18 **a)** Le directeur s'adresse aux étudiants étrangers qui ont fréquenté son école pendant trois ans. **b)** C'est un discours d'adieu à l'occasion de la fin de l'année scolaire. Les étudiants s'apprêtent à repartir dans leur pays. **c)** Le directeur tient à souligner d'une part le plaisir qu'il a eu à les accueillir dans son établissement, d'autre part la nécessité de maintenir le lien.
d) Pour garder le contact avec l'Ecole, le français
je peux :
• écrire au journal de l'école,
• rejoindre les associations d'anciens boursiers ou mettre en place une association qui regroupe d'anciens élèves de Grandes Écoles,
• participer aux festivités organisées par l'Ambassade à l'occasion de la semaine de la langue française et de la francophonie ou du 14 juillet.
je dois :
• lire la presse francophone,
• écouter, regarder des émissions en français.

19 **1.** Dans une maison (un appartement), au printemps, à l'heure du repas (déjeuner ou dîner). Il y a quatre personnes : Patrick, ses parents, et l'amie de Patrick, Kate.
2. Du travail que Patrick recherche pour les vacances d'été, et de la proposition qu'il a reçue. Le premier sujet abordé est un partiel que Patrick et Kate viennent de passer.
3. La Poste. On lui propose un entretien une semaine plus tard pour un travail de facteur en juillet et en août. Il n'est pas satisfait car il aurait préféré travailler à un guichet. Il espère trouver quelque chose de mieux, plus en accord avec ses études.
4. C'est déjà bien d'avoir cette proposition de travail ; c'est la première réponse positive qu'il reçoit ; il sera moins embêté, ennuyé qu'aux guichets ; il aura sans doute ses après-midi libres ; ce n'est pas un travail très physique ; ce qu'il gagnera sera autant d'argent de poche pour la rentrée ; c'est bien pour lui d'avoir des expériences diverses sur son CV.
5. Le ton est familier. **Mots employés :** ouais, bof, ben, tranquille, quoi, super, hein, un job, génial, hyper (physique), sympa, foncer, des trucs.
Expressions : suppression de « ne » dans les formes négatives et transformation de « je » en « ch » : *chais pas, j'suis pas (chuis pas), j'en sais rien ; t'sais (et non tu sais) ; y a (et non il y a) ; c'que j'disais (ce que je disais) ; tu en aurais ras le bol ; ben voilà quoi.*
6. Attends.

20 **1.** en voiture.
2. La discussion porte sur un sujet de société : la sécurité routière.
3. L'imprudence, le non-respect de règles simples du code de la route comme le clignotant, l'alcool au volant, l'alcool test, la répression, la limitation de vitesse, les radars.
4. Les personnes 1. sont parfois d'accord. 2. plaisantent et discutent fermement.
5. Elles donnent 1. des exemples personnels. 3. se réfèrent à des informations vérifiables.
6. Quatre.
7. La conductrice s'adresse au(x) chauffard(s) qui la double(nt), a/ont un comportement incivil. Il s'agit d'un comportement au volant assez fréquent en France, surtout en ville : on peut klaxonner, se mettre en colère et, bien sûr, dans ces cas-là, on tutoie le conducteur ou la conductrice que l'on ne connaît pas mais qui ne mérite pas de considération puisqu'il/elle ne nous respecte pas !

b) Ici, « c'est génial » à propos des radars, a un sens négatif. Le passager l'utilise avec ironie pour souligner que, pour lui, les radars ne résolvent pas vraiment le problème de la vitesse : les automobilistes ralentissent par « peur du gendarme » à proximité du radar et reprennent leur vitesse dès qu'ils l'ont dépassé.

21 **a)** Devant un distributeur de boissons./Des collègues, en tout cas des personnes qui se connaissent bien, qui ont des relations familières. La troisième personne est étrangère./Un fait divers que le premier des interlocuteurs a entendu à la radio.

b) Un joueur, qui a plus de 40 ans, a perdu beaucoup d'argent au casino, en jouant à la roulette ou aux machines à sous. Il a attaqué le casino en justice parce qu'il estime qu'il est responsable de sa ruine. Mais le tribunal ne lui a pas donné raison, il vient de rejeter sa plainte.
- Ils le critiquent parce qu'ils estiment qu'il est adulte et responsable de ses actes. De plus, il ne s'est pas fait interdire l'accès aux casinos, ce qu'il pouvait faire.

c) - Les interlocuteurs évoquent le tabac. Leur ton est plutôt ironique et critique vis-à-vis des gens qui ne veulent pas reconnaître leur propre responsabilité dans ce qui leur arrive.
- Ils ne sont pas joueurs. L'un d'entre eux est même très méfiant parce qu'il sent que s'il commençait, il ne pourrait pas s'arrêter. Seule, la personne étrangère raconte avoir déjà joué une petite somme à l'occasion d'un voyage à Las Vegas.
- Oui, l'un d'eux évoque sa rencontre avec une de leurs connaissances communes, peut-être une ancienne collègue, partie vivre à New York.

d) - demander une information: *c'est quoi cette histoire?*
- donner son avis: *il me semble*
- demander le sens d'un mot: *qu'est-ce que ça veut dire?*
- s'étonner: *ah bon, c'est possible ça?*
- faire un lien avec un autre fait: *ça me rappelle...*
- approuver: *exactement*
- faire une objection: *ça se discute quand même*
- ajouter un argument supplémentaire: *et puis*

22 **a)** Qu'est-ce qu'un comité d'entreprise et quels sont ses pouvoirs dans une entreprise?

b) Vrai: 4, 5, 6, 7, 9 - **Faux:** 1, 2, 3, 8, 10

c) 1 : La composition du CE - **2:** Son rôle et ses attributions - **3:** Son fonctionnement - **4:** Son histoire.

23 **a)** Éducation, art de la rencontre.

b) 1. Les interactions entre les hommes sont délicates, difficiles à cerner. **2.** La complexité d'un homme est inférieure à celle d'une communauté. **3.** Nous savons faire ensemble des choses que nous ne savons pas faire seuls. C'est grâce aux autres que nous développons nos capacités.

c) 1. On peut dire « je » parce que d'autres nous ont dit « tu », « je dis "je" parce que j'appartiens à l'espèce humaine et que j'ai rencontré d'autres hommes ».
2. educare (*nourrir, ouvrir un crâne et le remplir de savoir*) et educere (*prendre l'enfant par la main et le conduire hors de lui-même, faire qu'il dise je, c'est-à-dire faire qu'il parle de lui à la 3e personne*).
3. La deuxième, « educere » parce que, selon lui, « le savoir est utile, merveilleux mais la finalité du savoir, c'est la rencontre ».
4. L'art de la rencontre devrait être la finalité du savoir, de l'éducation, de tout ce que l'on fait dans les écoles et les universités.

d) L'école est essentielle pour l'avenir de l'humanité surtout parce qu'elle prépare les jeunes à la réflexion (c'est-à-dire à participer au développement de l'intelligence humaine).

II. PRODUCTION ORALE

24 Exemple de production sur le film « Hiroshima mon amour »

Hiroshima mon amour est un des « films-culte » du cinéma français. Il est sorti en 1959. Il a été réalisé par Alain Resnais, sur un script de Marguerite Duras. Les deux interprètes principaux sont Emmanuelle Riva et un acteur japonais, Eiji Okada.
L'histoire se passe en 1957 au Japon. Il y a deux personnages seulement: elle, c'est une actrice française venue à Hiroshima pour tourner un film sur la paix, lui, un architecte japonais.
L'histoire centrale est toute simple: ils se rencontrent et ils s'aiment. Mais pendant les deux jours que dure leur histoire d'amour, c'est l'Histoire qui resurgit en flash-back. Celle d'Hiroshima d'abord et parallèlement, celle de la guerre en France. Elle, c'était une toute jeune fille à cette époque. Elle vivait à Nevers, une petite ville du Centre, elle a aimé un jeune soldat allemand. Le jour de la libération de la ville, celui-ci a été tué, elle-même a été tondue, on lui a rasé la tête, en signe d'infamie pour avoir aimé un ennemi. Cette histoire, elle a voulu l'étouffer, l'oublier complètement. Elle la raconte pour la première fois à son amant japonais. Et derrière ces deux histoires qui se croisent, il y a les interrogations sur la mémoire et l'oubli, l'horreur de l'oubli. L'oubli d'Hiroshima et l'oubli de l'amour.
On ne sait pas vraiment comment l'histoire finira, si les deux personnages vont se séparer pour toujours après cette brève rencontre, s'oublier à leur tour...
C'est un film complètement envoûtant; les longs travellings de Resnais, la musique, les dialogues si particuliers de Duras, répétitifs, lancinants*, l'interprétation, tout contribue à créer l'envoûtement. Je n'ai pas pleuré, ce n'est pas un film qui fait pleurer, c'est un film qui touche très profondément. Il dit de manière

bouleversante et très originale, la douleur de la guerre et de l'amour, de la mémoire et de l'oubli. Mais c'est un film qu'on n'oublie pas, c'est un film qu'on peut voir et revoir près de cinquante ans après sa sortie. Et j'ai toujours dans la tête cette phrase qui revient régulièrement dans le film : « Tu n'as rien vu à Hiroshima ».
* *qui reviennent de façon obsédante, douloureuse.*

25 Il y a des gens vraiment bizarres dans la vie ! Mon voisin, Karl, par exemple. Savez-vous ce qu'il a fait hier ? Il a sauté par la fenêtre en pleine nuit. Résultat : il est à l'hôpital avec une jambe cassée. Comme il fait chaud en ce moment, il dormait, la fenêtre ouverte quand, tout à coup, vers deux heures du matin environ, il a été brusquement réveillé par des bruits qui venaient de la rue. Il ne rêvait pas : il a tendu l'oreille et puis est sorti du lit. Et là, il a aperçu deux individus qui étaient en train de cambrioler une voiture garée juste en face de son immeuble. L'un d'eux s'était déjà emparé de l'autoradio. Il ne pouvait pas les laisser filer comme ça : il s'est précipité à la fenêtre et de sa voix rauque a crié : « Mais, vous, là, ne vous gênez pas ! ». Les cambrioleurs ont pris leurs jambes à leur cou et se sont enfuis. Sans doute encore endormi, Karl s'est mis en tête de les poursuivre mais c'était sans compter qu'il était au 1er étage… Il s'est retrouvé très vite sur le trottoir, hurlant de douleur. Par bonheur, une dame qui rentrait de l'Opéra a vu la scène de loin et s'est portée à son secours. Les pompiers sont arrivés rapidement et l'ont conduit à l'hôpital.

26 PROPOSITION

Le 1er mars 1924, à GLOZEL, petit hameau du département de l'Allier, à une vingtaine de kilomètres de Vichy, un jeune paysan de 17 ans, Émile FRADIN, laboure un champ lorsqu'une de ses vaches tombe dans une fosse. Il découvre alors des fragments de poteries, des galets inscrits et des briques gravées. Cette découverte intéresse de nombreuses personnes, dont le Docteur MORLET, médecin à VICHY, archéologue amateur averti qui entreprend des fouilles en 1925. Personne ne doute alors de l'authenticité de la découverte. Toutefois, en 1926, certains scientifiques commencent à douter de l'authenticité des objets trouvés, incompatibles en particulier avec les théories officielles sur l'écriture. En 1927, le débat entre glozéliens et anti-glozéliens est de plus en plus vif. Un procès est intenté contre Émile FRADIN. En 1931, Émile FRADIN gagne son procès et en 1932 ses diffamateurs sont condamnés. De 1933 à 1950, l'affaire s'apaise, les fouilles se poursuivent jusqu'à la mesure d'interdiction prise par le gouvernement de Vichy. De nouvelles techniques apparues en 1950 puis, dans les années 70, la datation au Carbone 14 et la thermoluminescence prouvent l'authenticité des objets trouvés. Les ossements auraient entre 15 000 et 17 000 ans, les céramiques 5 000 ans, les tablettes gravées, 2 500 ans. Malgré de sérieuses études entreprises, beaucoup de personnes demeurent sceptiques. Après 1980, Émile FRADIN a été officiellement réhabilité et décoré des palmes académiques. Jusqu'à nos jours, l'intérêt pour GLOZEL et la polémique sont toujours présents. De nouvelles fouilles ont été entreprises et des scientifiques de divers pays, dont Hans-Rudolf HITZ, de nationalité suisse, essaient de déchiffrer les tablettes. Il existe de nombreuses publications sur GLOZEL.
Il est conseillé d'aller visiter le musée de GLOZEL car, après la mort d'Émile FRADIN, les objets seront sans doute transférés au musée de Saint-Germain-en-Laye.

27 PROPOSITIONS

Ordre choisi pour les photos : 3, 2, 1

Catherine et Laurent se promènent en forêt avec des amis. Ce sont deux bavards, et ils sont si passionnés par leur conversation qu'ils marchent lentement, sans faire attention aux amis qui marchent loin devant. Quand le chemin sort de la forêt ils sont tous seuls : leurs amis ont disparu. Devant eux il y a une grande prairie, et au milieu de la prairie, un château. Ce château est étrange : il n'a aucune clôture et une de ses portes est grande ouverte, malgré le froid de cet après-midi d'hiver. Comme ils sont aussi curieux que bavards ils s'approchent de cette porte pour regarder ce qu'il y a à l'intérieur. Ils voient une table au milieu d'une grande salle ; le couvert y est mis comme pour un repas de fête. Un homme, assis près de la table, leur dit : « Entrez mes amis. C'est pour vous que j'ai mis le couvert. Il y a des mois que je vous attends. »

Ordre choisi pour les photos : 2, 3, 1

Le baron du Cassou est un personnage original : il vit tout seul dans un château sans chauffage central, sans eau courante ni électricité, au milieu d'une prairie. Il a invité ses amis Catherine et Laurent à venir passer quelques jours chez lui. Il est allé les chercher à la gare la plus proche (10 km) avec sa voiture à cheval. Le premier soir s'est très bien passé : ses amis étaient contents de le retrouver car ils ne l'avaient pas vu depuis plusieurs années, et ils ont bavardé tard dans la nuit devant le feu de cheminée. Mais dès le lendemain matin cela s'est gâté : le baron les a réveillés à 5h pour les emmener à la chasse. Comme ils ont refusé, il s'est mis en colère et ils se sont fâchés. Catherine et Laurent ont décidé de repartir, mais leur hôte n'a pas voulu les ramener à la gare. Alors ils sont partis à pied sans rien dire à leur hôte qui les attend pour le déjeuner.

28 PROPOSITION *(les phrases en italiques sont des informations supplémentaires par rapport aux notes)*
L'Académie française est une institution française très ancienne puisqu'elle a été fondée en 1635, *sous le roi Louis XIII*, par le cardinal de Richelieu. Sa mission était de fixer la langue française, alors toujours *en formation pour en faire une langue de culture et d'administration qui renforce l'État central, lui aussi en formation à la même époque, et bien sûr le pouvoir royal.* Depuis sa fondation, elle n'a connu qu'une interruption, au moment de la Révolution, en 1793. Mais elle a été rapidement rétablie *par Napoléon. C'est aussi ce dernier qui l'a installée,* en 1805, sur les quais de la Seine, dans le cadre de l'Institut de France. Auparavant, elle siégeait au Louvre.
Elle se compose de 40 académiciens. Ce sont tous des personnalités déjà célèbres pour leurs travaux dans différents domaines. En effet, il ne s'agit pas seulement de gens de lettres mais aussi d'historiens, de scientifiques ou encore d'hommes d'État.
Ils sont élus à vie par leurs pairs. C'est donc seulement à la mort de l'un d'eux qu'un nouveau membre peut déposer sa candidature auprès du Secrétaire perpétuel. Il doit recueillir la majorité absolue des votes pour être élu. Il peut alors se faire confectionner le célèbre habit vert (accompagné d'un chapeau très particulier, le bicorne, et de l'épée) qui date également de Napoléon et devenir à son tour un des « Immortels », puisque c'est ainsi qu'on surnomme les académiciens.
L'Académie est restée exclusivement masculine pendant près de 350 ans !!! Ce n'est qu'en 1880 qu'une femme, Marguerite Yourcenar*, en a enfin franchi les portes. Elles sont aujourd'hui 4 académiciennes et c'est une femme qui a été élue Secrétaire perpétuel : l'historienne spécialiste de la Russie, Hélène Carrère d'Encausse.
Le rôle actuel de l'Académie reste avant tout de veiller sur la langue française, sur le maintien de sa qualité, en particulier en luttant contre de trop nombreux emprunts aux langues étrangères (l'anglais surtout). Ses membres participent à des commissions qui proposent de nouveaux mots français, précisément pour éviter les emprunts. C'est l'Académie qui définit les règles du « bon usage » de la langue, celles de l'orthographe notamment. Elle élabore un dictionnaire, dont la neuvième édition depuis sa création est en cours.
Elle a aussi un second rôle : *le mécénat.* Elle aide des écrivains en décernant chaque année de nombreux prix. En 1986, elle a créé le Grand Prix de la Francophonie.
L'*« illustre assemblée »*, comme on la surnomme souvent avec un mélange de respect et d'ironie, a une double image auprès des Français. D'un côté, elle jouit d'un grand prestige, être académicien est un titre honorifique très recherché et envié dans le monde des lettres, de l'autre on se moque un peu de cette « vieille dame » (un autre de ses surnoms) qui prétend dire comment on doit parler et semble souvent aller contre la modernité.
** Voir note activité 103 (Production écrite).*

29 PROPOSITION
De 1930 à 1992, les célèbres Usines Renault étaient installées sur l'Ile Seguin, à Boulogne-Billancourt, près de Paris. Entourée par la Seine, l'île et ses bâtiments industriels contrastaient avec leur environnement encore champêtre et verdoyant.
En 2000, le site étant à l'abandon depuis plusieurs années, un riche homme d'affaires, François Pinault, président d'honneur du groupe Pinault-Printemps-Redoute, également grand collectionneur d'art contemporain, projette de créer, sur une partie de ce site, une fondation d'art contemporain. Sur le reste du site, il est prévu de construire et d'aménager des logements, un parc, et très probablement un musée Renault.
Tout est remis en question en mai 2005 avec la décision de François Pinault de renoncer à son projet. Les bâtiments démolis, l'île reste nue, en chantier, en attente d'un nouveau projet, incertaine sur son avenir. On s'interroge : après la perspective d'un riche avenir culturel, d'une préservation du site, est-il possible que l'île soit livrée aux promoteurs ? Y aura-t-il de grands ensembles immobiliers comme ceux qui sont visibles à l'arrière-plan ?
Mais désormais les décisions sont prises et l'avenir de l'île est tout tracé. L'île va connaître une nouvelle vie organisée autour d'un centre de recherches scientifiques, l'INCA (Institut national du cancer), mais aussi de résidences pour chercheurs et artistes, et d'un complexe hôtelier de luxe. Il est également prévu de construire un nouveau quartier, un lieu de vie, avec des logements, des bureaux et un groupe scolaire. L'Ile Seguin va renaître.

30 PROPOSITION
Les réseaux d'échange de savoirs sont à l'origine l'idée d'une institutrice, Claire Hébert-Suffrin qui s'est rendu compte, dans les années 1970 que ses élèves avaient des difficultés d'apprentissage mais que chacun avait des savoirs non reconnus par l'école. Il en a résulté la philosophie des réseaux d'échange de

savoirs: chacun sait et peut transmettre quelque chose. Le principe est de mettre en relation des personnes qui ont des savoirs à transmettre et qui désirent en acquérir. Cet échange est gratuit et il n'est pas nécessaire d'avoir des diplômes pour transmettre les savoirs que l'on a: toute personne, quels que soient son âge, sa profession, sa nationalité, son niveau d'études ou son statut social, peut participer à un réseau d'échange de savoirs. Il suffit pour cela de s'adresser à l'équipe des animateurs du réseau et de remplir une fiche avec ses savoirs, ses offres et ses demandes. Chaque réseau a ses propres règles de fonctionnement, son calendrier de rencontres et de réunions. Il s'y crée une véritable solidarité et des liens d'amitié.

31 PROPOSITION

Je travaille dans une entreprise spécialisée dans la fabrication de cheminées d'intérieur et de poêles de chauffage, la Société Vulcain. Nous sommes situés en zone artisanale à proximité de notre métropole régionale. La Société Vulcain a été créée il y a plus de 30 ans maintenant. Elle compte 80 employés et un réseau important de revendeurs tant en France (200) qu'à l'étranger (Europe de l'Est, du Sud...). À sa tête: un PDG, un directeur de production et deux directeurs commerciaux.

Ce qui fait la force de notre entreprise, c'est d'une part sa dimension à taille humaine, d'autre part sa gamme de produits à la fois traditionnels et innovants. Depuis deux ans, nous faisons des barbecues pour le jardin, par exemple.

Je dois dire aussi que le marché profite de l'augmentation du prix du pétrole et de l'intérêt croissant du public pour les énergies renouvelables.

Moi, je suis secrétaire général(e), j'assure donc la coordination entre la direction générale et les différents services. En clair, cela signifie que je m'occupe non seulement de l'organisation matérielle, du planning des réunions mais aussi qu'en fin de mois, je fais la synthèse de l'activité et que j'en rends compte. En plus de cela, je dois m'assurer de l'application de la législation du travail et gérer les réunions du comité d'entreprise. Je reconnais que les tâches que je dois accomplir sont très diverses mais c'est justement ce qui me plaît. Si je devais résumer en deux mots ce qui fait l'intérêt de mon travail, je dirais: responsabilités et autonomie.

32 PROPOSITION

Le mot français que je préfère est *aimer*. On ne peut pas vivre sans aimer. On aime ses parents, sa famille, ses amis, sa femme, son mari, ses enfants, sa ville, son pays, son chien, son chat... Ce sont autant d'amours différentes mais autant d'amours nécessaires pour s'épanouir. *Aimer* c'est aussi être *aimé(e)*. *Aimer* c'est aussi un mot qui en contient d'autres que j'aime, liés à l'idée d'*aimer*: *l'âme* (*l'âme*, le cœur de toute chose), l'*ami(e)* et aussi le *mari* (qui nous accompagne dans notre vie), *la rime* (les rimes des poésies qui chantent l'amour), *la mer* (aussi vaste que tous les amours), autant de mots qui en font oublier un autre, le mot *amer*, le goût que nous gardons parfois des amours et des amitiés malheureuses...

N.B. Les 10 mots de la Francophonie sont: accents, masques, escale, flamboyant, tresser, kaléidoscope, badinage, soif, outre-ciel, hôte.

33 PROPOSITION

Je suis tout à fait favorable à l'interdiction totale de fumer dans les lieux publics.

D'abord, les non-fumeurs ont le droit absolu de ne pas subir le tabagisme des autres. Dans d'autres domaines, sur la route par exemple, on ne permet pas la mise en danger de la vie d'autrui. Pourquoi faire exception pour le tabac: on connaît très bien maintenant les dangers du tabagisme passif!

Certes, il existe théoriquement en France, dans les espaces publics, des zones fumeurs et non-fumeurs. Mais cette séparation est insuffisante et souvent très hypocrite puisque la plupart du temps, ces espaces ne sont pas fermés: vous pouvez bien au restaurant demander une table non-fumeurs, cela ne vous protège pas de la fumée de vos voisins qui sont souvent à moins de trois mètres de vous... Et dans un autre pays qui différencie strictement les zones, j'ai vu quelque chose qui m'a beaucoup choqué(e): des parents attablés avec de jeunes enfants dans le petit espace clos de la zone fumeurs d'un restaurant!

C'est d'autre part une mesure qui aidera les fumeurs eux-mêmes à diminuer leur consommation. Je suis persuadé(e) que la plupart d'entre eux sont prêts à l'accepter: on s'est par exemple aperçu depuis longtemps que dans les trains, même les fumeurs préféraient voyager en voiture non-fumeurs, ce qui a conduit finalement à supprimer totalement les voitures fumeurs largement désertées. La plupart des compagnies aériennes ont elles aussi interdit totalement le tabac à bord des avions; ça paraissait impossible il y a quelques années! Et vous connaissez des fumeurs qui ont cessé de voyager à cause de ça? Ou des cinéphiles qui ne vont pas au cinéma parce qu'ils ne peuvent pas tenir sans leur drogue?

Je suis convaincu(e) que l'interdiction du tabac dans tous les lieux publics, qui existe déjà dans de nombreux pays, peut s'appliquer facilement chez nous aussi et qu'il faut prendre cette décision sans attendre.

34 Proposition

J'ai une opinion assez mitigée parce que je ne suis pas spécialiste. D'un côté, je redoute les conséquences des OGM sur l'environnement, sur la santé car nous manquons de recul pour apprécier la situation dans sa globalité : je fais très attention personnellement aux produits que j'achète par exemple, je suis aussi contre le diktat imposé par les grandes multinationales ; de l'autre, je pense qu'il ne faut peut-être pas négliger la chance que les OGM représentent pour l'agriculture de demain. En effet, si nous avons des plantes plus résistantes aux maladies, à la sécheresse, nous serons moins dépendants de la nature, si nous utilisons moins d'azote ou de pesticides, l'environnement sera moins pollué. Il faut trouver un équilibre et surtout faire passer l'intérêt des hommes avant l'intérêt économique de quelques pays

35 Proposition

Je voudrais trouver un club où je pratiquerais une activité sportive, mais qui ne demande pas trop d'efforts physiques, afin d'oublier les contraintes et le stress de mon travail. Je ne recherche pas la compétition mais la détente, la possibilité de bouger, de sortir, de respirer... Je voudrais aussi un club sympa avec des gens agréables qui pourraient devenir des amis et avec lesquels j'aurais des conversations qui ni tourneraient pas toujours autour du travail... J'hésite encore, j'ai pensé à un club de randonnée ou pourquoi pas de pétanque... c'est un sport qui n'est plus « réservé » aux seniors ni aux hommes ! Je crois que je vais demander à faire un essai, et je choisirai après !

36 Proposition (à partir de la consigne 2-B)

Je suis actuellement responsable du service comptabilité dans une société qui fabrique des produits de nettoyage. C'est une entreprise d'un peu plus de 80 personnes qui marche bien. Je suis plutôt satisfait(e) de mon travail : je n'ai pas de stress particulier, l'ambiance est bonne, les relations avec les collègues agréables. Pourtant quelquefois, je trouve tout ça bien monotone, ces journées qui se ressemblent toutes au bureau... Une fois, de gros clients étrangers sont venus nous voir. J'ai été chargé(e) d'organiser un petit voyage touristique pour eux, de les emmener voir des endroits intéressants... Ils ont été enthousiasmés par ce que nous avons fait. Plus récemment, j'ai fait un autre circuit pour des amis de passage et, là aussi, ça s'est très bien passé. Alors depuis, j'ai un peu envie de me lancer là-dedans : l'organisation et l'accompagnement de circuits touristiques pour des voyageurs qui ont envie d'itinéraires différents, personnalisés... Je connais très bien notre pays et j'aime le faire découvrir. D'un autre côté, j'ai un bon contact avec les gens, je parle plusieurs langues. Ça pourrait marcher !

37 Proposition

J'ai fini mes études mais je ne désire pas me lancer dans la vie active tout de suite. Je parle bien anglais et voudrais en profiter pour partir à la rencontre d'autres pays et d'autres cultures. Je n'ai pas fixé mon choix sur une destination précise mais je pense aller vers des pays très différents du mien : vastes, froids, montagneux, où la nature est très présente, peut-être le Canada ou alors la Nouvelle-Zélande. Je ne sais pas encore. Je pense qu'ensuite je reviendrai plus fort(e) pour affronter le monde du travail et la compétition. J'envisage de trouver un petit boulot et de vivre le plus possible au contact des gens. Je voudrais bouger aussi, visiter ce que le touriste ordinaire ne visite jamais...

38 Proposition

Est-ce que je suis quelqu'un d'organisé ? Hum, sûrement pas... Pourtant, j'ai besoin d'ordre : je ne supporte pas de vivre dans une maison en désordre. En particulier, je ne peux pas me mettre au travail si mon bureau est encombré. Je suis donc bien obligé(e) de ranger ! Mais mon gros problème est le tri : qu'est-ce qu'il faut garder ? Qu'est-ce que je peux jeter ? C'est particulièrement difficile si j'ai laissé un peu trop de papiers s'accumuler. Au début, je fais le tri sérieusement et puis au bout d'un moment ça m'énerve et je jette tout ce qui reste ! Et dans ce cas, le lendemain, j'ai justement besoin d'un des papiers qui sont partis à la poubelle !

Je suis globalement tout à fait d'accord avec les conseils donnés dans l'article « Savoir s'organiser » mais le problème est de les appliquer.

39 Proposition

J'ai 21 ans, je suis étudiante en psychologie. Je viens de m'engager dans une association qui propose du soutien scolaire aux enfants dans les quartiers défavorisés de ma ville. Ce choix me permet d'enrichir mon travail universitaire tout en aidant les autres. Bien sûr, il faut beaucoup s'impliquer, j'ai déjà vécu ce type d'engagement il y a quelques années lorsque j'encadrais des colonies avec des enfants ou des personnes handicapées. Il faut essayer de gagner la confiance, ce qui n'est pas facile mais fait partie du défi. Voir un gamin réussir son examen, par exemple, et se dire qu'on y est peut-être pour quelque chose, ça doit être super. Pour l'instant, j'ai surtout peur de ne pas donner autant de temps que je voudrais.

40 Proposition

Bien, alors moi, je voudrais surtout vous parler du séminaire *Comprendre les tendances de l'informatique* qui aura lieu du 4 au 6 décembre 2006 à Paris. J'ai eu les organisateurs au téléphone il y a trois jours. Ils m'ont donné les grandes lignes du programme que je vous communique donc.
Il s'agit d'une formation de 21 heures au total sur les réseaux, Internet, les grands virages technologiques. Tout à fait ce qui nous préoccupe en ce moment.
Le séminaire est, je l'ai dit, organisé à Paris, à l'Hôtel Méridien Montparnasse du 4 au 6 décembre prochain. Les horaires sont les suivants : le 1er jour 9 h 30-17 h 30 ; les jours suivants 9h-17h ; le petit déjeuner d'accueil est servi à partir de 9 h le 1er jour et à partir de 8 h 30 les jours suivants. Les frais d'inscription s'élèvent à 1980 euros, documentation, petits déjeuners, déjeuners et pauses café inclus.
Des prix préférentiels ont été négociés avec la direction de l'hôtel pour les chambres. Il appartient à chaque participant de réserver sa chambre.
Vous pouvez vous inscrire par téléphone, par fax, par courriel ou par courrier. Dès que vous vous serez inscrit, vous recevrez une convocation avec toutes les indications nécessaires sur l'organisation matérielle du séminaire (plan d'accès, programme détaillé...).
Si vous voulez en savoir plus sur le montant des frais et les modalités d'inscription vous pourrez consulter le tableau affichage à l'entrée du service dès demain. Je vous remercie de votre attention.

41 Proposition

Attendez un instant avant de commencer, j'ai quelque chose à vous dire. J'ai lu un petit communiqué dans le journal d'hier à propos de la Fête de la Musique, le 21 juin ; ça tombe un mercredi cette année. La Mairie recherche des musiciens, des groupes amateurs. Il faut s'inscrire le plus tôt possible auprès du service d'action culturelle.
Il y aura la participation de l'école de musique et de la chorale « La Joie de vivre », une exposition interactive autour du blues à la médiathèque. Apparemment, les groupes « Thatum » et « Tin-Express » seront là aussi. Ça vous dit ? Je me charge de contacter la Mairie ?

42 Proposition

Bonjour tout le monde ! Ça va ? Comment allez-vous ? J'ai une super nouvelle ! Vous connaissez tous Pat Murphy, n'est-ce pas ? Qui ne le connaît pas ! Vous savez aussi que c'est un ami et que nous avons commencé dans le même club. La différence, c'est que moi je ne suis pas devenu un grand champion comme lui! Eh bien figurez-vous qu'il va venir passer quelques jours de vacances chez moi après la compétition du mois prochain. J'ai pensé que vous aimeriez le rencontrer et parler avec lui. Il est aussi grand et fort que vous le voyez à la télévision. Il m'a annoncé qu'il s'était fait couper les cheveux : ça doit le changer un peu. Mais vous savez, malgré son air un peu froid, c'est quelqu'un de très timide, très simple et très gentil. D'ailleurs, quand je lui ai demandé s'il accepterait de passer au club, il a dit oui tout de suite ! Si vous voulez, on pourra lui demander de diriger notre entraînement : il nous donnera sûrement de bons conseils ! C'est une bonne nouvelle non ? J'ai hâte qu'il soit là !

43 Proposition

Je vais vous présenter le légume le plus consommé à travers le monde : la pomme de terre. On compte pas moins de 4000 variétés dans le monde sans compter les espèces apparentées.
Son histoire a commencé il y a 3000 ans. En effet, les Incas la cultivaient déjà sous le nom de « papa » 1 000 ans av. J.-C. Elle a été introduite en Europe vers le milieu du XVIe siècle par les Espagnols qui l'ont découverte dans les Andes. Elle est arrivée en France en 1616, elle a gagné ses lettres de noblesse lorsqu'elle a été présentée à la table du roi Louis XIII.
Aujourd'hui, 96 % des foyers français la cuisinent dont 80 % au moins une fois par semaine. La consommation annuelle par habitant est de 40 kg en frais et de près de 25 kg en produits transformés. Avec 80 calories pour 100 g, c'est un aliment diététique à condition toutefois d'être préparé sans excès de matière grasse.
311,4 millions de tonnes sont récoltées dans le monde. La Chine, la Russie, l'Inde, les États-Unis et l'Ukraine sont les cinq premiers producteurs. Avec 6,4 millions, la France occupe la 11e place mondiale et la 3e de l'Union européenne.

44 Proposition de « canevas »

Je voudrais tout d'abord vous remercier de m'avoir invité(e) à ce goûter-débat car c'est pour moi une excellente occasion de pratiquer le français que j'étudie ici, mais aussi de vous parler de mon pays et de ses traditions. J'ai pensé que vous aimeriez savoir comment sont organisés les repas et ce que nous mangeons, connaître un peu nos spécialités.
Nous avons aussi trois repas: le petit-déjeuner, à... le déjeuner à... et le dîner vers... C'est plus tôt (*tard*) qu'ici parce que.... En effet, les heures de travail sont... des heures d'ici. Notre petit-déjeuner est semblable au vôtre (*assez différent du vôtre qui est vraiment trop petit pour nous!*). Chez nous le principal repas c'est..., toute la famille est réunie (*mais la famille mange rarement ensemble parce que...*). La composition des repas est à peu près la même (*assez différente*). Il y a généralement un(e)... puis... et aussi... et... Nous mangeons aussi sur une table, comme en France, avec des couverts (*nous mangeons généralement sur une table basse/une natte/... avec seulement une cuiller/des baguettes/les mains*). Les plats sont apportés les uns après les autres (*en même temps*) et chacun se sert seul (*et chacun est servi par...*). Nous avons beaucoup (*peu*) de traditions et (*mais*) elles sont très importantes pour nous. Notre aliment principal est...; il n'y a pas de repas sans... (*même au petit-déjeuner*). La spécialité la plus connue c'est le (*la*)... C'est un plat à base de... et de... préparé avec... On le mange généralement chaud/froid avec... C'est délicieux! Si vous voulez, je pourrais revenir vous voir et en préparer.

45 Proposition

La conduite accompagnée est une manière d'apprendre à conduire largement développée mais on ne sait pas toujours en quoi elle consiste exactement. Je vais donc vous expliquer comment elle fonctionne en France. Mais d'abord quand et pourquoi a-t-elle été mise en place?
Elle date de 1990 et répond à la volonté de diminuer le nombre d'accidents dans lesquels de jeunes conducteurs sont impliqués. Les accidents de la route représentent en effet la première cause de mortalité chez les jeunes. On en devine facilement les raisons: le goût du risque lié à l'âge, le manque d'expérience et de maîtrise du véhicule. Il fallait trouver des solutions...
Notez que la conduite accompagnée n'est toutefois pas réservée aux seuls jeunes. Les adultes qui apprennent à conduire peuvent aussi choisir cette formule mais c'est beaucoup plus rare.
Alors voyons maintenant comment ça marche.
À partir de 16 ans, le jeune apprenti conducteur peut s'inscrire dans une auto-école, il suit une formation normale, théorique, pour préparer l'examen sur le Code de la route, et pratique: au moins 20 heures de conduite. À la fin de cette formation, il passe l'examen théorique. S'il réussit, il reçoit une attestation et il a la possibilité de commencer la « conduite accompagnée ». C'est-à-dire qu'il peut conduire une voiture mais jamais seul, avec un adulte qui en a auparavant demandé l'autorisation à son assurance. Évidemment, cet adulte est souvent un des parents. La voiture doit porter bien clairement le panneau « Conduite accompagnée » et respecter des limitations de vitesse inférieures aux limitations normales.
Le jeune devra alors conduire sur au moins 3000 km, il n'y a pas de possibilité de contrôle bien sûr mais il note les kilomètres parcourus dans un livret et il est obligé de retourner deux ou trois fois dans son auto-école où son moniteur peut vérifier sa progression.
À l'âge normal, c'est-à-dire à partir de 18 ans, il peut passer l'examen pratique du permis. Il a davantage de chances que les autres de l'obtenir du premier coup puisque c'est le cas pour 80 % des candidats qui ont choisi cette formule contre 50 % des candidats « normaux ».
En outre, il paiera moins cher que ces derniers pour sa prime d'assurance, ce qui compense le coût plus élevé de la formation.
La conduite accompagnée est-elle donc la formule idéale?
C'est l'opinion de la Prévention routière: ceux qui la choisissent ont une meilleure maîtrise de leur véhicule, ils ont incontestablement acquis déjà une certaine expérience.
Pourtant elle n'est adoptée que par environ un quart des futurs conducteurs. On peut se demander pourquoi. Le coût? Les contraintes? L'indisponibilité des parents? On peut sans doute aussi le regretter.

46 Proposition

Avez-vous peur du loup? Eh bien, ne vous promenez pas du côté des Alpes car vous risquez de le rencontrer! En effet, il y a été réintroduit en 1992 et depuis, la controverse fait rage en France: d'un côté il est protégé, de l'autre, il est traqué.
Le loup est protégé par exemple par la directive Habitats de 1992 et la réglementation française d'application de cette législation européenne. La directive Habitats a pour objectif de contribuer à assurer la conservation de la diversité biologique en Europe, grâce à la protection des habitats naturels et des espèces les

plus menacées de la Communauté, tout en tenant compte des exigences économiques, sociales, culturelles et régionales.
Qui le traque ? Non seulement les bergers qui supportent mal de voir leurs troupeaux attaqués – les loups provoquent de gros dégâts –, mais aussi la ministre de l'Écologie. Elle vient en effet d'autoriser 6 abattages annuels au lieu des 4 prévus et d'adopter un Plan d'action prévoyant des quotas de tirs annuels jusqu'en 2008. Selon la législation européenne et française, un tir de loup est possible, lorsque les dégâts aux élevages sont « importants », qu'« il n'existe pas d'autre solution satisfaisante » et que l'état de conservation de l'espèce est « favorable ».
Les associations de défense des animaux comme l'ASPAS, l'Association de protection des animaux sauvages, s'organisent et militent au nom du respect de la biodiversité. Les écologistes, de leur côté, ne cessent de recommander des mesures de protection comme le parcage nocturne, les clôtures, le gardiennage, le recours aux chiens Patou – berger des Pyrénées qui reste au sein du troupeau de moutons et qui repousse tous les agresseurs potentiels, les loups, mais aussi les chiens errants. Toutes ces mesures devraient permettre de freiner les attaques mais un quart à un tiers des éleveurs seulement adoptent ce genre de mesures. Les écologistes souhaitent par ailleurs que les tirs du loup ne soient autorisés qu'en dernier recours.
Dans ce climat de tension, il faut signaler l'originalité du programme *PastoraLoup* qui propose un soutien bénévole complémentaire aux éleveurs et bergers dans la protection de leurs troupeaux. Il s'agit en fait de renforcer la présence humaine auprès du troupeau et de participer aux divers travaux (clôture, parcage) nécessités par le retour du loup.
Une initiative qui peut contribuer à apaiser la colère des bergers qui travaillent souvent dans des conditions difficiles.

III. INTERACTION ORALE

47 **a) Proposition**
Admiratif : Chapeau ! c'est rudement courageux de tourner la page comme ça et de recommencer une vie complètement différente. Se lancer dans l'aventure quand on n'est plus tout jeune et qu'on est installé ! Il faut oser ! Moi, je n'en serais pas capable…
Sceptique : Mmm… ça semble un peu risqué quand même. Vous croyez que vous allez tenir longtemps ? Au début, c'est le paradis évidemment, mais au bout d'un ou deux hivers, vous croyez que ça aura toujours le même charme ?
Jaloux : Moi aussi, j'en rêve de partir mais tout le monde n'a pas la possibilité de réaliser ses rêves. Il y a des obligations… Vous avez de la chance, vous. Vous avez pu le faire.

b) Proposition
Cette fois vraiment, je n'en peux plus. C'est de pire en pire. Même la nuit, j'ai l'impression qu'ils n'arrêtent pas de tourner au-dessus de nos têtes. Et dans la journée… On dirait qu'en quelques années le trafic a doublé. Et quand je pense à ce qui nous attend avec l'A320. Ah je voudrais qu'ils habitent là, tous ceux qui osent dire qu'il sera silencieux ! Non, ça ne peut pas continuer comme ça.

c) 1 : stupéfaction / **2 :** ironie / **3 :** ironie / **4 :** compréhension/commisération / **5 :** irritation / **6 :** irritation/indignation.

48 **a) 1 :** nostalgie/espoir - **2 :** colère - **3 :** résignation/nostalgie - **4 :** curiosité - **5 :** satisfaction - **6 :** satisfaction
b) Proposition (*Indignation*) Tout raser comme ça… Quel gâchis ! On aurait pu les transformer ces immeubles au lieu de tout casser. Ils étaient solides, vous savez, ils auraient pu durer longtemps. Bien sûr, on les trouvait pas beaux mais si on les avait entretenus, repeints… Et ils en logeaient du monde ! Quand je pense qu'on démolit alors qu'il y a des gens qui dorment dans la rue, vous comprenez ça vous ?

49 **Proposition 1 :** Des policiers à l'école… Pourquoi pas si c'est ce qu'il faut pour y rétablir l'ordre ? Les jeunes eux-mêmes ont besoin de sécurité. Et ils ont besoin aussi d'apprendre à respecter des règles, d'apprendre qu'ils vivent en société et qu'il y a des limites à ce qu'on peut faire. C'est bien dommage si c'est la police qui doit le leur apprendre mais le plus important, c'est qu'ils l'apprennent. En revanche, je ne vois pas en quoi ça regarde l'école si une fille majeure veut poser pour *Playboy*. Elle n'a pas posé dans une salle de classe, non ? Alors, c'est son affaire…

PROPOSITION 2 : Enfin une bonne nouvelle, la taxe sur les billets d'avion va se mettre en place. Quand on a les moyens de se payer un voyage au bout du monde, on peut bien accepter de donner un peu d'argent pour l'aide médicale aux pays en développement. C'est tellement dérisoire, la solidarité des pays riches ! C'est complètement différent de cette histoire de faire payer les e-mails aux entreprises. Qu'est-ce que c'est que cette invention ? Ça tient du racket !

PROPOSITION 3 : Tout va bien ! Alors maintenant, ce sont les policiers qui vont surveiller les cours d'école ! Super, c'est comme ça que les jeunes apprendront la responsabilité ! Mais oui, nous vivons dans une époque de liberté !
C'est exactement ce qu'a appris la lycéenne qui s'est fait renvoyer de son école pour cette histoire de photo. On croit rêver, faire un cauchemar plutôt... Enfin, en quoi ça concerne l'école qu'elle ait posé pour des photos ?
On est surveillés partout ! Notre espace de liberté est de plus en plus limité !

50 PROPOSITION

La postière : Bonjour, comment allez-vous ? En prioritaire ? Comme d'habitude ?
Vous : *Oui, s'il vous plaît.*
La postière : Vous avez vu que nous changeons d'horaires à partir du 27 ?
Vous : *Non... Oh ! Ce n'est pas possible ! Qu'est-ce que je vais faire ? Avec mes horaires (mes heures) de travail, ça ne marche pas ! Quand est-ce que je pourrai venir ?*
La postière : On trouvera bien une solution, ne vous en faites pas !
Vous : *En semaine, aucun horaire ne concorde. C'est fermé quand je sors !*
La postière : Vous ne pouvez pas venir avant deux heures ?
Vous : *Impossible ! Je commence à 13 h 30 aussi !*
La postière : Et le samedi ?
Vous : *Le samedi, oui. Mais si je reçois un paquet ou une lettre ?*
La postière : Eh bien, je vous le garderai, vous le prendrez le samedi !
Vous : *C'est gentil... Et pour envoyer un courrier urgent ? Ou venir en chercher un ? Je fais quoi ?*
La postière : Vos horaires sont très stricts ?
Vous : *Ça dépend des jours. Je peux peut-être m'arranger (effectivement)...*
La postière : Il y a sans doute un moyen ? Vous finissez à quelle heure l'après-midi ?
Vous : *C'est une idée !... Je pourrai commencer un peu plus tard et finir aussi un peu tard...*
La postière : Eh bien voilà ! C'est parfait ! Au revoir !

51 PROPOSITION (Vous êtes pour)

– Merci d'être venus aussi nombreux à cette première réunion – ce ne sera certainement pas la dernière – concernant le projet de construction de la rocade nord... Nous sommes réunis pour en discuter entre nous et répondre du mieux possible à vos questions. Je vous donne donc la parole.
– Quand est-ce que les travaux commenceraient ? Et qui va les financer ? Si ça se fait, on devra payer plus d'impôts locaux ?
– Non, c'est la région qui prend tout en charge. Pour les travaux, la date n'est pas fixée. Il faut avant tout se mettre d'accord sur le projet. C'est le moment de dire ce que vous en pensez !
– Pour moi ce serait une bonne chose. Avec ce contournement, on gagnerait en sécurité et en calme. Il y a trop d'accidents ! Les voitures vont trop vite !
– Mais les commerçants protestent. Ils ont peur de perdre des clients.
– Je ne crois pas, au contraire. Ce sera plus facile de stationner. On pourra faire ses courses plus tranquillement...
– Les hôteliers aussi pensent qu'ils n'auront plus leur clientèle de passage, que les gens continueront et s'arrêteront plus loin.
– Non, non. La ville la plus proche, avec de bons hôtels, se trouve trop loin. Et puis on pourrait organiser plus de fêtes, attirer des congrès, des manifestations sportives... les gens viendraient certainement, surtout si nous pratiquons des prix intéressants. Et je suis sûre qu'ils apprécieraient le calme !
– Il n'y a plus de questions ? J'ai bien tout noté. Je serai votre porte-parole auprès des responsables du projet et je vous tiendrai au courant de son évolution. Attendons...

52 PROPOSITION POUR LE MESSAGE 1 :

C'est sûr, dit comme ça, c'est trop mais tu en connais beaucoup qui n'aiment pas fêter Noël, Pâques ou le 1er janvier ? Oui, je suis d'accord que parfois, on a l'impression qu'une fois morts les gens sont plus intéressants que vivants parce que c'est aussi une affaire de sous : ça fait vendre des disques, des journaux et le risque, comme toujours, c'est de tomber dans l'excès. Mais Mozart, Curie, Cézanne et puis quoi encore... le premier bébé-éprouvette, c'est une partie de notre passé, de notre culture. Je ne trouve pas que ce soit du passéisme forcené ou atrocement ringard. Regarde, moi, il y a 25 ans, j'étais bien jeune et le premier bébé-éprouvette, ça ne me dit pas grand chose, alors je vais peut-être en profiter pour combler quelques lacunes.

PROPOSITION POUR LE MESSAGE 2 :
Ah d'accord, c'est le problème du téléchargement de musique sur Internet. Tout le monde en parle en ce moment avec le fameux projet de loi du ministre de la culture sur les droits d'auteur. Tu as entendu que dorénavant les internautes ne seraient plus passibles de peines de prison en cas de téléchargement illégal ? Attends, Internet représente aujourd'hui une révolution aussi importante que l'invention de l'imprimerie il y a quelques siècles. La gestion et la diffusion de la culture ne peuvent plus fonctionner sur les mêmes schémas qu'auparavant. Il serait temps que les majors du disque le comprennent !
Moi, je suis contre le téléchargement payant. Écoute, pendant des années, les majors ont réalisé des bénéfices sur notre dos, ils n'ont pas su s'adapter et anticiper. Tant pis pour eux ! Tu crois vraiment qu'une taxe ou la licence globale, comme ils disent, profiterait aux artistes ? J'en doute !

PROPOSITION POUR LE MESSAGE 3 :
Attends, mais il plaisante là. C'est pas sérieux ! Les faits divers, les sujets qui reviennent tous les ans à la même époque, les marronniers, ça existe, c'est vrai mais il n'y a pas que ça ! Des journalistes sérieux qui font bien leur métier ou qui prennent des risques pour nous informer, il y en a tout de même ! Que ceux qu'on voit en première ligne à la télé ne soient pas toujours les meilleurs, peut-être. Rien ne nous oblige à tomber dans la facilité. Il y a suffisamment de journaux, de magazines dans les kiosques. Non, non, je crois que ce monsieur manque d'imagination ou... de curiosité, comme tu veux !

53 PROPOSITION (Vous êtes favorable à plus de sévérité sur les routes)
– J'en ai assez ! Quatre points en deux mois ! Tu te rends compte ? Sans compter les amendes ! Pour un tout petit dépassement !...
– Je comprends que tu sois en colère, mais avoue que tu l'as bien cherché ! Tu sais bien que tu vas souvent trop vite !
– Il y en a qui vont bien plus vite !
– Peut-être, mais les gendarmes ont raison. Tu as vu le nombre d'accidents et de tués encore cette semaine ? Les gens devraient être plus responsables ! Sans compter ceux qui boivent trop et conduisent ensuite. Tu vois, je pense qu'il faudrait interdire complètement l'alcool au volant.
– Pour ça, tu as raison, même si je n'irais pas jusque là...
– Moi je suis pour plus de contrôles de sécurité. Il y a trop de personnes qui ne devraient pas conduire : elles entendent mal, elles ne voient pas bien... Tiens, il y a quelque chose qui m'agace encore plus : ceux qui téléphonent en conduisant. L'autre jour, un chauffeur devant moi a freiné en plein carrefour pour répondre au téléphone... Je l'ai évité de justesse !
– C'est vrai, il y a des imprudents, mais ce n'est pas mon cas !
– Toi, c'est la vitesse. Je suis sûre que tu feras attention maintenant, au moins pendant quelque temps... Si toutes ces mesures permettent de sauver des vies, ta vie, tu ne crois pas que ça en vaut la peine ?

54 PROPOSITION (L'heure d'été n'existe pas dans votre pays)
VOUS : *Salut Richard, à lundi, et n'oublie pas de changer d'heure ce week-end !*
RICHARD : Oh, j'y pensais plus ! Chic ! J'adore passer à l'heure d'été !
VOUS : *Ah ? Pourquoi ? Qu'est-ce que ça change pour toi ? C'est la première fois pour moi, tu sais ? Ce que je vois c'est que les journées seront plus longues... On pourra profiter du soleil plus longtemps et aussi des soirées d'été...*
RICHARD : C'est exactement ce que j'aime : j'ai l'impression, après le travail, d'avoir beaucoup plus de temps de loisir... Mais ce n'est pas l'avis de tout le monde ! À la campagne par exemple, les agriculteurs et les fermiers trouvent que ça perturbe : les animaux n'ont pas de montre, eux ! Leur rythme de vie dépend du soleil. Les spécialistes de la santé et les écologistes commencent aussi à critiquer le système : ce ne serait pas bon pour nous non plus.
VOUS : *Alors, pourquoi continuer ? J'ai entendu dire que l'heure d'été avait été instituée pour faire des économies d'énergie. C'est vrai ? Les résultats sont positifs ? Quels sont les plus nombreux ? Les pour ou les contre ? Ça ne doit pas être si mal puisque c'est appliqué dans presque toute l'Europe, non ?*
RICHARD : Le bilan, après un peu plus de 30 ans, puisque ça existe depuis 1972, est plutôt réservé. Il n'y aurait pas de réelles économies d'énergie. Les uns qui, comme moi, aiment ce temps de loisir supplémentaire sont pour, mais ceux qui travaillent la nuit, non. Le problème c'est que maintenant, pour supprimer l'heure d'été, tous les pays de la communauté européenne doivent être d'accord ! Alors, tu comprends...

55 PROPOSITION

– Moi, j'ai choisi la deuxième quinzaine parce que je savais que Marielle et Isabelle avaient des contraintes et puis comme je suis le dernier rentré...

– Excusez-moi, est-ce que je pourrais avoir le planning des congés pour les deux dernières années ? Merci ! Je ne connais pas bien vos habitudes mais apparemment, vous n'organisez pas vraiment de roulement. Gérard, tu dois absolument prendre la première semaine ? Tu ne pourrais pas décaler tes vacances ? Je me permets de te poser la question parce que si j'ai bien compris, ta femme est en vacances du 1er au 25, donc que tu prennes tes congés avant ou après notre fermeture, ça ne change pas grand chose pour toi : vous seriez de toutes façons ensemble trois semaines... mais tu as peut-être prévu quelque chose ?

56 PROPOSITION

Je pense qu'il est possible de faire des économies sur l'électricité. Ce ne serait pas très compliqué. Il suffirait tout simplement de penser à éteindre quand on quitte une pièce ou encore d'utiliser des lampes basse consommation. Les dépenses de chauffage pourraient aussi être réduites assez facilement si on le baissait quand on n'est pas là. Et puis les pièces sont souvent surchauffées. Avec un peu de bonne volonté, je suis sûr(e) qu'on arriverait à réduire nos dépenses.

57 PROPOSITION

– Voilà votre contrat de location saisonnière.
– *Saisonnière ? Qu'est-ce que ça veut dire ?*
– C'est une location de courte durée... et votre adresse.
– *Dans mon pays, n'est-ce pas ?*
– C'est bien ça... barrer « maison »...
– *Ah bon ! « Rayer la mention inutile » c'est barrer le mauvais mot, le mot incorrect ? Sise... adresse... Ah je comprends ! Sise veut dire qui se trouve... située, non ?*
– Bravo !... l'appartement.
– *Oui, mais qu'est-ce que c'est les « arrhes » ? Quelle est la différence avec un « acompte » ?*
– Les arrhes vous protègent davantage... demande un acompte.
– *Alors je préfère verser des arrhes ! Ce n'est pas possible de changer ?*
– Malheureusement non... un acompte.
– *Bon, tant pis ! Et là, le chèque de garantie, qu'est-ce que c'est ? Ce que je vais payer aujourd'hui ?*
– Non. Cela n'a rien à voir avec l'acompte... ce chèque.
– *Ah, mais c'est une caution !*
– Oui, c'est la même chose, c'est une caution. Dernier point, la taxe de séjour.
– *Une taxe ? Pour qui ? Pourquoi ? C'est cher ?*
– C'est un impôt pour la ville... sa situation...
– *Oui, ça va. Merci beaucoup ! Vous m'avez bien aidé !*
– Je vous en prie, c'est normal !... maintenant !

58 PROPOSITION

– Bonjour, enchanté(e)... Comment y avez-vous pensé ?

– *Eh bien, en réalité, c'est le directeur de l'école où j'ai fait mes études qui nous en a donné l'idée à mes amis et à moi. Il nous a encouragé à maintenir le contact entre nous, à ne pas oublier le français... Quand nous avons vu qu'il avait raison, que beaucoup de nos cadres avaient fait leurs études en France, nous avons décidé de faire quelque chose.*

– Et quelles seraient vos activités ?

– *Notre premier objectif est de ne pas interrompre nos relations, de pouvoir, si nécessaire, nous entraider mais aussi d'épauler, de conseiller les futurs étudiants qui partiront en France. Nous voudrions aussi pouvoir organiser des cours de français ou des conférences à leur intention ou à celle de ceux qui le veulent. Ceci étant la facette « sérieuse » de notre club, nous n'avons pas oublié le plaisir. Nous voudrions organiser des fêtes, des repas, des bals... continuer de célébrer ici le 14 juillet ou... le beaujolais nouveau !*

– Comment serait organisé ce club ? Comment fonctionnerait-il ?

– *Comme tous les clubs. Nous nommerons un président ou une présidente et un ou une secrétaire... et, pour en faire partie, il faudrait payer une cotisation. Nous fixerons ensemble la fréquence de nos réunions.*

– Bien. Cela me semble très intéressant... naturel !

– *Effectivement. Nous aimerions savoir si vous nous permettez d'avoir notre siège dans les locaux de l'Ambassade ou de l'école française, par exemple. Nous pourrions peut-être vous aider dans certains cas ? Nous pensons aussi créer plus tard un petit journal...*

– Écoutez, je vais voir... au point.

59 **PROPOSITION**

KARINE : L'autre jour, tu m'as donné un truc formidable pour peler les oignons. Tu m'as dit de *les placer une heure au congélateur avant de les peler. C'était super !*

VOUS : Oui, ça marche bien mais on peut aussi *les peler dans l'eau* ou *passer le couteau sous l'eau froide plusieurs fois avant de les peler.*

MARTIN : Moi, avec les examens, je n'arrive pas à dormir ! Qu'est-ce que je peux faire ?

VOUS : On m'a dit que *si on buvait un verre de lait chaud* ça marchait très bien, mais je n'ai pas essayé ! Ou alors *tu peux manger un demi-quartier de pomme* ou tu *fais bouillir une laitue dans un demi-litre d'eau et tu bois le liquide mais ça me semble bien compliqué... et je ne sais pas si c'est bien bon...*

MARIANNE : Qu'est-ce que tu connais encore ? Tiens, tu sais comment on peut arrêter le hoquet ?

VOUS : Oh, il y a le truc classique, retenir un moment sa respiration. Ma grand-mère *mettait quelques gouttes de vinaigre sur un sucre et elle l'avalait. Mais il paraît que si on place une cuiller à l'envers dans un verre d'eau et qu'on boit l'eau avec la cuiller contre le front, c'est immédiat ! Je crois que ça doit être drôle de faire ça ! La douche doit être assurée !*

KARINE : Je vois que tu oublies toi-même tes astuces ! Regarde tes fleurs...

VOUS : Tu as raison. C'est souvent le cordonnier le plus mal chaussé ! J'étais pressée et *je n'ai pas mis de cachet d'aspirine dans l'eau.*

MARTIN : Écoute, téléphone à l'émission ! Ils t'embaucheront peut-être comme conseiller ?

60 Voir le corrigé de l'activité 46.

61 Voir le corrigé de l'activité 30.

62 **PROPOSITION**

AMI(E) : Bon anniversaire ! Tiens, j'ai trouvé ça pour toi. J'espère que tu ne l'as pas déjà !

VOUS : Oh, *un pull* ! Quelle bonne idée ! Voyons ?.... Quel dommage ! *Il est trop petit !*

AMI(E) : Ce n'est pas grave !... si tu veux.

Vous vous rendez dans le magasin où votre ami(e) l'a acheté. Vous pouvez dire :

• **pour demander à échanger l'article :** *Un(e) ami(e) m'a offert ce pull qu'il (elle) a acheté (pris) chez vous. Je l'ai essayé, mais, malheureusement, il est trop petit pour moi. Est-ce que c'est possible de l'avoir une taille plus grande ? Voici le bon d'achat que vous avez remis à mon ami(e).*

• **pour répondre à la vendeuse qui a ce que vous souhaitez, mais dans une autre couleur :** *Vraiment ? Vous ne l'avez plus en bleu (noir, rouge...) ? Quel dommage ! J'ai déjà un pull de cette couleur, j'aurais aimé changer. Mais peut-être pouvez-vous le commander ? Vous comprenez, je préférerais prendre le même modèle...*

• **pour essayer de trouver une autre solution, car le modèle est épuisé :** *Vous avez un modèle semblable ? Au même prix ou à peu près au même prix ? Je ne voudrais pas qu'il coûte plus cher... Ou bien alors, vous pouvez peut-être me donner un bon d'achat, un avoir ? Je prendrai quelque chose dans la nouvelle collection ? Ce serait parfait !*

63 **PROPOSITION**

À votre arrivée à l'hôtel, en fin de matinée, le réceptionnaire vous annonce que vous avez une chambre sur l'arrière de l'hôtel, qui plus est avec douche et non pas salle de bain comme vous le souhaitiez. Votre réservation a été mal enregistrée. Vous pouvez dire :

- **pour manifester votre étonnement et votre mécontentement :** *Mais je ne comprends pas ! Vous faites erreur sans doute... vous devez vous tromper de client.*
- **au réceptionnaire qui maintient ce qu'il dit après vérification du nom :** *J'ai réservé depuis plus de trois semaines et votre confirmation de réservation spécifie bien une chambre avec bain, terrasse et vue sur mer. Ce n'est pas la première fois que je descends chez vous et je n'ai jamais eu ce genre de problème ! C'est bien parce que je connais votre hôtel que j'avais réservé depuis longtemps. Je sais que vous avez beaucoup de demandes et que tout le monde veut une chambre qui donne sur la plage ! Qu'est-ce que vous proposez comme solution ?*
- **pour rejeter la proposition de garder la chambre qui vous a été donnée, mais avec un dédommagement :** *Non, je regrette, il n'en est pas question. Il n'y a pas de chambre qui va se libérer tout à l'heure ? Personne ne quitte l'hôtel ? Je veux bien une chambre avec douche, mais surtout avec terrasse et vue sur la plage ! Vous vous y êtes engagé dans votre lettre !*
- **pour remercier le réceptionnaire d'avoir trouvé une chambre qui va se libérer en début d'après midi :** *Ah c'est parfait, merci ! Je savais bien que vous trouveriez une solution. Nous allons faire une promenade et déjeuner et nous viendrons nous installer ensuite. À tout à l'heure !*

64 Il n'y a plus de voiture disponible pour l'instant → On me propose d'attendre une heure environ. → Je suis en colère parce que je suis pressé(e).
Mais enfin, c'est un peu cavalier, j'ai fait ma réservation il y a un mois, j'ai téléphoné il y a trois jours et vous m'avez assuré(e) qu'il n'y aurait aucun souci. Résultat: vous me faites perdre mon temps et je vais être obligé d'annuler ma réservation d'hôtel si ça continue...
Pour me dépanner, on me propose de prendre un taxi.
C'est bien beau un taxi mais c'est cher et ça ne résout pas mon problème pour après. Vous avez une meilleure idée?

65 **PROPOSITION**
POLICIER: Bonjour, vous désirez?
VOUS: Je voudrais *déposer une plainte pour le vol de mon portefeuille.*
POLICIER: Vous pensez que c'est un vol? Vous êtes sûr de ne pas l'avoir perdu?
VOUS: *J'en suis presque sûr(e)! J'ai cherché partout, dans mes poches, ma serviette, là où j'étais, mais rien, je n'ai rien trouvé!*
POLICIER: Bien. Venez avec moi... Vous êtes...?
VOUS: *Je suis monsieur.../madame... Je suis de passage ici. Je fais du tourisme dans la région. Je suis descendu(e) à l'hôtel...*
POLICIER: Vous pouvez me dire ce qui s'est passé?
VOUS: *Je me promenais dans la rue, seul(e)... et je venais d'acheter ce journal au kiosque quand j'ai eu envie de manger une glace. Au moment de payer, je me suis rendu(e) compte que je n'avais plus mon portefeuille! Le marchand m'a conseillé de bien regarder dans mes poches et de retourner au kiosque à journaux. C'est ce que j'ai fait, sans succès. Là, des clients m'ont dit de venir déposer plainte ici.*
POLICIER: Et il était comment, votre portefeuille? Vous pouvez me le décrire?
VOUS: *C'est un portefeuille de cuir noir, imitation crocodile. C'est un ami qui me l'a offert. Il avait fait graver mes initiales. À l'intérieur, il y a ma carte de cinéclub, des photos, des cartes de visite et de l'argent: un billet de cinquante euros et un autre de dix, si je ne me trompe...*
POLICIER: Mais attendez... devant le kiosque à journaux.
VOUS: *Il y a encore des gens honnêtes! Il a dû le trouver tout de suite... C'est pourquoi moi je n'ai rien vu! Merci bien monsieur!*

66 **a) Il va vous demander:** de vous présenter **(2)**, de quoi vous souffrez **(6)**, depuis combien de temps vous souffrez **(11)**, de vous déshabiller **(4)**, vous ausculter **(1)**, prendre votre tension artérielle **(9)**, d'ouvrir la bouche **(7)**. Il va aussi vous peser **(3)**, puis vous dire de vous rhabiller **(8)**, vous prescrire une ordonnance **(5)** et enfin vous expliquer ce qu'il faut faire **(10)**.

b) Aux questions du médecin vous pouvez répondre:

- Je suis madame.../monsieur... Je fais mes études ici/Je suis de passage/Je participe à un congrès/Voici ma carte d'assuré(e) social(e) dans mon pays/J'ai une assurance internationale/Je serai remboursé(e) dans mon pays, etc.
- Je pense que j'ai pris froid. J'ai mal à la gorge depuis hier/J'ai des difficultés à avaler/J'ai/je n'ai pas souvent mal à la gorge/J'ai oublié mes médicaments habituels/je n'ai pas de médicaments ici/Je suis allergique à.../je n'ai aucune allergie.

c) Pour bien vous faire comprendre et comprendre, vous pouvez dire:
Excusez-moi, vous dites que... c'est bien ça? Vous pouvez répéter, s'il vous plaît? Des pastilles, c'est comme un bonbon, n'est-ce pas? À chaque repas, c'est le matin, à midi et le soir, non? Qu'est-ce que c'est une pulvérisation? Vous me comprenez? Je prononce mal peut-être? Je vous explique encore... C'est là que j'ai mal (geste).

67 **Pour répondre aux questions sur vos études, votre motivation et vos projets professionnels, vous pouvez dire:**
J'ai fait mes études de... à... (et à...) pendant.... J'ai obtenu mon diplôme de... en... le.../Je voudrais faire un stage pratique dans votre entreprise parce qu'elle correspond exactement à ce que je recherche. La réputation de vos produits est grande et, comme je m'intéresse spécialement aux contrôles de qualité, je pense que je pourrais apprendre beaucoup chez vous.
Pour demander des précisions sur votre stage, vous pouvez dire:
Je vous remercie de m'accepter en stage et je voudrais avoir quelques précisions sur son déroulement. Quelle sera sa durée? Quels seront les horaires? Je travaillerai dans quel service? J'aurai à mener seul une tâche ou un projet ou à travailler avec quelqu'un? Est-ce que j'aurai des responsabilités? Lesquelles? Est-ce que je peux me permettre de vous demander s'il est prévu des indemnités, une aide pour le logement ou le transport?

68 PROPOSITION

Je me présente : je suis.... Je joue dans ce club comme... depuis... Mais j'écris parfois des articles pour la page des sports du journal de notre ville. C'est à ce titre que je voudrais vous poser quelques questions. Je voudrais tout d'abord vous souhaiter la bienvenue dans notre club et dans notre ville et vous remercier d'avoir accepté cette interview. C'est très gentil à vous. Rassurez-vous ce ne sera ni long ni bien difficile.... Nous suivons tous votre carrière sportive et nous sommes heureux pour vous de vos derniers succès. Quel est celui dont vous êtes le plus fier ? Quels sont projets ? Vous avez une ambition particulière ?
Pouvez-vous nous dire comment vous en êtes venu à ce sport ? Quelqu'un vous a poussé à le pratiquer ou bien c'est un choix personnel ? À quel âge avez-vous commencé ? Qu'en pensait votre famille ? Pratiquez-vous un autre sport ? Lequel ?
Si vous le permettez, je voudrais vous poser quelques questions sur votre séjour ici. C'est la première fois que vous visitez ce pays ? Quelles sont les régions ou les villes que vous avez vues ou que vous comptez visiter ? Qu'est-ce que vous appréciez particulièrement ici ? Y a-t-il quelque chose qui vous intéresse surtout ou que vous aimeriez découvrir ? Que pensez-vous de nos spécialités ?
Encore une fois, merci d'avoir accepté de me répondre. Vous voulez bien être pris en photo avec mes camarades du club ? Il va sans dire que je vous enverrai une copie de l'article consacré à cet entretien. Bonnes vacances, bonne poursuite de votre séjour, et, nous l'espérons tous, à bientôt peut-être ?

69 PROPOSITION (en réaction aux réponses « supposées » de la famille d'accueil)

– Allô ! Ici Karen, je vous appelle suite au message que vous m'avez laissé.`
– Dans quelle région habitez-vous ?
– Je ne connais pas bien la France, c'est où exactement ? Y a-t-il une grande ville à proximité ?
– Il y a des bus ?
– Vous êtes loin des Alpes ?
– Pouvez-vous me parler de votre famille ? Vous avez combien d'enfants ?
– Ce serait pour garder la petite fille, c'est ça ?
– Qu'est-ce que je devrai faire exactement ?
– Pourriez-vous me dire combien je gagnerai par mois ?
– J'ai lu que les jeunes étrangers au pair étaient déclarés et immatriculés à la Sécurité sociale et que les cotisations étaient exclusivement à la charge de la famille d'accueil. C'est vrai ?
– Est-ce que j'aurai un jour de repos fixe dans la semaine ?
– Non, le dimanche, c'est bien je crois. Je pourrais recevoir des amis par exemple ce jour-là ?
– Ah, je voudrais aussi améliorer mon français. Est-ce qu'il y a quelque chose d'organisé pour les jeunes comme moi ?
– Quand est-ce que je pourrais commencer ?
– Oui, je peux être disponible mais je dois rentrer au Danemark pour le mariage de ma sœur au début juillet, du 1er au 15.
– Ça m'intéresse mais je dois réfléchir un peu. Je voudrais vous signaler que je ne mange pas de viande. Est-ce que vous pensez que ça peut poser un problème pour l'organisation des repas ?
– Ah oui, c'est une bonne idée. Et aussi... hum... j'adore nager, j'ai l'habitude de m'entraîner deux fois par semaine à la piscine.

Corrigés de l'écrit

I. COMPRÉHENSION ÉCRITE

70 **a)** un titre, un chapeau, un intertitre, un dessin humoristique, des paragraphes, des citations, des noms propres, des chiffres, sa source, le nom de son auteur, différents types de caractères.

b) Le monde éducatif s'unit pour combattre les absences des élèves **(4)**.

c) - Le phénomène de l'absentéisme concerne 7 % des élèves du second degré, collégiens et lycéens. Il se manifeste en Seine-Saint-Denis mais aussi dans toute la France.
- La mobilisation est générale en France. Elle s'exprime par des affiches et une convention de lutte, qui, présidée par le Préfet, réunira une fois par mois les représentants de tous les services de l'État, des collectivités locales et d'associations familiales.
- « Sécher régulièrement » veut dire être absent de façon régulière.

d) Les auteurs et leurs fonctions: Dominique Raynaud, chef de bureau à la direction de l'enseignement secondaire; Jean-Charles Ringard, inspecteur d'académie de Seine-Saint-Denis.

e) • **1er paragraphe: 3.** Un guide est proposé pour lutter contre l'absentéisme.
• **2e paragraphe: 4.** Ce phénomène, aux causes multiples et de grande ampleur, se manifeste dans toute la France.
• **3e paragraphe: 1.** Pour stopper le développement de l'absentéisme, des actions multiples sont engagées.
• **4e paragraphe: 5.** Les modalités de lutte prévoient, selon les cas, d'utiliser la manière douce ou la manière forte.
• **dernier paragraphe: 2.** Les premières actions entreprises ont déjà donné de bons résultats.

f) 1. 10 000 exemplaires du « Guide mode d'emploi pour l'assiduité scolaire » / **7 %** des élèves du second degré de Seine-Saint-Denis sont concernés par l'absentéisme: **30 %** des élèves de certaines filières professionnelles manquent la classe. / **5 %** des lycéens et collégiens du secteur public « sèchent régulièrement les cours ». / **275 000 élèves**: nombre d'élèves que représentent les **5 %** précédents. / **7 avril**: date de la signature de la convention de lutte contre l'absentéisme. /**750 €**: montant maximum des amendes sanctionnant les familles « les plus récalcitrantes ». / **7 %** à **4 %**: diminution espérée du pourcentage des « jeunes déserteurs ».
2. On estime qu'en France **5 %** des élèves sèchent régulièrement les cours. En Seine Saint-Denis, dans le second degré, **7 %** des élèves ne viennent pas assidûment en classe, et dans le secteur public, **275 000** d'entre eux… s'absenter. Ce taux peut atteindre les **30 %** dans certaines sections professionnelles. Pour combattre ce phénomène… distribué à **10 000** exemplaires en Seine-Saint-Denis. Ils ont également décidé de signer, le 7 avril une convention de lutte contre l'absentéisme. Celle-ci prévoit… amendes pouvant atteindre **750 €**. Les enseignants espèrent ainsi faire baisser… les classes de **7 %** à **4 %**.

71 **a) Réponse 1:** « Lance… une initiative inédite… la mobilisation est décrétée ».
Réponse 2: « 275 000 élèves sèchent régulièrement. »

b) absentéisme = le fait d'être trop souvent absent. / **assiduité** = présence régulière (à des cours).

c) 1. assiduité, sèchent, sécheurs, des classes exsangues, sécher, école buissonnière, déserte, (les enfants) ont repris le chemin de l'école, des jeunes déserteurs.
2. Les élèves (collégiens et lycéens), les parents, les professeurs, les chefs d'établissements, la direction de l'enseignement secondaire, l'inspection d'académie, les représentants de tous les services de l'état.
3. Des affiches, des sanctions pénales, des amendes, des aides aux parents, l'information des parents (de l'absence de leurs enfants par téléphone, SMS, courriers), des stages.

d) combattre (l'absentéisme), porter la bonne parole, endiguer le fléau, décréter, une convention de lutte, prendre le problème à bras-le-corps, modalités de lutte, dispositif.

e) « Manier la carotte et le bâton »: alterner sanctions, amendes et aides aux familles.
« Faire l'école buissonnière »: aller se promener pendant les heures de cours.

72 **a)** La fête de la Toussaint, célébrée le 1er novembre. Ce jour-là, en France, traditionnellement, on fleurit les tombes de chrysanthèmes.

c) Le chrysanthème n'est pas associé à la Toussaint dans tous les pays.

d) En France, contrairement à ce qui se passe dans d'autres pays, le chrysanthème est la fleur de la Toussaint par excellence.

e) Oui, dans la 2e colonne. Il désigne d'autres pays européens (l'Italie, l'Angleterre, les Pays-Bas) où le chrysanthème n'a pas la même connotation.

f) Les parties notées en gras correspondent à des citations qui soulignent les étapes importantes de l'histoire du chrysanthème.

g) Faux : on ne parle pas de la répartition des achats dans le texte. / **Faux :** on a **23,6** millions de pots vendus en 2004 dans le schéma et **23,8** dans le texte.

73 **a) PROPOSITION** Le *dendranthema*, plus connu sous le nom de chrysanthème — qui signifie fleur d'or en grec — est une fleur extraordinaire, gaie, aux couleurs subtiles et délicates, originaire de Corée où elle était cultivée 900 ans avant Jésus-Christ. La légende veut que le chrysanthème prolonge la vie, c'est pourquoi au Japon, il symbolise la prospérité. Il est arrivé en France en 1789, a traversé le siècle des Lumières. On l'a beaucoup copié, des centaines de variétés ont vu le jour au fil du temps, d'autres sont aujourd'hui encore à l'étude.
Il doit son essor à la Première Guerre mondiale. En effet, lorsque la guerre s'achève en novembre 1918, on l'utilise pour fleurir les tombes des soldats car il résiste au froid de l'hiver. C'est ainsi qu'en France cette plante sera définitivement associée au culte des morts et à la fête de la Toussaint. Depuis quelques années, certains ont entrepris de le réhabiliter. Peut-être en verra-t-on bientôt orner des bouquets de mariées, comme aux Pays-Bas.

b) 1. Le chrysanthème est, pour les Français, la fleur des morts.
2. Dans la 2e colonne, après la partie en gras : « ce lien chrysanthème-pierre tombale ».
3. « la fleur d'or des morts, la fleur de Toussaint par excellence, son nom ne fait pas rêver, le symbole des cimetières, une plante des jours d'automne, une plante mal aimée. »

c) Il faut « lutter pour sa réhabilitation » parce que c'est une fleur « extraordinaire, gaie, aux couleurs subtiles et délicates, loin des clichés vieillots qui lui collent au pot ». À noter ici un jeu de mot : coller au ***pot*** et non à la ***peau*** en référence au pot de fleur.

d) « alors » = à ce moment-là.

74 **a) 1 = D.** Le 1er mot est écrit en lettres d'imprimerie.
2 = B. Le 1er § s'achève sur une idée de nombre : «… les Français sont de plus en plus nombreux à… ». Le 2e précise ce nombre : « Ils sont ainsi 5 millions… »
3 = A. Le § commence avec « Enfin » et aborde le dernier aspect de la situation, à savoir le chant choral.
4 = C. On fait référence à l'avenir et au besoin de formation des jeunes qui prendront la relève.

b) La pratique musicale en France.

c) Pour favoriser la pratique amateur.

d) 1. **Vrai** ; 2. **Faux** ; 3. **Vrai** ; 4. **Faux** ; 5. **Faux** ; 6. **Vrai** ; 7. **On ne sait pas**.

e) Le développement des programmes de télé-réalités comme *Star Academy* sur TF1 ou *Graines de star* sur M6. Ces émissions ont pour but de donner leur chance à de jeunes talents.

f) - Le chant choral continue de séduire de plus en plus d'adeptes, auprès des adultes comme des jeunes retraités. ***En effet***, 27 % d'amateurs chantent dans une chorale, ou un ensemble vocal (soit 4 millions de pratiquants au sein de 8 000 chorales).
- « Un engouement largement antérieur au succès des *Choristes* », comme le rappelle Guillaume Deslandres, directeur de l'Institut français d'art choral. ***En revanche***, l'irruption des programmes de télé réalité musicales semble avoir un effet direct sur la multiplication des vocations de chanteurs en herbe.

g) *Ainsi* = Par exemple.

75 **a)** Ce texte parle d'un lieu : le Musée de La Poste et de l'histoire d'une institution : la Poste.
Il est question du lieu lui-même dans l'encadré, dans le 1er et le dernier paragraphes. D'autre part, dans l'article, on évoque rapidement plusieurs salles, plus longuement dans l'avant-dernier paragraphe, la dernière (celle où sont exposés les timbres). Il est question de l'histoire de « l'aventure postale » dans tous les autres paragraphes de l'article (2, 3, 4, 5, 6, 7).

b) L'évolution de la Poste.
• **En 1477 :** Louis XI comprend l'intérêt politique de contrôler le courrier, la Poste devient une institution.

• **Dès 1632 :** L'essentiel du territoire est couvert par des messageries à cheval et des relais.
• **En 1760 :** On a l'idée de faire porter les lettres par un facteur.
• **En 1793 :** Les frères Chappe montent un système qui est l'ancêtre du télégraphe.
• **Au XIXe siècle :** La malle-poste modernise la transmission des courriers.
• **En 1849 :** Le timbre apparaît. C'est celui qui envoie le courrier qui paie.
• **En 1870 :** C'est le siège de Paris ; le courrier est envoyé par ballon ou grâce aux pigeons.
voyageurs.
• **Dans les années 1847-1849 :** C'est le début du chemin de fer et les premiers wagons postaux.
• **Vers 1866 :** Le pneumatique apparaît. Il fonctionne jusqu'en 1984.
• **Au début du XXe siècle :** C'est le commencement de l'aviation postale.
La première date mentionnée dans le texte correspond à la fondation du Musée.

c) 1. Les messageries à cheval, la malle-poste, le ballon, les pigeons-voyageurs, le pneumatique, le bateau, l'avion. - **2.** Le télégraphe.

d) Date de création du musée : 1947
Situation : 34, bd de Vaugirard, Paris 15e
Tarif d'entrée : 5 €, gratuit pour les moins de 18 ans.
À voir en particulier : la salle consacrée aux pionniers de l'aviation (objets des uns et des autres), la salle où sont exposés tous les timbres français depuis que le timbre a été créé.
Jugement global : « un musée vivant, une belle idée de visite pour tous ».

76 a) 1. Les mers, les espèces (animales, végétales), les forêts, les glaciers.
2. A. Le niveau des mers est monté de 10 à 20 cm au cours du XXe siècle ; il pourrait monter de 50 cm. La Camargue est menacée.
B. 19 % des vertébrés et 8 % des végétaux pourraient disparaître.
C. Augmentation des espèces méditerranéennes, diminution des surfaces de pins sylvestres, disparition des boisements artificiels, allongement de la période de croissance des arbres, de plus en plus de feux de forêts et d'insectes ravageurs.
D. Dans les Alpes, au cours des cent prochaines années.

b) 1. Phénomènes déjà en cours, en train de se produire : 2, 6, 9, 10 / **Phénomènes seulement possibles (mais non certains) dans le futur :** 1, 3, 4, 5, 7, 8.
2. **1.** Les experts pensent qu'une montée du niveau des mers de 50 cm est possible.
2. La girelle paon est présente sur les bords de la Côte d'Azur alors que ce poisson était inconnu sur les côtes françaises il y a dix ans. Dans l'Atlantique, deux espèces de poissons ont progressé au cours des 30 dernières années d'une quinzaine de degrés de latitude.
4. (le Gulf Stream pourrait être déplacé.) Ce qui, paradoxalement, entraînerait un refroidissement, de l'Europe de l'Ouest.
5. 19 % des vertébrés et 8 % des végétaux pourraient disparaître en métropole.
6. D'autres espèces vont s'adapter en se déplaçant. On observe déjà des floraisons plus précoces chez certaines plantes et on constate l'avancée des dates de migrations chez les oiseaux.
7. Le visage de la forêt française pourrait complètement changer.
8. Les espèces méditerranéennes (olivier, chêne vert, pin) représentent aujourd'hui 9 % de la forêt française. Si la température moyenne augmentait de 2°, cette surface passerait à 28 %.
9. Les spécialistes prévoient un allongement de la période de croissance des arbres (elle a augmenté d'une dizaine de jours depuis 1960). Les chênes ont gagné 8 à 10 mètres dans les région Centre…
10. On constate déjà la réduction de la couverture neigeuse et le recul des glaciers. Entre 1850 et 1980, ces derniers ont perdu un tiers de leur surface. Et depuis, ça ne s'arrange pas : depuis 1980, près de 30 % de la glace restante a disparu.
3. L'emploi du verbe « pouvoir », de l'adjectif « possible »/Le choix du conditionnel./L'emploi d'hypothèses (si…).

77 a) 3e § : « Chacun se souvient de quand il a… aux enfants pour qu'ils jouent avec… on y met ses contacts, les SMS intimes qu'on n'arrive pas à effacer, la photo de son enfant pour illustrer l'écran... »
b) 1. Un discours ambivalent est un discours à double sens.
2. *«… ils disent se méfier et qu'ils critiquent volontiers, mais se révèlent bien plus « proches » qu'ils ne l'avouent de cet objet… ».*
c) *«… ils déclarent le portable bien utile pour joindre un interlocuteur **mais** que c'est un objet contraignant, asservissant, voire angoissant… Or, ce discours est contredit dans la réalité….. Les gens critiquent volontiers la*

fonction appel, dont ils disent qu'elle détruit le lien social car chacun est dans sa bulle... **Or**, *sur le terrain ces scènes d'agacement sont inexistantes... une relation bien plus intime qu'ils ne veulent l'admettre avec cet appareil...* »

d) Le portable permet de développer avec *son entourage des liens* de complicité *qui n'existaient pas forcément auparavant.*

e) - Le portable permet de ne pas se sentir seul(e), de développer aussi *des stratégies pour être joignable seulement quand on le souhaite, de devenir arbitre de sa propre liberté.*
- Le portable peut être un objet aliénant, asservissant parce que *tout le monde n'a pas la possibilité de refuser d'être joignable à certains moments.* C'est le cas de certains professionnels: médecins, urgentistes, dépanneurs, etc.

78 **a)** **1.** leur *téléphone mobile, qu'*ils critiquent volontiers, c'est *un objet contraignant, cet appareil, ses* contraintes, il *l'*a perdu, on *le* lui a volé, on *le* manipule, *qui* est remisé dans un tiroir, personne ne *le* prête, c'est *un outil*, son *mobile*, *sa* loi.
2. Autres mots: téléphone mobile, objet, appareil, outil, mobile. **Adjectifs possessifs:** ses (contraintes), sa (loi) **Pronoms compléments:** il ***l'***a perdu, on ***le*** lui a volé, on ***le*** manipule, personne ne ***le*** prête. **Pronoms relatifs:** ***qu'***ils critiquent volontiers, ***qui*** est remisé dans un tiroir.

b) Mme Menrath/la chercheuse.

c) et d) « Autant de gestes qui... : toutes les attentions dont la personne qui téléphone fait preuve vis-à-vis de son entourage comme pour s'excuser de le déranger (parler à voix basse, les clins d'œil, les sourires).

e) il = celui qui appelle; **le** = qu'il parle bas; **son interlocuteur** = la personne à qui il téléphone; **son voisin** = celui qui est à près de celui qui téléphone; **l'** = qu'il dit qu'il parle bas.

f) mais et **or**.

g) permet d'attirer l'attention sur un exemple ou un fait précis: notamment/marque une gradation: **voire**/ permet d'insister, de souligner: **surtout**.

79 **a)** On parle des conditions de voyage, de logement, des lieux qu'on a visités, des gens qu'on a rencontrés, des impressions qu'on a du pays ou de la ville, du temps qu'il fait, de ses projets pour la suite, de son retour...

b)

	Saint-Exupéry	Rimbaud	David-Neel
Où se trouve-t-il/elle exactement?	Sur un bateau qui fait escale à Dakar pour aller en Amérique du Sud.	Au sommet de la plus haute montagne de Chypre.	Dans une maison japonaise, à Kyoto.
Quel temps fait-il?	Il commence à faire chaud. (...ce vent chaud et épais de Dakar.)	Il fait un froid désagréable: il pleut, grêle, vente à vous renverser.	L'été est venu et les quelques jours qui nous séparent de la saison des pluies sont agréables.
Comment se sent-il/elle moralement ou physiquement ?	Je ne me sens encore ni triste, ni loin, ni même absent.	Je me porte mal; j'ai des battements de cœur qui m'ennuient fort.	Mon cœur se serre, je ne me guérirai pas de ma nostalgie.
- Est-il/elle déjà venu(e) là? - Evoque-t-il/elle des voyages précédents? Si oui, dans quels pays?	- Oui, il est venu souvent à Dakar (je connais rocher par rocher, arbre par arbre, dune par dune, l'avenue qui va de Toulouse au Sénégal.) - Non.	- Non. - Il est allé en Égypte. Je n'ai rien trouvé à faire en Égypte et je suis parti pour Chypre il y a presque un mois.	- On ne le sait pas. - Elle évoque des voyages au Sikkim et au Tibet.
Quelles sont ses occupations actuelles?	Sur le bateau, il joue à des jeux de société.	Il est surveillant d'un chantier de construction.	Aucune information sur ce sujet.
Que va-t-il/elle faire ensuite?	Aller en Amérique du Sud.	Rester employé jusqu'à la fin de ce travail, trouver d'autres travaux pour mettre de l'argent de côté.	Peut-être partir pour la Mongolie.

c) **L'auteur de la lettre**	1	2	3
. a des problèmes d'argent.		X	
. évoque un voyage qui l'a marqué pour toujours.			X
. décrit avec amusement ses propres activités.	X		
. minimise l'éloignement.	X		
. se plaint des conditions de vie.		X	
. craint de ne pas se réadapter à une autre vie.			X

d) lettre 1 : Les relations avec sa famille sont très affectueuses; il répète plusieurs fois « ma petite maman »; il écrit: « Je vous embrasse tous bien tendrement, je vous emmène un peu tous avec moi... Je vous embrasse comme je vous aime. ». Ses proches ne lui manquent pas encore vraiment, il le note lui-même (avec un peu d'étonnement, on dirait).
Lettre 2 : Les relations avec sa famille ne semblent pas très chaleureuses; il n'y a pas de formule d'appel et la formule finale semble un peu formelle. Pourtant il s'inquiète de leur santé, demande des nouvelles, leur promet un envoi.
Lettre 3 : Le ton est d'une familiarité affectueuse: « Mon petit, vois-tu... » mais il n'y a pas d'autre manifestation d'affection.

e) Lettre nostalgique et poétique: **lettre 3** / lettre humoristique et légère: **lettre 1** / lettre « terre à terre »: **lettre 2**.

80 a) Colette a envoyé de l'argent à sa mère. **V** / Colette envisage l'achat d'une voiture. **V** / Quelqu'un de leur entourage a eu un accident de voiture. **V** / Sido a décidé d'aller voir sa fille. **F** / Elle est heureuse de déménager. **F** / Son fils Achille habite dans la même ville qu'elle. **V** / Colette connaît bien la ville où habite sa mère. **V** / Sido n'aime pas avoir des voisins. **F** / Elle déménage parce que sa maison est trop petite. **F** / Elle pense que tous ses enfants ont le même caractère qu'elle. **F**

b) Sido refuse que sa fille lui envoie encore de l'argent.
Elle désapprouve l'achat d'une auto parce que c'est dangereux et qu'il faut beaucoup d'argent.
Elle se demande quand elle verra sa fille.
Elle hésite à aller voir ses belles-sœurs, neveux et nièces.
Elle annonce qu'elle déménage.
Elle explique la situation exacte de la maison.
Elle décrit l'aménagement, les pièces de la maison.
Elle explique aussi pourquoi elle déménage.
Elle ne veut pas reconnaître que c'est d'elle seule que ses enfants tiennent leur caractère.
Elle se plaint du froid, de la vieillesse, d'être impuissante à tout arranger comme elle voudrait.

c) Marques d'affection : les mots qu'elle utilise pour appeler sa fille « minet chéri, mon toutou chéri, trésor chéri », le désir de la voir, elle prévoit déjà la chambre où sa fille dormira dans la nouvelle maison, l'inquiétude pour elle à cause de la voiture.

d) Reconnaissance : *« tu es trop gentille, vois-tu »*; **Regret :** *« je déménage hélas ! je quitte ma Petite-maison que j'ai remplie de verdure et de fleurs »*; **Tristesse :** *« aujourd'hui, c'est mon jour de tristesse »*; **Inquiétude :** *« Je ne vois pas avec plaisir l'achat d'une auto. C'est terrible »*; **Résignation :** *« ce déménagement m'épouvante mais... il faut bien que je me décide. »*

e) *Quand elle explique la situation de la maison, en particulier, on croit l'entendre parler à sa fille. « Voyons, comment t'expliquer cela.. ? » « ... comme pour aller chez les Mayet. Vois-tu ? Oui, c'est presque au coin... »*

81 a) Elle a deux enfants qu'elle a quittés pour venir quelque temps à Paris. Elle a une sœur. Elle n'habite pas à Paris habituellement. Elle aime se distraire, s'occuper des arts, aller au musée, au spectacle, prendre des leçons de dessin. Elle compte rester à Paris jusqu'en avril et y venir plus souvent.

b) « J'ai bien envie de voir rapidement ma fille. Que vient-elle faire à Paris ? »
Elle se trouve chez son autre fille, la sœur de George Sand.

c) Jalousie. Non : *« Ne croyez point que j'éprouve aucun sentiment de jalousie envers ma sœur. »* - **Désir de voir sa mère le plus vite possible. Non :** *« Je compte rester ici deux mois au moins ainsi je ne puis manquer de vous embrasser cette année. »* - **Satisfaction d'être à Paris. Oui :** *« Jusqu'à présent, je n'ai pas eu le temps [de m'y ennuyer] et si je continue à m'y trouver bien, je ne retournerai chez moi qu'au commencement d'avril. »* - **Plaisir de rencontrer des gens. Non :** *« Je ne vois presque personne. Je n'ai pas le temps et puis* *il faut faire des toilettes et un peu de cérémonie et cela m'ennuie. »* - **Inquiétude au sujet de ses enfants. Non :** *« Je reçois souvent des lettres de mon petit Maurice. Il se porte bien ainsi que sa sœur que j'ai laissée bien belle et bien grosse. »*

82 a) J'ai beaucoup… mon enfance : *vous oubliez que j'ai 27 ans et que mon caractère a dû subir bien des changements depuis ma jeunesse.*
• Vous me voyez… suis en réalité : *Vous me supposez un amour du plaisir, un besoin d'amusement et de distraction que je suis loin d'avoir.*
• Ce qui est le plus… liberté : *Ce n'est pas du monde… qu'il me faut, c'est de la liberté…*
• Je ne veux pas discuter… comprendre : *Quand je rencontre des cœurs qui ne me comprennent pas du tout, qui prennent mes innocentes fantaisies pour des vices hypocrites, je ne sais pas me donner la peine de les dissuader.*
• Les hommes sont intolérants… différent d'eux : *Quelle rage avons-nous donc ici-bas de nous tourmenter mutuellement, de nous reprocher aigrement nos défauts, de condamner sans pitié tout ce qui n'est pas taillé sur notre patron ?*
• Vous aussi, on vous a mal jugée : *Vous, ma chère maman, dans votre vie vous avez souffert de l'intolérance, des fausses vertus, des gens à grands principes. Votre beauté, votre jeunesse, votre indépendance, votre caractère heureux et facile, combien ne les a-t-on pas noircis !*
• On m'accuse… pas vrai : *On vous a dit que je portais la culotte, on vous a bien trompée ; si vous passiez 24 heures ici, vous verriez bien que non.*
• Dans notre couple… normal : *Chacun son vêtement, chacun sa liberté. Il est bien juste que cette liberté dont jouit mon mari soit réciproque.*
• Soyez de mon côté… critiquent : *Ceux qui ne le trouveraient pas bon et qui vous feraient des propos sur mon compte, jugez-les avec votre raison et avec votre cœur de mère ; l'un et l'autre doivent être pour moi.*

b) Elle est avant tout très attachée à sa liberté.

c) Elle lui rappelle qu'elle a, elle aussi, été sévèrement jugée par les gens, notamment pour son indépendance. Par la même occasion, elle la flatte : « votre beauté, votre caractère heureux et facile ». Elle lui rappelle aussi qu'en tant que mère, c'est du côté de sa fille qu'elle doit être.

83 a) C'est l'ancien instituteur de Camus.
b) Pour lui exprimer sa reconnaissance, lui dire qu'il ne l'a pas oublié.
c) La reconnaissance et l'affection.
d) Sa mère.
e) Il était un enfant pauvre.
f) Il pense que c'est un trop grand honneur et en même temps il ne veut pas « en faire un monde », lui accorder une trop grande importance.

84 a) S'excuser.
b) La honte, le regret, le remords, la peine : *hélas ! pourquoi faut-il qu'il me soit si douloureux de tant l'aimer ?… ma peine est bien plus forte que celle que j'aurais pu vous causer… je ne me le pardonnerai pas…) /* **L'admiration :** *il ne me suffit pas d'aimer ce livre ; je sens que je m'éprends, pour lui et pour vous, d'une sorte d'affection, d'admiration, de prédilection singulières…*
c) Non : *j'ai cette honte d'en être beaucoup responsable.*
d) Il avait de Proust une fausse image, celle d'un snob, d'un mondain sans intérêt. / **Non :** *c'est bien insuffisamment expliquer mon erreur.*
e) L'idée que ce refus a sans doute peiné Proust

85 a) 1. La durée, le genre du film, le pays d'origine, le réalisateur/la réalisatrice, les acteurs principaux, éventuellement les distinctions obtenues.
2. Cela signifie que le film sort ce jour-là en France, qu'il n'est pas sorti plus tôt dans les grandes villes (comme c'est le cas d'autres fois).
3. Une comédie.

b) Pour Françoise : L'enfant ; **pour Laurence :** Saint-Jacques… La Mecque ; **pour Agnès :** Il était une fois dans l'Oued ; **pour Alex et Annie :** Oliver Twist ; **pour Paule :** Zaina, cavalière de l'Atlas ; **pour Gilles :** Les noces funèbres ; **pour Bernard :** La légende de Zorro.

c)

Film	Lieu(x)	Époque
La Légende de Zorro	La Californie	1850
Zaina, cavalière de l'Atlas	Les Montagnes de l'Atlas (au Maroc)	*non précisée*
Oliver Twist	Londres	L'époque victorienne (XIXe siècle)
Les Noces funèbres	Le Royaume des morts	*non précisée*
Il était une fois dans l'oued	L'Algérie	à partir de 1988
L'Enfant	*non précisé*	*non précisée*
Saint-Jacques ... La Mecque	Le Chemin de Saint-Jacques	*non précisée*

d) - Zaina, Saint-Jacques… La Mecque, (Les noces funèbres) - Oliver Twist, L'enfant

e) La légende de Zorro: mari – femme; **Zaina, cavalière de l'Atlas:** père – fille; **L'enfant:** parents – enfant; **Saint-Jacques… La Mecque:** frères – sœur.

86 a) 1. 1: une illustration - **2:** un « titre » et un « sous-titre » - **3:** des dates - **4:** un lieu et une adresse
2. Une publicité pour une exposition.
3. C'est la reproduction d'une gravure ancienne. Les personnages sont des Mérovingiens; ils vivaient aux VIe et VIIe siècles après J.-C.
4. Elle a lieu du 22 octobre 2004 au 31 août 2005 au Musée archéologique de Strasbourg, au Palais Rohan, 2 place du Château.
5. Il s'agit d'une publicité pour **une exposition** sur les **Mérovingiens** qui a lieu du **22 octobre 2004** au **31 août 2005**, au **Musée** d'**archéologie** de la ville de **Strasbourg**, en **Alsace**.

b) 1. Les mardi. Les visites ont lieu de 10h à 18h. Il n'y a pas de visites commentées en juillet.
2. Des armes, des bijoux, des objets de parure, des céramiques et des verreries./Ils ont été trouvés dans une nécropole, à Erstein, en Alsace. / Une nécropole est un grand ensemble de tombes.
c) Elle représente certainement un enterrement car on y voit une fosse, la tombe, où sont placés des objets funéraires: mobilier, armes (un bouclier), aliments. Un groupe de personnes (cinq femmes et un enfant) apparemment endeuillées et attristées se trouve devant la tombe.

87 a) 1: g - 2: e - 3: h - 4: f - 5: i - 6: a - 7: j - 8: c - 9: d - 10: b
b) Vrai: 2, 3, 5, 7 / **Faux**: 1, 4, 6, 8

c) Par le présent contrat, M. ***Helmut Renner, Grazer Str. 4, Bad Ischl (A-4820)***, dit le locataire, s'engage à louer à M. ***Jean Dupré, 14, Bd Clemenceau, Saint-Cyprien (66750)***, dit le propriétaire, une maison ~~un appartement~~ sise ***28 avenue de la Plage à Saint-Cyprien (66750)***, durant la période ***du 2 au 20 août 2007*** au prix de ***1 200 €*** dont ***200 €*** payables ce jour au titre ~~d'acompte~~ d'arrhes, le solde payable le ***2 août 2007***.

88 a) 1. Un formulaire de pré-inscription à l'université. / Un document de l'Éducation nationale.
2. Aux étrangers résidant en France mais n'appartenant pas à l'Union européenne.
S'ils désirent s'inscrire en 1re ou 2e année de licence dans une université française.
3. Affirmations exactes: Les étrangers qui ont le bac n'ont pas besoin de ce document./Les candidats doivent choisir seulement trois universités. / Ils peuvent choisir au maximum deux universités dans les académies de Paris, Créteil ou Versailles. / Le candidat doit vérifier que les universités choisies proposent la formation souhaitée./La date limite d'envoi ou de dépôt du dossier est le 31 janvier./Les candidats doivent joindre certains documents. / Presque tous les candidats doivent passer un test de connaissance du français. / Les candidats doivent expliquer pourquoi ils souhaitent s'inscrire à l'université.

b) 1. 60 euros
2. Le candidat reçoit une convocation sur laquelle sont indiqués le lieu et la date de passation du test. Le candidat doit avoir une pièce d'identité avec photographie.
3. - présenter sa candidature: faire une demande d'admission
- les documents qui prouvent la situation du candidat: les pièces justificatives
- excepté autorisation spéciale: sauf dispense
- avoir avec soi une pièce d'identité: se munir d'une pièce d'identité.
- un examen de langue: un test linguistique
- la partie où vous expliquez pourquoi vous voulez vous inscrire: la partie « motivations »
- complétez avec attention: remplissez soigneusement.

89 **a)** Aux étudiants français qui souhaitent faire/continuer leurs études à l'étranger et en particulier en Europe. Ils y trouveront des conseils.

b)

	Berlin	**Milan**	**Stockholm**
Prix d'une chambre sur le campus	entre 125 et 300 €/mois	environ 200 €	entre 280 et 330 €
Prix d'un studio en ville	250 € (quartier branché)	600 €/mois	un peu plus élevé que loyer dans résidence universitaire
Prix d'un appartement en colocation	250 €/mois	300 €/mois	300 €/mois
Montant de la caution pour une location	2 ou 3 mois de loyer	3 mois de loyer	
Commission de l'agence immobilière		entre 10 et 20% du loyer annuel	

La ville européenne qui semble la moins intéressante sur le plan financier, c'est Milan. Les loyers y sont prohibitifs, c'est-à-dire très élevés : un studio coûte environ deux fois plus cher qu'à Berlin ou Stockholm, les agences immobilières prennent une commission de 10 à 20% du loyer annuel.

c) - Les étudiants étrangers sont très bien accueillis à *Stockholm.*
- Les loyers coûtent 50% moins cher qu'à Paris : à *Berlin.*
- En général, il faut payer son loyer tous les trois mois à *Milan.*
- Les chambres universitaires ne sont pas équipées d'un coin cuisine à *Stockholm.*
- On peut loger dans une auberge de jeunesse à *Stockholm.*

d) 1. Berlin : il faut vérifier que le loyer comprenne bien les charges.
Milan : il faut se faire préciser la surface réelle des appartements.
Stockholm : tout mois commencé est dû en totalité.
2. Vérifiez que... / Attention... / Ne soyez pas surpris si...

90 **a) 1. Propositions à cocher :** B, C, D, E, F.

2. A : Les assiettes et leurs couleurs n'ont rien à voir avec la culture culinaire.
B : Les aliments varient selon les pays, leur situation géographique, leurs productions agricoles, leurs interdits religieux...
C : Certains aliments sont consommés crus dans un pays, cuits dans d'autres, rôtis, bouillis ou frits, en gros ou petits morceaux...
D : Les épices diffèrent d'un pays à l'autre, les matières grasses aussi.
E : Le pain, le riz, le fromage, les fruits, par exemple ne sont pas consommés au même moment selon les pays.
F : On utilise la fourchette et le couteau en Occident, la cuiller dans certains pays, les baguettes en Asie, les doigts dans d'autres pays...

b) 1. La cuisine est un véritable patrimoine culturel, les aliments... leur mode de préparation... de véritables cartes « géographico-culinaires ».
2. Phrases à cocher : B, C, E, G, H.

c) 1. Elle est familiale. **2.** Elle se fait à l'école.

d) D'une part des habitudes régionales liées à des ressources naturelles différentes (beurre/huile. D'autre part des rites et interdits en relation avec l'âge et le sexe.

e) « Les plaisirs alimentaires comme les dégoûts s'ancrent dans un cadre culturel pour la vie » : la consommation des cuisses de grenouilles, du chien ou du cheval dégoûte certains mais est recherchée par d'autres.
« L'aliment est un facteur d'identité culturelle profondément ancrée » : les Italiens ne peuvent se passer de pâtes, les asiatiques de riz, les Français de fromage, de pain ou de vin.

f) Exemples d'interdits : le porc et l'alcool chez les Musulmans, le piment avant l'âge adulte dans certaines sociétés.
Exemples de bonnes manières : faire du bruit en mangeant ou roter à la fin du repas est très grossier en Occident mais est un signe de satisfaction dans certains pays. Il en est de même pour le fait de finir ou non son assiette.

91 **a)** Franck et Patricia sont en avance ou à l'heure ; Pascale et Alice en retard.

	Pourquoi ?	**Réaction par rapport au comportement des autres**	**Réaction des autres par rapport à son comportement**
Franck	- J'anticipe les ennuis qui peuvent survenir. - Je suis ponctuel par politesse et par habitude.	Ça ne me gêne pas d'attendre les autres, la patience fait partie du métier.	
Patricia	- Je ne veux pas stresser à cause d'un problème de voiture ou d'itinéraire. - Être la première, ça donne une position de force.	Je n'aime pas les retardataires, surtout quand ils me donnent des fausses raisons.	
Pascale	- Je préfère me faire désirer, me faire attendre plutôt qu'attendre. - Je suis en retard parce que j'ai voulu faire une dernière chose au dernier moment. - Il faut laisser un peu d'aventure entrer dans le quotidien. Je fais confiance au hasard.	Je ne fais pas de remarques aux autres sur leurs défauts. Et ceux qui arrivent en avance manquent souvent de fantaisie.	En général, on ne m'en veut pas. Même en famille où mon retard peut atteindre une heure. Mes enfants s'impatientent, mon mari râle parfois. En cas de sortie collective, on me cadre pour que tout le monde arrive à l'heure.
Alice	- Je crois au hasard. - Je travaille mieux dans l'urgence. - C'est aussi une façon ludique de vivre, il faut être joueur et parier sur la chance.		

b) Franck est toujours ponctuel et plutôt en avance pour le travail ; dans sa vie personnelle, il arrive à l'heure, « sans plus ». Pour Pascale, au travail, le retard, c'est quinze minutes mais en famille, cela peut atteindre une heure.

c) Grâce à son retard, elle a eu un meilleur « job » et elle a rencontré son mari.

d) - Pour J.-L. Servan-Schreiber, Pascale et Alice seraient plutôt des « narcissiques ». Pour D. Laru, Patricia est très anxieuse, Franck aussi.

- **Non**, parce qu'elles n'en souffrent pas et leur entourage non plus, semble-t-il.

e) Le retard n'est pas spécialement féminin.

f) Ponctuel, respecter les horaires, attendre, la patience, arriver à temps, arriver à l'heure, être la première, s'impatienter, démarrer à l'heure, pile à l'heure.
Stresser, traîner, les retardataires, « le quart d'heure vendéen », une certaine souplesse, me faire attendre, au dernier moment, flâner, avoir toujours quelques minutes, tarder, courir, dans l'urgence, rater, remettre à plus tard, être sur-occupé, retardataire chronique, systématique/occasionnel. L'angoisse de la montre et du calendrier, voler du temps au temps.

92 **a)** Des journaux (cf. *presse*).

b) Aux réactions des usagers des transports./*Impressions*./ En temps normal, on n'achète pas le journal, on se contente du gratuit.

c) « … les usagers du métro comme tous les matins se ruent sur la pile des quotidiens *Métro* ou *20 minutes* gracieusement distribués depuis février 2002. »

d) Les jeunes, les lecteurs réguliers de la presse quotidienne, les acheteurs occasionnels de quotidiens.

e) Ce type de presse est devenu pour les jeunes une occasion de lire un quotidien, eux dont la principale source d'information demeure la télévision ou la radio.

f) Aspects positifs de la presse gratuite : c'est une presse qui va à l'essentiel, facile à lire, distrayante.

Les infos sont pratiques, synthétiques, le format « sympa ».

g) Deux exemples d'opinion nuancée : « C'est divertissant, mais ça ne remplace pas la vraie presse. », « Les gratuits ne remplacent pas un journal payant qui présente des articles de fond. Mais ils se parcourent plus facilement. »

h) - *« Rapport qualité prix, il n'y a rien à dire ! »* : c'est une remarque amusée, pleine d'humour puisque les gratuits ne coûtent rien. L'expression « rapport qualité-prix » est souvent utilisée lorsqu'on juge la qualité d'un produit en fonction de son prix.
- *« Mal écrit pour mal écrit, autant que ça ne coûte rien »* : c'est à la fois une critique sévère de la presse payante ; les articles seraient mal écrits et de la presse gratuite à laquelle on adresse le même reproche. Toutefois, il est plus facile de pardonner à cette dernière son manque de qualité puisqu'elle ne coûte rien !

93 **a) Proposition exacte :** 4.

b) 1. Le 1er § spécifie que les espaces fumeurs, jusque là autorisés dans certains lieux publics (restaurants, bars, entreprises) seraient totalement supprimés.
2. Oui, car le texte proposé est beaucoup plus contraignant que la loi Évin qui autorisait la consommation du tabac dans certains emplacements expressément réservés à cet effet.

c) Le Professeur Dautzenberg, président de l'Office français de prévention du tabagisme. Pour lui, la précédente loi créait des ambiguïtés. Les médecins pensent que cette interdiction totale protégera beaucoup plus les non-fumeurs contre le tabagisme passif.

d) Les fumeurs, parce qu'ils ne disposeraient plus d'espaces réservés pour fumer et les débitants de tabac parce qu'ils en vendraient beaucoup moins. Cette opposition serait peu à peu moins forte chez les fumeurs qui verraient leurs dépenses de tabac diminuer et leur santé s'améliorer mais on peut penser qu'elle serait toujours aussi forte chez les débitants de tabac.

e) Le tabagisme passif.
Cette loi protégerait les non-fumeurs car le tabagisme passif cause environ 3 000 décès par an en France. Un non fumeur, qui vit avec un fumeur, a 25 % de plus de risques d'avoir un accident cardiaque ou un cancer du poumon. La fumée du tabac est très cancérogène et il faut plus de trois heures pour supprimer les effets d'une cigarette fumée dans une pièce.

94 **a)** Wangari Maathai est la première femme africaine à avoir reçu le prix Nobel de la paix.

b) 1. En 1977.
- Son objectif était de protéger les forêts et donner vie à de nouveaux arbres pour répondre aux besoins des femmes pauvres des zones rurales.
- La déforestation qui conduit à la désertification.
- En près de trente ans, 100 000 femmes de 13 pays ont planté 30 millions d'arbres.
- Il repose sur les femmes.
- Les ceintures vertes fournissent de l'ombre et protègent du vent, facilitent la préservation du sol, accroissent la beauté du paysage et procurent des habitats aux oiseaux et autres petits animaux. Elles améliorent les sols et les réserves d'eau.
- Elles fournissent combustible, nourriture, bois de construction et revenus pour assurer l'éducation des enfants et les besoins domestiques. De plus, cette activité crée des emplois.
- Le mouvement ouvre la voie au développement durable par l'éducation à travers les réunions, le planning familial, la recherche d'une alimentation saine, la lutte contre la corruption.

2. - C'est tout à fait justifié puisque le mouvement a beaucoup d'effets très positifs.
- Il y a un jeu de mots sur les verbes **servir** et **serrer**. Le mouvement **sert**, est utile à la préservation de l'environnement et à la vie des populations ; une ceinture **serre** la taille.

c) - « Les arbres sont parfois plantés en expression d'une contestation politique. »
- W. M. dit explicitement : « Avec le temps, l'arbre est aussi devenu un symbole de paix et de résolution des conflits. »

95 **a)** – « Nous avons des devoirs… ayons aussi des droits » : Ahmad Salamatian, Nassima Youyou.
- « Être citoyen, c'est s'intéresser… pleinement » : Nassima Youyou, Roger Yoba, Tingxiao An.
- « Quand on partage… pouvoir voter » : Roger Yoba, Tingxiao An.
- « Il n'est pas juste… puissent voter et pas nous » : Roger Yoba.
- « Donner le droit de vote… intégration » : Nassima Youyou.

b) - **Argument des opposants :** Les étrangers n'ont qu'à acquérir la nationalité française.
- « La France doit accepter ses étrangers en tant que tels ».
- **Nassima Youyou :** « La citoyenneté n'est pas synonyme de nationalité. »

c) - La **citoyenneté** est plus importante que la **nationalité**, celle-ci n'est qu'un bout de papier.
- On est **citoyen** d'un pays d'abord quand on en respecte les lois, qu'on paie des impôts dans ce pays mais aussi quand on adhère à ses valeurs et qu'on s'implique dans la vie locale.

96 **a)** Un **mirage** est « un paysage imaginaire qui apparaît dans le désert comme un reflet dans l'eau » (J. Rey-Debove, *Dictionnaire du français*).
Le mot auquel il s'associe est donc « illusion ».

b) **1.** La gratuité des musées. **2.** « La gratuité a des allures d'oasis, mais elle peut être aussi un mirage. »

c) **1.** Pour jouer un rôle d'éducateur, pour « favoriser l'accès de leurs biens au plus grand nombre ». Comme les gens « prennent » ce qui est gratuit, ils iront plus facilement dans les musées. D'autre part leur gratuité permettrait d'éviter une « ségrégation sociale ».
2. Les deux images : l'oasis et le mirage ; **le mot d'articulation :** la coordination « mais ».
• La gratuité est un mirage parce qu'**elle coûte cher** particulièrement au **contribuable**. Mais celui-ci souhaite par ailleurs **des baisses d'impôt**, ce qui signifie moins d'argent pour **les musées nationaux et municipaux**, pour subvenir **à leur entretien et à l'enrichissement du patrimoine**. Donc, baisse d'impôts et gratuité pour tous **ne vont pas ensemble**, c'est **un mirage**. Il faut réserver la gratuité **aux plus démunis**, ce qui est déjà la réalité. D'autre part, la gratuité n'est pas suffisante pour permettre à tout le monde **de se rendre dans les musées, d'accéder aux richesses nationales** parce qu'« **il faut aussi donner à chacun au préalable le goût du plaisir de voir.** »
• En résumé, l'éditorialiste est contre la gratuité des musées car il pense qu'elle « ne résout pas à elle seule le problème de l'accession de tous à la consommation culturelle. »

97 **a)** **1.** Il s'agit d'une lettre publicitaire . / **2.** C'est un journal.

b) En France, Marianne symbolise la République. Elle figure sur les timbres et son buste est dans toutes les mairies.

c) **1.** *Si vous…*
2. §1 : nous vous conseillons de ne jamais vous abonner à un tel journal / **§2** : *Marianne* n'est pas fait pour vous / **§3 :** Pas besoin de *Marianne* / **§4 :** exit *Marianne.*
« Mais » ; « Alors ce courrier vous concerne. »

d) différent, moins conformiste, libre, totalement indépendant.

e) **1. § 1 :** *Marianne* dérange / **§2 :** *Marianne* remet en cause les dogmes / **§3 :** *Marianne* n'est pas remplie de publicité, n'est pas un « newsmagazine » à l'américaine / **§4 :** *Marianne* ne joue pas sur le cadeau pour faire abonner les lecteurs.

2. Ils ne veulent surtout pas remettre en question quoi que ce soit, faire réfléchir leurs lecteurs, combattre les injustices. Ils sont d'accord avec le monde tel qu'il est. Ils sont pleins de publicités, ils proposent des cadeaux en prime à l'abonnement (au lieu d'attirer par la qualité de leur travail).
3. Parce que c'est une démarche que ses rédacteurs ne jugent pas « intellectuellement correcte ».

f) *Marianne* ne s'adresse pas aux lecteurs conformistes.

g) *Marianne* revendique très fort sa liberté, son indépendance. Le tableau de Delacroix représente « La Liberté guidant le peuple ». Le prénom *Marianne* est apparu au moment de la Révolution, il symbolisait à la fois la République et la Liberté.

98 **a) Affirmations justes ; Règle du jeu :** 1,3 / **Technique de résolution :** 1,3 / **Conseils :** 1, 2, 3, 4.

b)

A	R	G	U	M	E	N	T	S
T	M	U	N	A	S	G	R	E
S	E	N	G	T	R	U	M	A
R	S	M	E	N	G	T	A	U
E	U	T	R	S	A	M	N	G
N	G	A	T	U	M	E	S	R
G	T	E	S	R	N	A	U	M
M	N	R	A	G	U	S	E	T
U	A	S	M	E	T	R	G	N

99 Bons conseils: se brûle **(1)**, perd connaissance **(3)**, a un accident de voiture **(1, 2)**, avale un produit toxique **(aucune des propositions)**, s'étouffe en mangeant **(2)**, se fait mordre par un serpent **(2)**.

100 **a)** Donner des conseils de rangement/La maison (la bibliothèque, le frigo, les placards)

b) - Ne garder que le beau ou l'utile.
- Trier régulièrement (et jeter en partie) les objets, jouets journaux et photos.
- Prévoir large dans les espaces dévolus au rangement.
- Garder à portée de la main ce dont on se sert souvent (le nombre de mouvements nécessaires à la prise et à la remise en place d'un objet détermine la probabilité qu'il soit correctement rangé).
- Faciliter le repérage des boîtes, cartons et bocaux.
- Adapter ses rangements à sa manière de vivre (si votre enfant fait de la pâte à modeler dans la cuisine, pourquoi ne pas lui réserver un tiroir ?).
- Manipuler chaque objet le moins possible (tout ce qu'on pose « là pour l'instant » est un début de fouillis).
- Ne pas utiliser le bazar comme pense-bête (je place mes chaussures dans l'entrée pour penser à les emporter cher le cordonnier)
- Se souvenir enfin qu'un rangement n'est jamais définitif.

II. PRODUCTION ÉCRITE

Les « corrigés » ne sont souvent que des propositions, des exemples de production. Quand il y en a déjà une dans l'activité elle-même, il n'y a pas de corrigé. C'est le cas pour les activités ***122*** *et* ***123****.*

101 « Le point, disait-il, ferme le sens. » Je m'appliquais, en écrivant sous la dictée, à déterminer le moment où le sens était fermé. Depuis – oh ! la puissance des maîtres ! – je suis resté hanté par la crainte de mal ponctuer. À chaque nouvelle épreuve d'imprimerie – et il me faut beaucoup de nouvelles épreuves – je change la ponctuation de la précédente. Je voudrais écrire sur la matière un traité où je mettrais en épigraphe : « Dis-moi comment tu ponctues et je te dirai comment tu penses. »

102 Le Père Noël, dont la Poste assure le secrétariat, a reçu cette année 1,2 million de lettres et courriels, ce qui représente une augmentation de 8 % par rapport à 2004, a indiqué La Poste lundi.

« Le courrier du Père Noël est en augmentation régulière, année après année, mais cette année c'est le nombre de courriels, envoyés par Internet, qui augmente le plus vite », a indiqué un porte-parole de La Poste. Cette année, le Père Noël a reçu 1 030 000 lettres et 170 000 courriels, en provenance de 118 pays différents.
Le secrétariat du Père Noël, qui est installé à la poste de Libourne (Gironde), où travaille une équipe de 60 secrétaires recrutés pour l'occasion, a scrupuleusement répondu à chacun des courriers, par une lettre-type signée du « Père Noël qui pense à toi ».
Le nombre de réponses est même supérieur au nombre de lettres reçues, puisque certaines lettres sont envoyées par des classes entières, avec les listes d'adresses des enfants, qui tous recevront une carte illustrée, accompagnée de trois petits jeux-devinettes.

103

	Mots remplacés	Mots de reprise		
		Pronoms	Noms/expressions	Possessifs
Texte 1	le Loup	qu'<u>elle</u> considère au-dessous d'<u>Elle</u>	cet animal plein de rage votre Majesté cette bête cruelle	sa boisson
Texte 2	le Grand Meaulnes	je <u>le</u> trouvais <u>Il</u> s'avança en <u>le</u> considérant allez <u>vous</u> asseoir	le grand compagnon	<u>son</u> air épuisé <u>ses</u> yeux rougis à <u>votre</u> place

<table>
<tr><th rowspan="2"></th><th rowspan="2">Mots remplacés</th><th colspan="3">Mots de reprise</th></tr>
<tr><th>Pronoms</th><th>Noms/expressions</th><th>Possessifs</th></tr>
<tr><td rowspan="3">Texte 3</td><td>Wang-Fô</td><td><u>qui</u> s'emparait
comme s'<u>il</u> s'efforçait</td><td>le vieux peintre
un vieil homme
cet artisan taciturne</td><td><u>son</u> disciple
<u>sa</u> tête
<u>sa</u> main de <u>sa</u> tasse</td></tr>
<tr><td>Ling</td><td><u>il</u> eut Wang-Fô pour compagnon de table</td><td></td><td><u>son</u> père
<u>sa</u> mère</td></tr>
<tr><td>la mère de Ling</td><td><u>lui</u> avait légué
en <u>la</u> maudissant
<u>elle</u> n'était pas un fils</td><td>l'unique enfant
d'un marchand de jade</td><td></td></tr>
<tr><td>Texte 4</td><td>les gâteaux</td><td><u>chacun</u> est destiné
celui-en-supplément-pour-les-gourmands</td><td>une religieuse au café,
un paris-brest, deux tartes aux fraises,
un mille-feuille</td><td></td></tr>
</table>

104 **a)** Dans la cour de l'école, tous les enfants n'ont pas les mêmes jeux; **les uns** jouent au ballon, **les autres** (jouent) à la marelle/à cache-cache.
2. Parmi les peintres du XXe siècle, je préfère Matisse à Picasso; **ce dernier** est parfois trop audacieux / trop irrationnel pour moi.
3. La plupart des élèves de cette classe envisagent des études scientifiques; mais pas tous: **certains** veulent préparer l'École Nationale d'Administration de Strasbourg.
4. Elles sont parties retrouver leurs amies. **Celles-ci** font du camping dans les gorges de l'Ardèche.
b) 1. Elle avait deux filles: la première avait les yeux bleus, la seconde de grands yeux verts.
2. Je me souviens plus particulièrement de trois collègues de travail: Rachel, Lise et Aurélie. Cette dernière ne commençait jamais son travail avant 9h00.
3. Nous ne savions plus que faire. L'un voulait partir, l'autre voulait rester.
4. Ils décidèrent d'amener Paul à Nice; celui-ci n'avait jamais vu la mer.

105 Pierre attend le train. Mais il a du retard et Pierre s'impatiente parce qu'il est pressé de partir. Il va à Strasbourg où Jean, son ami, habite depuis deux ans. Jean ne veut pas revenir à Poitiers: il y a passé son enfance mais il est fâché avec sa famille et il déteste cette ville. Mais il n'est pas fâché avec Pierre! Celui-ci (ce dernier) a promis de lui rendre visite quand il est parti mais il ne l'a pas encore fait et ils ne se sont pas revus depuis le départ de Jean. Pierre sait que son ami l'attend avec impatience et il pense souvent à lui. La semaine dernière, Jean lui a téléphoné pour lui demander de venir le voir. Pierre a enfin accepté. Il est très content de revoir Jean, il a beaucoup de choses à lui dire.

106 **1:** en effet - **2:** de plus - **3:** ainsi

107 L'UNAF a toujours été opposée... Pourquoi? **D'abord, parce que** les allocations n'ont pas été faites pour cela **mais** pour compenser la charge que représente un enfant. Il ne faut **donc** pas leur faire jouer le rôle de sanction. **Ensuite**, il est probable que... prendre une telle mesure, c'est donc ajouter du malheur au malheur. **Enfin**, je ne comprends pas pourquoi on recourrait à cette suspension, **alors qu'**il existe... [...]
Les solutions financières punitives ne changeront rien au manque d'autorité de certains parents, **car** ce problème est multifactoriel [...] Et quand un parent se sent totalement dévalorisé parce qu'il n'a pas d'emploi...

108 **a)** Mon mari a disparu. Il **est rentré** du travail, il **a posé** sa serviette contre le mur, il m'**a demandé** si j'**avais acheté** du pain. Il **devait** être aux alentours de sept heures et demie.
Mon mari a-t-il disparu parce que, ce soir-là, après des années de négligence de ma part, excédé, fatigué par sa journée de travail, il en **a eu** subitement assez de devoir, jour après jour, redescendre nos cinq étages en quête de pain? **J'ai essayé** d'aider les enquêteurs: **était-ce** vraiment un jour comme les autres? Nous **avons épluché** un à un les fichiers informatiques ouverts par mon mari depuis le matin. Il n'**avait rien vendu ni reçu** de spécial, il **avait fait visiter** trois appartements, il **avait déjeuné** comme tous les jours d'un sandwich acheté au coin de la rue. Les visiteurs (un jeune couple, un couple entre deux âges et un

divorcé grisonnant, rencontrés par les enquêteurs) **n'avaient rien remarqué** de particulier hormis un chauffe-eau défaillant et autres immobiliers, ils **étaient venus** pour ça, ils ne **se souvenaient** même plus de la tête de mon mari. [...]

b) [...] Un dimanche, au marché, il achète à un colporteur un tee-shirt qui lui plaît bien, et qu'il enfile aussitôt. Sur le tee-shirt, il y a un dessin qui représente un homme coiffé d'un grand chapeau, portant deux cartouchières croisées sur sa poitrine et tenant une carabine à la main, dans lequel il reconnaît sans peine le révolutionnaire Pancho Villa. Sous le dessin, est écrit en grandes lettres rouges : PARRAL, CAPITAL DEL MUNDO. Toute la matinée, et une partie de l'après-midi du dimanche, notre ami se pavane dans le centre ville, arborant son tee-shirt neuf. Il ne manque pas de le montrer à Yola puis à quelques-uns de ses amis. Il va rentrer chez lui pour déjeuner vers quatre heures, quand il avise sur les marches de l'église, un vieux mendiant vêtu de haillons, coiffé d'un large chapeau à l'ancienne et chaussé de *huaraches* à semelles en pneu de camion. Comme il lui reste quelques pesos, il les met dans la main du vieil homme. Celui-ci lui prend la main, et Paco pense que c'est pour le remercier, mais le mendiant ne lâche pas sa prise. [...]

109 **PROPOSITION**
Comme s'en souvient très bien Francine Le Trédoux, issue d'une famille de goémoniers depuis plusieurs générations, les arracheurs de goémon ne chômaient pas.
Ils travaillaient trois ou quatre heures sans arrêt (sans s'arrêter) et rentraient ensuite au port. Ils prenaient alors le déjeuner à la maison (chez eux)/C'est alors qu'ils prenaient leur repas, chez eux. C'était (un travail) difficile, bien sûr. Certes, quand le temps était calme, cela allait (c'était supportable) mais quand il y avait du vent ou de la tempête c'était bien plus dur. Ils partaient toujours à deux par bateau. Ils travaillaient debout, l'un devant et l'autre derrière afin de ne pas se blesser avec leur outil (pour ramasser le goémon). C'était une position bien sûr souvent inconfortable mais ils ne se plaignaient pas beaucoup (mais ils se plaignaient rarement). Ce travail était leur gagne-pain et ils devaient rapporter quelque chose à la maison. Ils avaient donc beaucoup de courage.

110 La fusée russe chargée de placer sur orbite le satellite Giove-A a décollé avec succès du centre spatial de Baïkonour au Kazakhstan mercredi 28 décembre 2005 à 11 h 19 (heure locale).
Le satellite Giove-A, « Galileo In Orbit Validation Element », un gros cube de 602 kilogrammes, fabriqué par une société britannique, est le premier élément du système de navigation par satellite *Galileo*.
Il va servir pendant deux ans à valider dans l'espace plusieurs technologies nouvelles, à tester par exemple l'horloge atomique la plus exacte jamais envoyée dans l'espace et les signaux de navigation.
Pour Dominique Detain, un des porte-parole de l'Agence spatiale européenne, le lancement de ce satellite « est une étape essentielle du projet *Galileo* : le passage de la théorie à la pratique ». Pour Philippe Douste-Blazy, ministre français des Affaires étrangères, il « marque l'indépendance de l'Union européenne ».
Galileo est un projet principalement civil qui permettra à l'Europe d'acquérir son indépendance dans un domaine stratégique : le positionnement par satellites, devenu indispensable pour la gestion du trafic aérien, maritime et automobile comme pour la pêche, l'agriculture ou encore les télécommunications.
Grâce à ses 30 satellites, on pourra retrouver un conteneur perdu, repérer une voiture volée, trouver son chemin en voiture dans une ville inconnue, secourir un randonneur perdu.
Galileo sera opérationnel commercialement en 2010.

111 **a)** **1.** Merci pour les beaux cadeaux. / **2.** Tu m'aimes ? Tu me manques ! À demain ! / **3.** Désolé, je suis en retard. Je suis énervé, j'ai un problème : mon PC est cassé . / **4.** Qu'est-ce que tu fais ? Je t'attends depuis 25 minutes ! / **5.** Les SMS, c'est super, en plus ça va vite mais après dans les rédactions de français, bonjour les fautes !

b) - Pour, c'est clair sinon il n'y aurait pas d'ambiance ! Ce serait triste ! Evanou.
- Moi, je trouve que Bineta a raison. C'est plus amusant (rigolo) et je trouve que c'est bête de séparer les filles des garçons !
- Moi, je suis pour parce que sinon je ne pourrais pas voir mon copain dans la cour. Gros bisous (à moins que BIG KISS ne soit le pseudonyme utilisé par cet (te) internaute...).

112 B.a. – Ba
M. de Villepin a enfin reconnu que la méthode globale d'apprentissage de la lecture et de l'écriture n'était pas bonne. Que fait-on de la génération de handicapés (si, si !) ainsi (dé)formés ? On leur verse une pension, on les reçoit à Matignon pour présenter des excuses ou on leur offre un abonnement à Télérama en compensation ?

113 PROPOSITION

La tradition de la Fête des lumières remonte au 8 décembre 1852. Ce jour-là, certaines festivités prévues pour l'inauguration de la statue de la Vierge Marie, installée sur la basilique qui domine la colline de Fourvière, perturbées par le mauvais temps, ont dû être annulées. Les Lyonnais ont alors décidé d'allumer des bougies à leurs fenêtres. Ces illuminations ont tellement plu qu'elles ont été répétées les années suivantes. Cette fête, d'origine religieuse, est devenue si populaire que la ville de Lyon a décidé, dans les années 1980, d'en faire une grande « Fête des lumières » avec des illuminations, chaque année différentes. Cette manifestation, unique en Europe, attire des millions de visiteurs qui, pendant les quatre jours où elle dure, envahissent les rues et les places de Lyon afin d'admirer des monuments ou des sites mis en valeur par de véritables mises en scène de lumières. Les millions de petits lumignons sur les rebords des fenêtres mais aussi les lumières multicolores projetées sur les monuments ou les spectacles de toutes sortes que l'on découvre au hasard des rues font de cette fête un moment inoubliable. Je garde un souvenir émerveillé des jeux de lumières et des musiques qui les accompagnent, jaillissant d'un peu partout et même des bouches d'égouts... On s'amuse, on rit, tout le monde se parle et s'extasie... Si vous vous trouvez en France à cette époque de l'année, n'hésitez pas, allez à Lyon, vous ne le regretterez pas! Un conseil toutefois: essayez de réserver votre hôtel à l'avance, sans cela, vous risquez de dormir à la lumière... des étoiles!

114 PROPOSITION

Monsieur,

Suite à votre courrier dans lequel vous me demandez des précisions sur l'inondation qui s'est produite chez moi, je vais vous expliquer ce qui s'est passé.

Dimanche dernier, au lendemain d'une petite fête chez moi, je suis descendue dans ma cuisine assez tard, vers 10 h pour préparer le petit déjeuner. Quelle a été ma stupeur, en ouvrant la porte, de trouver toute la cuisine inondée! Je n'avais rien remarqué dans l'entrée car il faut descendre deux marches pour accéder à la cuisine. Tout baignait dans vingt à trente centimètres d'eau! J'ai vite appelé mon mari et mes enfants pour qu'ils viennent m'aider. Mon mari a aussi essayé de téléphoner à un plombier. Le dimanche, il est impossible de trouver quelqu'un!... Après plusieurs coups de téléphone sans succès, le plombier d'un service d'urgence accepté de se déplacer et de venir, dès qu'il aurait terminé le dépannage qu'il était en train de faire. En l'attendant, nous avons coupé l'eau car nous nous sommes aperçus qu'un tuyau avait cédé. Nous avons vidé l'eau avec des bassines et des seaux et nous avons épongé le sol et les meubles... Tout était presque terminé quand le plombier est venu réparer. Maintenant nous devons racheter certains meubles (des chaises, une petite table...) et aussi une machine à laver et un lave vaisselle qui ont été endommagés. Nous devons enfin attendre que tout soit bien sec pour faire repeindre la cuisine. En attendant, pour préparer les repas, je dois utiliser un réchaud de camping et un four micro-ondes que l'on m'a prêtés.

Allez-vous m'envoyer un dossier à compléter ou bien est-ce que quelqu'un va passer évaluer les dégâts?

Dans l'attente de votre réponse que j'espère rapide,

Je vous prie, Monsieur, de bien vouloir agréer l'expression de mes salutations distinguées.

115 Le nouveau marché, c'est parti!

Notre ville en avait bien besoin. L'ancien marché de la Place Saint-Jean, déjà peu pratique d'accès, était devenu vraiment trop petit. C'est à la satisfaction générale que les travaux ont commencé en juin. Ils dureront un an. Ce grand bâtiment, très moderne, offrira aux commerçants comme aux clients, l'espace et les équipements adaptés aux besoins actuels. Le cabinet Sureau, qui l'a conçu, l'a voulu sobre, fonctionnel et très lumineux: il fait une large place au verre. On peut toujours voir la maquette en mairie.

On tourne

Nos belles vieilles rues, à côté de la cathédrale, ont encore prêté leur décor moyenâgeux au tournage d'un film. Cette fois, c'est Xavier Duchêne qui y a installé ses caméras pour nous raconter une étrange histoire de sorcellerie. Pendant trois semaines, les habitants du quartier ont eu la chance de suivre le travail de son équipe et de voisiner avec la très jolie Élodie Valleix. Le film sortira en avant-première dans notre ville en janvier prochain.

Grand succès pour les rencontres de folklore

Les cinquièmes rencontres de folklore se sont déroulées la première semaine d'août. Elles ont attiré un public encore plus nombreux que les précédentes. L'Asie centrale était bien représentée cette année et les troupes kirghizes et ouzbeks, en particulier, ont obtenu un très vif succès. Les organisateurs, ravis, ont de grands projets pour l'année prochaine mais... chut! ils ne veulent pas nous en dire davantage pour le moment!

116 a) 1. Ses études à l'ESSEC, son départ au Mexique, son travail au sein des communautés indiennes zapatistes, son retour en France, son changement d'orientation professionnelle (études de sociologie, adhésion au *Repas*), son départ à Abbeville-Saint-Lucien et enfin son dernier emploi.
2. En 1994,.... Une fois sortie de l'ESSEC..., De retour en France,...., C'est ainsi qu'en 2003,.... avant de partir s'installer à Abbeville-Saint-Lucien.

117 PROPOSITIONS

a) Le Musée d'histoire d'Oslo a eu la surprise de recevoir cette semaine, par la poste, une poignée d'épée viking datant du IXe siècle ! Une lettre l'accompagnait, elle était anonyme mais écrite en français. Son auteur expliquait que jeune étudiant, passionné par la civilisation viking, il avait visité à plusieurs reprises le musée d'Oslo au début des années 60 et qu'un jour il n'avait pas résisté à la tentation. Seul dans une salle, il avait pu voler facilement cette poignée d'épée. Il l'avait conservée chez lui pendant toutes ces années, bien longtemps après avoir abandonné ses études sur les Vikings, pour qui il conservait toujours la même fascination. Récemment victime d'un accident cardiaque, il s'était rétabli mais sa conscience avait commencé à le tourmenter : il ne pouvait plus garder en sa possession un objet volé à un musée...
Au musée, personne ne se souvenait que cet objet, qui n'a pas en lui-même une très grande valeur, avait disparu des collections. Mais on l'a bien sûr récupéré avec satisfaction et placé en lieu sûr. On a du même coup vérifié que les systèmes anti-vol étaient aujourd'hui beaucoup plus performants qu'au début des années 1960.

b) Un tracteur verbalisé à Paris

VESOUL (AFP) - Un retraité haut-saônois, qui se voit réclamer une amende de 375 euros pour stationnement gênant de son tracteur à Paris, tente de convaincre l'administration qu'il n'a pu conduire l'engin jusqu'à la capitale pour le garer en infraction dans une rue du 18e arrondissement.
Si l'immatriculation 137 CD 70 inscrite sur la lettre de rappel du tribunal de police du 18e arrondissement de Paris correspond bien à celle du vieux tracteur d'Adrien Goichot, celui-ci ne parvient pas à comprendre comment le véhicule, qui n'a jamais quitté le hameau de Pennesières, près de Vesoul, a pu être vu à Paris.
« Je suis déjà allé à Paris, mais pas récemment, ça doit dater du service militaire, et je n'y suis pas allé en voiture, encore moins en tracteur ! », a-t-il confié jeudi à l'AFP, dix jours après avoir reçu le rappel d'une amende pour une infraction constatée le 2 août 2004 et dont il n'a jamais eu la première version.
Cet ancien ouvrier de l'usine Peugeot de Vesoul, âgé de 66 ans, mise sur la lettre de réclamation qu'il a aussitôt envoyée au tribunal de police pour éclaircir l'affaire.
« Soit c'est une erreur de relevé, soit c'est un Parisien qui en passant près d'ici a relevé mon immatriculation et s'en est servi », soupçonne le paisible retraité auquel ses parents ont transmis le tracteur de la ferme familiale, mis en circulation en 1960.

118 a) lundi soir - quelques jours après la prise de vue - en 1950 - aussitôt - ensuite - avant d'être repérée par un éditeur de posters et de faire le tour du monde - en 1992 - alors

PROPOSITION

b) C'est entre 1503 et 1507 que Léonard de Vinci peint son célèbre tableau. Mais qui est son modèle ? On ne le sait toujours pas avec certitude : peut-être Lisa Gherardini, qui avait épousé en 1495 Francesco del Giocondo, marchand d'étoffes florentin. C'est de là que viendrait le nom du tableau, la Gioconda, la Joconde.
Léonard apporte le tableau lorsqu'il vient en France à la cour du roi François Ier et ce dernier l'acquiert en 1519. La Joconde entre dans les collections royales.
À l'époque de Louis XIV, elle est exposée à Versailles. Puis Napoléon l'installe aux Tuileries, dans les appartements de Joséphine. Enfin, en 1804, il l'offre au Louvre, devenu musée en 1793. Elle y est depuis... Pas tout à fait pourtant !
En 1911, le 21 août, elle disparaît ! La Joconde est volée...
Une longue enquête policière commence alors pour la retrouver. Pendant un moment, les soupçons se portent même sur un peintre, Picasso, et un poète, Apollinaire !
Elle est finalement retrouvée en 1913. L'auteur du vol n'est ni l'un ni l'autre des deux artistes mais un vitrier italien, qui avait travaillé au musée. Lors du procès, il déclarera avoir voulu restituer le tableau à son pays d'origine.
La Joconde est alors réinstallée solennellement au Louvre où elle est désormais jalousement surveillée. Pendant la Seconde Guerre mondiale, elle est mise en sécurité.
Depuis, elle n'a quitté son musée que pour deux grands voyages : l'un aux États-Unis en 1963, l'autre au

Japon en 1974. Et elle continue à sourire à ses innombrables admirateurs. Pas question de visiter Paris sans aller la voir! Elle est l'objet d'un véritable culte.

119 **a)** Voici la vraie version du conte:

1. Le peintre s'incline devant l'empereur, il accepte mais demande pour son paravent la soie la plus fine qui puisse exister. Pendant ce temps, il se préparera à peindre les dragons. La fabrication de la soie est très difficile et très longue. Beaucoup de temps passe, un jour enfin elle est prête. L'empereur envoie un messager au peintre mais celui-ci fait répondre qu'il n'est pas encore prêt pour la peinture. Au bout d'un long moment encore, l'empereur renvoie un messager mais celui-ci rapporte la même réponse. Le temps passe... et l'empereur s'impatiente de plus en plus. Un jour enfin, le peintre revient et dit que cette fois il se sent prêt. L'empereur se réjouit.
Le peintre se fait apporter deux pinceaux, de la couleur jaune et de la couleur bleue et s'approche du paravent. D'un seul coup de pinceau, il trace un trait jaune puis d'un autre coup de pinceau, un trait bleu. Il dépose ensuite ses pinceaux et déclare qu'il a achevé le travail.
Dès qu'on annonce cette nouvelle à l'empereur, très heureux, il se précipite pour admirer l'œuvre du peintre. Quand il arrive devant le paravent, il ne peut en croire ses yeux: il ne voit que deux traits.

2. La nuit vient, l'empereur ne peut pas dormir. Dans l'ombre, les deux traits tracés par le peintre grandissent et s'animent: ils deviennent des dragons qui luttent, des dragons rapides et puissants. Au matin, l'empereur décide de découvrir le secret de l'artiste qui a peint ce chef d'œuvre. Il part pour la caverne où le peintre a travaillé pendant de longues années avant de peindre les deux dragons sur le paravent.
Quand il entre dans la caverne, l'empereur voit deux dragons sur les murs: ils sont peints avec une précision parfaite: on voit chaque écaille, chaque dent et leurs narines jettent du feu. Au bas de cette peinture, il y a une date: celle du jour où l'empereur a commandé la peinture. A coté de cette peinture, il y en a une autre, puis une troisième, une quatrième, une cinquième..... Toutes les parois de la caverne sont couvertes de peintures représentant deux dragons, l'un bleu et l'autre jaune. Chaque image est datée. Les années se succèdent. Et chaque fois le peintre simplifie sa peinture. Enfin, la dernière image est celle qu'il a peinte sur le paravent et l'empereur comprend que c'est la plus forte, la plus belle. Il revient en hâte dans sa capitale.

b) Pas de corrigé. Le conte est celui de « La Belle au bois dormant ». C'est un conte de Charles Perrault.

c) Pas de corrigé.

120 Le premier texte décrit le rite du départ en retraite dans une entreprise. On organise un « pot de départ ». À l'occasion de ce pot, on offre le ou les cadeaux pour lesquels on a auparavant fait une collecte auprès de tous les employés.
Le second texte décrit un rite qui n'existe plus aujourd'hui en France, du moins dans l'enseignement public, celui de la distribution des prix aux meilleurs élèves, à la fin de l'année scolaire.

121 **1.** la période de l'année où on le pratique - la région où on le pratique - le déroulement - la règle du jeu - les variantes régionales - les rites.

124 **Proposition**

Un bon livre, pour moi, c'est un livre qui m'apprend quelque chose, un livre qui me dépayse, un livre qui me fait rêver. J'aime bien les livres que je n'ai pas envie de quitter dès les premières pages parce que le ton, les mots, l'atmosphère, les personnages ont su me toucher et me maintenir éveillé(e). Je me souviens toujours de ma découverte passionnée de Jules Verne et de son *Tour du monde en 80 jours*. J'y ai découvert la géographie, l'aventure, les progrès scientifiques et techniques de la fin du XIXe siècle qui permettaient enfin de dominer les distances, l'espace. D'une certaine manière, ce livre a été déterminant dans mes choix de lecture et mon goût pour la science-fiction en littérature comme au cinéma.

125 **Proposition**

Alors que la mixité dans les établissements scolaires, de la maternelle à l'université, semblait bien établie depuis de nombreuses années, elle est, de nos jours remise en question, avec quelques bonnes raisons.
Certaines personnes considèrent qu'elle est source de distraction, en particulier au collège et au lycée: à l'âge des premiers émois amoureux, la présence de filles et de garçons dans une même classe susciterait chez les adolescents des préoccupations qui les détournent de leur études. Je ne partage pas cet avis car je pense que ces préoccupations n'ont rien à voir avec la mixité: les jeunes gens de la génération précédente les connaissaient aussi, alors que les établissements de filles et de garçons étaient bien séparés.

On peut, en revanche, lui reprocher de créer des confrontations négatives entre filles et garçons. Dans la compétition scolaire, les jeunes garçons, conditionnés par une société encore machiste, supportent parfois très mal d'être dominés par des filles, souvent plus précoces intellectuellement. Quand ils n'en tirent pas des complexes, ils réagissent en traitant avec mépris non seulement les domaines où les filles brillent (les matières littéraires, par exemple), mais aussi toute attitude sentie comme « féminine », tout ce que les filles aiment. Si bien que les filles souffrent dès l'école primaire des brimades des garçons.
Cependant, selon moi, il ne faudrait pas en déduire que la mixité est un échec. Dans une société normale, hommes et femmes, garçons et filles, sont destinés à vivre ensemble, avec leurs différences. La mixité à l'école n'a pas pour but d'uniformiser les sexes, mais de préparer à cette vie commune. Cela ne fait sans doute pas sans problèmes et sans conflits, mais c'est bien préférable à un système où les filles d'un côté, les garçons de l'autre, reçoivent une éducation spécifique qui renforce leurs différences et les maintient dans l'ignorance de l'autre.

126 PROPOSITION
D'après des sondages récents, les jeunes boudent la presse écrite : elle est la principale source d'information pour seulement 1 % d'entre eux. Ils lui préfèrent la télévision (68 %) qui est la grande gagnante de cette compétition entre les différents médias.
Pourtant lorsqu'on leur demande quelle est, selon eux, la meilleure source d'information, c'est la presse écrite qu'ils placent en tête ! Leur attitude apparaît donc très contradictoire : d'un côté ils attachent une grande valeur à la presse, de l'autre ils ne la lisent pas ! On peut trouver plusieurs explications à cette contradiction : la première, c'et peut-être que les journaux coûtent cher et que c'est trop lourd pour le budget des jeunes qui ont d'autres priorités. Lire le journal est aussi coûteux en temps et là aussi ils ont d'autres urgences. Peut-être enfin que la presse n'a pas su s'adapter aux jeunes, qu'elle s'adresse à des lecteurs plus âgés.
En ce qui me concerne, je pense que le moyen d'information le plus complet est la presse écrite : non seulement les quotidiens et les magazines couvrent toute l'actualité mais ils apportent aussi des commentaires et des débats qui aident à réfléchir, à comprendre et approfondir une question. Mais je dois reconnaître que je la lis rarement par manque de temps et que la radio offre aussi de très bonnes émissions d'analyse. Je n'apprécie pas trop la télévision : je trouve qu'elle privilégie trop souvent le sensationnel.

127 PROPOSITION
Les deux documents abordent chacun à leur manière le problème de l'emploi.
Le sondage CSA/Télérama des 28 et 29 juin 2005 s'intéresse aux professions qui sont bien vues par les Français ; l'extrait du rapport du groupe « Prospectives des métiers et qualifications » du Commissariat général du plan, lui, fait apparaître quelques-uns des métiers qui recruteront d'ici 2010.
Le premier document montre clairement que les professions que les Français recommanderaient à leurs enfants sont assez traditionnelles : médecin, ingénieur, professeur, avocat. Elles représentent probablement encore certaines valeurs bourgeoises : confort matériel, prestige, même si l'image d'un médecin ou d'un professeur d'aujourd'hui n'est plus la même qu'il y a 50 ans. Il est intéressant et étonnant de noter que l'on ne retrouve que deux de ces professions en tête des 22 listées dans l'extrait du rapport : professeur et ingénieur informaticien. Pour ces deux professions, on pourrait donc dire qu'il y a une certaine correspondance entre la place « affective » qu'on accorde à une profession et la place qu'elle occupe réellement dans la société. En revanche, les médecins et les avocats sont absents et je trouve cela un peu surprenant. En effet, on pourrait imaginer, au contraire, une forte demande en médecins dans les années à venir étant donné, par exemple, l'allongement de l'espérance de vie et la nécessité de faire face à de nouvelles pathologies.

128 PROPOSITION
Rapport sur le réaménagement d'un bureau dans l'entreprise Dupont.

L'entreprise Dupont nous a sollicités fin septembre pour l'aider à repenser l'aménagement d'un bureau situé au premier étage.
Après discussion avec la direction, le personnel concerné, il apparaît en effet très clairement que la distribution des postes de travail ne satisfait plus personne.
Il faut rappeler qu'il s'agit d'un espace ouvert de 10 m sur 7 m que se partagent au total et à temps plein 9 employés : 4 secrétaires, 3 comptables, 2 conseillers ; ces derniers y reçoivent aussi leurs clients. Chacun dispose personnellement d'un téléphone.
La nuisance sonore provoquée par les sonneries de téléphone, les conversations, est ainsi en partie responsable de la difficulté à se concentrer qu'éprouvent la plupart des employés de ce bureau. À cela s'ajoute le fait que l'espace se transforme souvent en un véritable lieu de passage d'où un manque d'intimité,

de confidentialité, peu compatible avec la nature même des tâches accomplies par les uns et les autres. Pour remédier à cette situation, nous avons retenu trois solutions possibles.
La première consiste à séparer les postes de travail au moyen de cloisons mobiles de 2 m de haut, en tissu et verre acrylique translucide. Dans ces conditions, l'espace est totalement modulable selon les besoins, on y gagne en intimité mais très peu en termes d'isolation phonique et d'aménagement de chaque box. En effet, on ne peut ni accrocher de panneaux aux cloisons, ni y adosser du mobilier: classeurs, étagères, par exemple.
La deuxième consiste à utiliser des semi-cloisons de 1,60 m de haut, en bois, sans porte. C'est une solution qui privilégie l'idée de « chacun son bureau » tout en préservant la communication d'un box à l'autre. Contrairement aux cloisons mobiles, les parois de bois permettent d'agencer des espaces plus confortables. Toutefois, comme la première, cette solution ne permet pas de lutter efficacement contre le bruit.
La troisième solution, enfin, plus classique avec des cloisons pleines jusqu'au plafond et des bureaux individuels fermés. Elle garantit une intimité parfaite, une bonne isolation sonore à condition toutefois de prévoir des matériaux performants et enfin un aménagement intérieur aisé. Esthétiquement, il faut bien voir que cette solution est à l'opposé de ce que vous avez actuellement. En effet, on crée un couloir de distribution et chaque employé est enfermé dans son espace, ce qui ne favorise pas toujours le travail en équipe, peut rendre la concertation plus difficile.
Aucune de ces trois solutions n'est parfaite. Il faut essayer de voir laquelle des trois permet de répondre le plus efficacement à votre souci de bruit et de manque de confidentialité. Sans hésitation c'est la dernière. C'est celle que nous vous préconisons même si elle va vous imposer une autre façon de communiquer.

III. INTERACTION ÉCRITE

*Les « corrigés » ne sont souvent que des propositions, des exemples de production. Quand il y en a déjà une dans l'activité elle-même, il n'y a pas de corrigé. C'est le cas pour les activités **129, 130, 133, 136** et **136**.*

131 PROPOSITION

Incroyable! C'est complètement incroyable... Il faut que je vous raconte.
Au mois de septembre dernier, le jeudi 19 exactement, nous étions en randonnée dans l'Ötzal, Helmut et moi. Vous savez que nous aimons beaucoup marcher dans ce coin-là. Il faisait un temps magnifique, une belle journée bleue, déjà froide bien sûr à cette altitude. Partis tôt le matin, nous étions montés au sommet du *Finail* et nous redescendions.
Vers midi, nous sommes passés près d'un petit col et nous nous sommes arrêtés un peu à l'écart du sentier pour souffler un peu et manger quelque chose. Tout à coup, Helmut a poussé une exclamation et il m'a dit « Regarde, là... devant le rocher ». Et alors, je l'ai vu! Un cadavre à demi pris dans la glace mais bien visible. J'ai voulu me lever mais mes jambes m'ont lâchée. Je tremblais de tout mon corps; Helmut, qui était très impressionné lui aussi, s'est repris un peu plus vite. Il m'a dit: « Allons, ce n'est pas quelqu'un qui est mort récemment, tu vois bien, il est sûrement là depuis un moment, c'est parce que la glace a fondu qu'on le voit maintenant. Sans doute quelqu'un qui a eu un accident de montagne. Il faut qu'on descende prévenir vite. » C'est ce qu'on a fait.
Au poste de secours, ils ne voyaient pas du tout de qui il pouvait s'agir. Ils n'avaient pas entendu parler de disparition dans les dernières années. En faisant des recherches, ils sont remontés jusqu'en 41 : il paraît qu'un alpiniste avait disparu dans la région cette année-là. Ils ont envoyé un hélicoptère pour le dégager, ce n'était pas facile mais ils ont réussi.
Et puis, nous, on est rentrés en Allemagne, on a laissé nos coordonnées en leur demandant de nous dire quand ils auraient vraiment terminé l'identification parce qu'on se sentait concernés bien sûr, on avait vraiment envie de savoir qui était notre Ötzi, comme on l'avait baptisé. Mais les jours ont passé et on ne pensait plus beaucoup à lui. Je ne vous en avais même pas parlé dans ma dernière lettre. Et puis ce matin, un coup de téléphone: vous savez quel âge il a, Ötzi? Plus de 5000 ans, beaucoup plus que les plus vieilles momies égyptiennes! Il paraît que c'est une découverte capitale! Vous vous rendez compte! Helmut est bouleversé d'émotion et de fierté et... moi aussi! Vous lirez certainement ça dans le journal très vite, j'ai voulu vous l'apprendre avant...

132 PROPOSITION

Sujet: **Re: Je pense à vous de loin...**
Auteur: **docoquelicot** - jeudi 28 juillet 2005 16:32
Devine d'où je t'écris. D'Irlande! Nous avons trouvé un cyberpub pour nous mettre à l'abri en attendant que ça s'arrête... Nous sommes complètement trempés. Il pleut tous les jours depuis notre arrivée et sur nos vélos, je ne te raconte pas. Dur dur! Pas question de prendre des photos. On regardera les cartes postales au retour...
Retour prévu dimanche. Tiens bon d'ici là!

135 PROPOSITION

Alicante, le 9 février 2006

Salut Philippe!

Comment vas-tu? Le soleil de cet été ne te manque pas trop? J'ai vu la météo à la télé. Il a l'air de faire très froid en France en ce moment.
Ce week-end, nous allons tous nous retrouver à l'occasion de l'anniversaire de Felipe. Ses cousins arriveront de Madrid samedi matin. Nous avons réservé une table dans le restaurant où nous avons mangé la paella cet été, tu te souviens? Nous avons tout organisé en cachette avec la complicité de sa sœur. On lui a acheté un appareil photos numérique. Il est trop triste d'avoir perdu le sien à Nice l'année dernière. S'il fait beau, on a prévu d'aller à la palmeraie d'Elche. Est-ce que tes photos des nénuphars étaient réussies? Ah, sais-tu que l'appartement du dessous s'est libéré? Si tu as envie d'investir pour les vacances, n'attends pas!!
J'espère avoir bientôt de tes nouvelles.
Amitiés
Juan

137 PROPOSITION

Je suis bien d'accord avec votre présentation de la fameuse intégrale Mozart dans votre numéro du 30 novembre. J'ai bien apprécié le dessin... Allez! On solde: tout Mozart à 99 euros comme une paire de chaussures... Ce devrait être 99,99 pour être encore plus dans la logique commerciale. Cette réduction de la musique la plus sublime à un produit qu'on brade comme n'importe quel autre est complètement révoltante. Mais ce n'est pas seulement ça qui est grave, ce sont les conséquences catastrophiques de cette opération pour la vie musicale.
« Danger absolu », comme vous l'écrivez. Quelle maison de disques pourra aujourd'hui se permettre de sortir de nouveaux enregistrements de ces œuvres, de soutenir le talent de jeunes musiciens qui ont quelque chose de nouveau à dire? Qui les achètera?
Aubaine pour les acheteurs? Pas pour ceux qui aiment vraiment la musique, en tout cas.

138 PROPOSITION

La réponse à la question d'Éric Fottorino est parfaitement claire: non évidemment il ne faut pas, non on ne doit pas permettre ça! Je suis absolument contre ce rallye.
D'abord, comme tout rallye automobile mais plus encore parce qu'il est le plus long, le Dakar participe à la destruction de l'environnement. D'autre part, le Dakar est une insulte à l'Afrique: des bolides traversent à toute vitesse, dans un gaspillage d'énergie monstrueux et sans rien voir, des pays qui sont parmi les plus pauvres. Enfin et surtout, le Dakar est criminel, il tue chaque année, l'Afrique n'est pas un circuit de course, des gens vivent là et marchent parce qu'en Afrique, on marche.
Et ce qui me révolte encore plus, c'est que le Dakar veut se donner bonne conscience, par exemple, en offrant, avec beaucoup de spectacle, une pompe à eau dans un village qu'il traverse.
Peut-être le village où un enfant a été écrasé?

139 PROPOSITION

À mon sens, la culture n'est pas une marchandise comme les autres. C'est un bien commun. Elle est vivante lorsqu'elle est partagée par le plus grand nombre. Il faut absolument garantir l'accès gratuit aux biens culturels. C'est un effort qui doit être mené par tous. L'État doit aider les communes qui n'ont pas de budget suffisant. En effet, il est parfois difficile de gérer l'extension d'un musée pour qu'il devienne un vrai musée avec une vraie politique d'acquisition d'œuvres d'art sans demander un droit d'entrée.

Même les associations remarquent que la gratuité engendre une fidélité du public. Je fais partie d'une association qui a pour but de mieux faire connaître l'histoire et le patrimoine de notre région : lorsque nous organisons des manifestations, nous faisons en sorte qu'elles soient gratuites. Ce n'est malheureusement pas toujours possible car il nous arrive d'engager des frais importants que notre association ne pourrait pas assumer si c'était gratuit et si elle n'était pas aidée par les partenaires publics.
Par ailleurs, que certains écrivains protestent parce qu'ils ne perçoivent pas de droits d'auteur sur les livres lus dans les bibliothèques, c'est tout à fait scandaleux ! Il est juste de payer des droits d'auteur pour l'achat d'un livre, pas pour sa lecture ! Sinon, lorsque je prête un livre à un ami, il faudrait qu'il paie quelque chose à l'auteur ? Le prêt payant entraînerait une baisse de la fréquentation et une réticence à l'égard des écrivains.

140 PROPOSITION

Il n'y a pas beaucoup de jours où on est content d'ouvrir le journal… Mais celui-ci en est un !
Trois sourires à la une, trois femmes présidentes, et pas des « femmes-potiches » ou des « femmes-marionnettes », non des femmes qui ont quelque chose à dire, à faire, qui ont un projet pour leur pays, des femmes qui ont l'air honnête aussi. Allons, les choses bougent un peu… Oh ! je sais bien que trois femmes au pouvoir ne vont pas changer le monde, qu'elles n'ont pas de baguette magique et qu'elles aussi ont droit à l'erreur. Mais c'est un pas et la journée commence bien. Vous êtes d'accord, vous qui me lisez ?

141 PROPOSITION pour l'activité 1.

Une bouteille à la mer…

Nous habitons tous globalement à moins de vingt minutes du bord de la mer, nous sommes très fiers de nos côtes et nous adorons tous nous baigner, profiter de la plage. Mais nous savons aussi que nos belles plages ne sont pas toujours très accueillantes. Ne vous est-il jamais arrivé de voir s'envoler sous vos yeux des sacs plastique, des papiers gras ou de vous blesser en marchant sur un morceau de verre ? Et sans doute, comme moi, avez-vous pensé qu'il faudrait faire quelque chose.
Et si **nous** faisions quelque chose, et si **nous** bougions ? Je propose de monter une antenne locale de l'association *Initiatives océanes* qui est spécialisée dans la lutte contre la pollution des océans. Chaque année, elle invite ses adhérents et tous les amoureux de la mer à une grande opération de nettoyage du littoral. Nous pourrions profiter de leur expérience et de leur soutien pour la mise en œuvre.
Bien sûr, nous devons nous structurer. Aussi, j'invite tous ceux qui sont intéressés par ce nouveau défi à me contacter le plus rapidement possible : Yves Dubois, Terminale S.
Si nous voulons être prêts pour le printemps prochain, FOYALÉ tout de suite !
Yves D.

142 PROPOSITION

Damien,
Christophe a téléphoné. Tu peux compter sur sa voiture demain.
Il va essayer de la garer dans sa rue, si possible au pied de son immeuble. Tu pourras récupérer la clé et les papiers chez sa copine Flora qui tient la petite boutique de bijoux fantaisie, juste à côté de la papeterie.
Ne t'inquiète pas pour l'assurance : c'est Ok. En revanche, vérifie le niveau d'huile et fais le plein (essence sans plomb !) avant de partir.
Si problème, contacte Flora.
Ludo ;-)

143 PROPOSITION

Monsieur Lissandre,
Je regrette de ne pas vous trouver, j'aurais dû vous téléphoner avant… Je ne pourrai pas repasser ces jours-ci, j'aurai trop de travail.
Je vous laisse le chèque pour mon loyer mais je vous serais très reconnaissante d'attendre le 12 pour le déposer : j'ai, en effet, été récemment victime d'un vol avec ma carte bancaire. On a retiré beaucoup d'argent sur mon compte ; heureusement la banque va me rembourser mais ce ne sera pas avant la fin de la semaine. Je vous remercie de votre compréhension.
Je voulais d'autre part vous rappeler que vous aviez promis de m'envoyer un plombier. Ça devient assez urgent maintenant, le robinet fuit de plus en plus… Pourriez-vous m'appeler ou me laisser un message sur mon portable pour me dire quand il passera ?
Merci d'avance ! Bonne journée !

144 PROPOSITION

Chère Marion,

Je réponds rapidement à ton courrier entre deux cours. C'est une super idée de venir étudier chez nous. Oui, le campus est très étendu (on circule tous à bicyclette) et il est possible d'y avoir une chambre. En général, c'est très bien parce qu'on y rencontre toutes sortes de nationalités, l'ambiance est plutôt sympa et amicale. L'environnement est très paisible avec beaucoup de pelouses. C'est à environ 35 minutes du centre ville en bus; c'est très bien desservi et on peut avoir un tarif spécial étudiant. Si ça t'intéresse, ne tarde pas à envoyer ton dossier!

Je connais aussi des étudiants qui sont logés chez l'habitant: c'est un peu plus cher, je crois mais en compensation, ils n'ont aucun souci pour les repas du soir et ils peuvent avoir l'occasion de partager la vie d'une famille. Ça t'irait bien, je crois. Les familles sont sélectionnées et répertoriées. C'est très sérieux.

Il n'y a aucun souci pour les distractions: elles ne manquent pas, c'est bien là le danger;-))

Bien sûr, si tu veux visiter la région le week-end, tu peux louer une voiture mais c'est assez cher et ici, on conduit à gauche!!

Tu me tiens au courant? N'hésite pas à m'écrire!

Ma pause est finie... À bientôt!

Love

Jalna

145 PROPOSITION

Mon cher Domi,

Comment vas-tu? Tes vacances se passent bien? Comme convenu, j'ai relevé aujourd'hui ton courrier et j'ai trouvé une lettre de la mairie et un message de ton club de foot. Pour le foot, ce n'est pas très important. Max t'avertit seulement que l'entraînement du 30 avril est annulé et reporté au 4 mai à 20 heures, au stade. La lettre de la mairie va t'obliger peut-être à interrompre tes vacances: tu es convoqué par le directeur des ressources humaines le 20 de ce mois à 15 heures. Mais il y a peut-être une solution: pourquoi ne pas repartir chez toi après ton entretien à la mairie? Tu peux aussi essayer d'en faire repousser la date après ton retour?

À toi de voir... Si je peux faire quelque chose, n'hésite pas!

À bientôt!

Achevé d'imprimer en France par Clerc s.a.s. - 18200 Saint-Amand-Montrond
N° d'éditeur : 10195827 - imprimé en mars 2013

SOMMAIRE GÉNÉRAL

ORAL - SOMMAIRE

☐ COMPRÉHENSION ORALE

☐ PRODUCTION ORALE

☐ INTERACTION ORALE

Lors de l'apprentissage d'une langue, en situation de communication, nous utilisons diverses stratégies pour comprendre, nous exprimer ou encore interagir le mieux possible, à l'oral comme à l'écrit.

En situation de réception orale, il est très important de bien comprendre la situation dans laquelle on se trouve pour se faire une idée de ce qu'on va entendre et pour anticiper sur le contenu du message. La connaissance de la situation et ces hypothèses nous aident ensuite à ne pas perdre le fil, même si on ne comprend pas tout. Elles nous permettent aussi de deviner le sens de certains mots.

En situation d'apprentissage de cette compétence, il faut :
– bien lire la consigne qui précise la situation et fixe un objectif à l'écoute,
– s'entraîner à deviner ce qu'on ne connaît pas à partir de ce qu'on connaît déjà.

Dans les activités suivantes, ◎ vous suggère une démarche pour développer ces stratégies.

1 ■ Compréhension générale

■ 1. Reconnaissance d'intonations ■

1 *Georges Feydeau (1862-1921), auteur dramatique français, a essentiellement écrit des vaudevilles, c'est-à-dire des pièces comiques avec de nombreux rebondissements. « Le Dindon » et « La Dame de chez Maxim » comptent parmi les plus connus. « On purge Bébé » présente une scène de famille banale.*

a) **Écoutez une première fois toute la scène 1, entre Follavoine et la bonne, Rose.**
- Quelles sont les relations entre les deux personnages ?
- Avez-vous repéré certains des sentiments qu'ils expriment ?

b) **Écoutez de nouveau cette scène** en marquant de courtes pauses après chaque réplique.
- **Relevez au moins une réplique qui correspond à chacun des sentiments suivants.**

FOLLAVOINE – Sentiments/Attitudes	ROSE – Sentiments/Attitudes
L'autorité	L'étonnement ....
L'agacement/impatience	La justification ....
La colère	La soumission ....
L'amusement	Le soulagement ....
Le mépris	L'inquiétude ....

2 À la sortie d'un cinéma des spectateurs s'expriment.
Observez le tableau ci-dessous.
Écoutez les réactions des spectateurs.
Identifiez les sentiments et attitudes exprimés.

Sentiment / Attitude	1	2	3	4	5	6	7	8	9	10	11	12	13	14	15
La colère									✗						
L'admiration															
Le regret															
L'enthousiasme															
L'indignation															
Le doute															
La surprise															
La déception															
La satisfaction															
Le mécontentement															

2. Informations factuelles directes

3

a) Écoutez le début de la conversation.
Quelle est la relation entre les deux personnes?

De quoi parlent-elles?

b) Observez l'affiche.
Qu'est-ce que l'image évoque pour vous?
Quels éléments reconnaissez-vous?
Quels liens établissez-vous avec le cinéma?

c) Écoutez toute la conversation.

1. Complétez la fiche sur le festival.

Année de création :	Nombre de spectateurs :
Durée :	Horaires des séances :
Nombre de films reçus :	Prix d'entrée :
Types de compétition :	Lieux de projection :

2. Répondez aux questions suivantes :

- Quel type de films trouve-t-on dans la compétition « Labo » ?

____

- Y a-t-il d'autres programmes en dehors des compétitions ?

____

- Pourquoi le cinéphile apprécie-t-il particulièrement ce festival ?

____

4 a) Écoutez une première fois ce dialogue.
Répondez aux questions suivantes.

- Où cela se passe-t-il ? ______________________________
- À quel moment ? ______________________________
- Combien y a-t-il de personnes ? ______________________________
- Qui sont-elles ? ______________________________
- Quelles sont leurs intentions respectives ? ______________________________

____

b) Écoutez de nouveau l'ensemble du dialogue.
Cochez les propositions exactes.

La cliente
- va pouvoir échanger son achat. ❑
- va peut-être se faire rembourser. ❑
- va peut-être acheter autre chose. ❑

En période de soldes, les articles
- sont normalement repris ou échangés. ❑
- ne sont ni repris ni échangés. ❑
- peuvent être repris, échangés ou remboursés
  - si le (la) client(e) a changé d'idée. ❑
  - si, à l'achat, il y a un défaut visible. ❑
  - si, à l'achat, il y a un défaut non visible. ❑

Des soldes sont des objets vendus en solde, c'est-à-dire avec une réduction, un rabais. Les objets vendus sont les restes de la collection précédente. Comment dites-vous dans votre langue ?

5 « C'est votre droit » est une émission d'aide et de conseils proposée une fois par semaine aux auditeurs d'une radio locale.
Deux animateurs, Julie et Marc, répondent en direct aux questions envoyées par leurs auditeurs.

Lisez les questions ci-après. Écoutez l'émission.
Cochez les propositions exactes. Complétez les phrases et notez les informations données.

	Madame Courtine	Monsieur Villiers
Question posée	veut savoir : ■ quand elle voyage • en train, ❑ • en avion, ❑ • en car, ❑ ■ comment faire transporter ses bagages, ❑ ■ comment assurer ses bagages, ❑ ■ si elle est indemnisée en cas de vol de ses bagages. ❑	veut savoir : ■ quand elle voyage • en train, ❑ • en avion, ❑ • en car, ❑ ■ comment assurer ses bagages, ❑ ■ ce qu'il doit faire : • en cas de perte de ses bagages, ❑ • en cas de vol de ses bagages, ❑ • s'il a des problèmes avec ses bagages. ❑
Réponse fournie	**a)** La société de transport, – n'est pas responsable même …………… …………… – est responsable si …………… …………… **b)** Le service « bagages à domicile » : – prend et …………… les bagages …………… – verse une indemnité …………… …………… de …………… si …………… de livraison n'est pas ……………. – verse une indemnité …………… à …………… € pour un bagage …………… et à …………… € pour un bagage …………….	**a)** Selon les statistiques, – …………… sont …………… par an, – …………… sont ……………, – …………… sont ……………. **b)** Si le bagage n'est pas livré à l'arrivée, – il faut …………… tout de suite au …………… et …………… un …………… – on peut obtenir …………… si on a dû acheter …………… à condition de …………… **b)** si les bagages sont …………… ou ……………, – on obtient une …………… de …………… € par …………… pour les bagages ……………. – pour les …………… en …………… il n'y a pas …………… sauf si le dommage …………… – on obtient alors …………… au maximum par …………….

6 Écoutez le dialogue.

a) Cochez la bonne réponse.

	Vrai	Faux
Il s'agit d'une conversation amicale.	○	○
Les personnes se contactent pour la première fois.	○	○
Les personnes donnent l'impression de se connaître.	○	○
Elles vont se recontacter bientôt.	○	○
Chacune expose ses problèmes.	○	○

b) De quel sujet est-il question ? ____________________

____

c) Qu'apprend-on sur Karen ? ____________________

____

____

d) Quelles informations a-t-elle obtenues ?

Complétez la fiche ci-dessous.

1. CONDITIONS

✔ Âge requis : ____________________ ✔ Durée du séjour : ____________________

2. OBLIGATIONS

✔ Pour elle : ____________________

____

✔ Pour la famille d'accueil : ____________________

____

3. FORMALITÉS

____

____

3. Récits courts

7

En mars 2006, vous participez à une visite guidée de Paris.

Écoutez le guide.

Répondez aux questions.

a) Quelles sont les époques, les dates, les personnes citées ?
À quels événements ou à quelles fonctions du bâtiment correspondent-elles ?

Notez-les dans le tableau ci-dessous.

ÉPOQUES	DATES	PERSONNES	ÉVÉNEMENTS FONCTIONS
La commune	1871		Incendie de la caserne et du Palais d'Orsay

b) Cochez la(les) proposition(s) exacte(s).

Dans son récit, le guide conférencier

1. suit l'ordre chronologique des événements. ❏
2. se montre assez précis. ❏
3. se contente d'énumérer les diverses fonctions du bâtiment. ❏
4. précise les causes des changements de fonction du bâtiment. ❏
5. annonce une exposition sur Picasso. ❏
6. annonce une exposition consacrée à Pissarro et Cézanne. ❏
7. précise que l'exposition se tient jusqu'au 28 mars. ❏

8

L'ASSOCIATION QUI MARIE LES CITADINS ET LES COMMUNES

Chaque année, le SICLER[1] installe une petite cinquantaine de commerces dans des communes rurales à travers la France. [...] Le SICLER veut se situer au confluent des communes en demande de commerces et des néo-ruraux qui cherchent ces opportunités. L'association trie les candidats, notamment par un questionnaire de huit pages et par une première rencontre. « Nous sélectionnons environ 5 % des demandes », estime le président de l'association. Selon ce dernier, les demandes des villages sont toujours plus nombreuses pour trouver des médecins. Le SICLER a ainsi récemment installé plusieurs praticiens venus de Belgique.

La Croix, 29 juillet 2005.

1. Association créée en 1969 pour répondre aux problèmes de désertification des villages, elle met en relation les besoins des communes rurales et les désirs de gens qui veulent s'installer à la campagne.

a) Marie-Michelle et Christophe ont récemment changé de vie : ils ont tous les deux quitté la région parisienne pour s'installer à la campagne.

Écoutez leur témoignage et complétez le tableau suivant.

	Marie-Michelle	Christophe
Profil de la personne (âge, situation de famille) au moment du changement		
Situation antérieure		
Raisons directes ou indirectes du changement de vie		
Nouveau métier		
Aspects positifs de leur nouvelle vie		
Contraintes ou difficultés liées au changement		
Jugement porté sur le changement		

b) Écoutez à nouveau les deux témoignages et dites si les affirmations suivantes sont vraies ou fausses.

1. Marie-Michelle a mis longtemps à se décider.
2. Pour son entourage, ce départ était une idée un peu folle.
3. Son poste était menacé.
4. Christophe a hésité à déménager à cause des enfants.
5. Il avait déjà une expérience dans le secteur professionnel choisi.
6. Revenir à la campagne, c'est, pour lui, retrouver ses origines.

2 ■ Comprendre des émissions de radio

9 REPORTAGE *Goémonier, FDLM* n°335, septembre 2004.

Nous ignorons souvent la composition, l'origine des objets, des produits de notre environnement quotidien. Nous n'avons pas toujours conscience du travail que nécessite leur fabrication, leur production.
Ce reportage nous en donne un exemple.

a) Observez la liste ci-dessous.
Certains de ces produits ont un point commun.

Écoutez la présentation du reportage et ce que dit le journaliste, Édouard Garzaro.

1. Quels sont ces produits? **Cochez les noms entendus.**

- Les pellicules photo ❑
- La teinture ❑
- Le rouge à lèvres ❑
- La crème glacée ❑
- Les chemises synthétiques ❑
- La peinture. ❑
- Les appareils photo ❑
- Les chemises plastique ❑
- Les crêpes glacées ❑
- Le rouge à joues ❑

2. Quel est le point commun entre ces produits ?
Complétez la phrase suivante :

« Ils .... tous des .... fabriquées à base de ....

autrement dit .... »

b) Lisez les questions et les affirmations suivantes.
Écoutez de nouveau ce que dit Edouard Garzaro puis l'intervention de Yannig Bigouin.
Répondez aux questions et cochez les propositions exactes.

1. Qui est Yannig Bigouin ? ______
2. Dans quelle région l'algue est-elle récoltée ? ______
3. Depuis quand est-elle ramassée ? ______
4. À quelle date son exploitation industrielle a-t-elle commencé ? ______
5. L'iode est extrait des algues fraîches. ❑
6. L'iode est extrait des algues brûlées. ❑
7. On fait sécher les algues avant de les faire brûler. ❑
8. La teinture d'iode s'obtient par macération des algues dans de l'alcool. ❑
9. La teinture d'iode s'obtient à l'aide de cendres d'algues et d'alcool. ❑

c) Observez les affirmations suivantes.
Écoutez la fin du reportage.
Notez si les affirmations sont vraies ou fausses.

	Vrai	Faux
1. Il faut 15 tonnes de goémon pour 25 kg d'iode.	○	○
2. Pour prendre les algues, les goémoniers utilisent un bâton appelé scoubidou.	○	○
3. Le travail des goémoniers était très dur.	○	○
4. Les goémoniers travaillaient 3 à 4 heures sans arrêt.	○	○
5. Ils prenaient leur repas sur le bateau.	○	○
6. Ils étaient toujours deux à l'avant du bateau.	○	○
7. Les goémoniers ne manquaient pas de courage.	○	○
8. Le travail se faisait debout.	○	○
9. Malgré les machines le travail des goémoniers est toujours aussi pénible.	○	○
10. Maintenant on arrache le goémon ailleurs qu'en Bretagne.	○	○

d) Écoutez de nouveau tout le reportage. Vérifiez vos réponses.

e) Relevez : • comment l'animateur de l'émission annonce le reportage :

______

• comment le reporter annonce les deux personnes qui interviennent :

______

10 *REPORTAGE* *L'Airbus A380, FDLM* n°341, septembre 2005.

Le transport aérien joue un rôle important dans notre vie. Il raccourcit les distances, rapproche les pays et les hommes. Aussi la naissance d'un nouvel avion constitue-t-elle un événement. C'est le cas de l'Airbus A380, le plus gros porteur construit à ce jour.

a) Observez la fiche et les questions ci-dessous.
Écoutez le début du reportage consacré à l'Airbus A380. Complétez la fiche.

A380

- Longueur : ....
- Hauteur : ....
- Poids : ....
- Voilure : ....
- Nombre de roues : ....
- Nombre de ponts : ....
- Nombre de passagers en vol charter : ....
- Nombre de décibels au décollage : ....
- Nombre de décibels à l'atterrissage : ....
- Prix : ....
- Nombre d'exemplaires vendus à la date du reportage : ....
- Premiers vols commerciaux :
  - Compagnie : ....
  - Date : ....
- Date du deuxième vol d'essai : ....
- Lieu de ce vol : ....

b) Écoutez à nouveau : vérifiez vos réponses puis écoutez la suite du reportage.

1. Combien de personnes interviennent ?
2. À quel titre intervient chaque personne : en quoi est-elle concernée par l'A380 ?

3. Sur quoi porte le principal effort environnemental de l'Airbus A380 ?

4. Les affirmations de la société Airbus sont-elles justifiées ? Pourquoi ?

Qu'en pensent les riverains de l'aéroport où ont eu lieu les essais ? Quels sont leurs arguments ?

5. Quelle serait – selon eux – la meilleure solution ?

11 MICRO-TROTTOIR *Paroles d'enfants : les mots qu'ils aiment et ceux qu'ils n'aiment pas, FDLM* n° 332, mars 2004.

Nous avons tous, chacun dans notre langue, des mots que nous aimons et des mots que nous n'aimons pas.

Observez le tableau ci-dessous.
Écoutez. Complétez-le.

Enfant	Mot préféré	Mot détesté	Raisons
1			
2			
3			
4			
5			
6			
7			

12 MICRO-TROTTOIR *Paroles d'enfants : quand je serai grand, FDLM* n° 338, mars 2005.

Quand vous étiez enfant, quel métier rêviez-vous de faire plus tard ?

Cochez le ou les métier(s) qui vous intéressai(en)t.

Ingénieur	❑	Aviateur(trice)	❑	Pompier	❑
Médecin	❑	Policier	❑	Footballeur	❑
Danseur(euse)	❑	Coiffeur(euse)	❑	Maître(esse) d'école	❑
Mannequin	❑	Chanteur(euse)	❑	Avocat(e)	❑
Cuisinier(ère)	❑	Mécanicien(enne)	❑		
Peintre	❑	Acteur (trice)	❑		

1. **Écoutez le début de l'enregistrement** (jusqu'à « Christelle Lapierre est allée le vérifier »).
   Quels sont les cinq métiers préférés des enfants?

   ____

   Quel en est l'ordre de préférence?

   ____

2. **Écoutez les réponses des enfants interrogés.**
   Notez les métiers cités.
   Notez la (les) raison(s) du choix de chaque enfant.

   Enfant 1: ______________________________

   Enfant 2: ______________________________

   Enfant 3: ______________________________

   Enfant 4: ______________________________

13 *REPORTAGE* *La Cité radieuse de Marseille, FDLM* n°326, mars 2003.

Lisez les questions suivantes. Écoutez le document.
Répondez aux questions. Complétez les phrases.

a) Informations générales

1. Quel est le nom du bâtiment? ______________________________
2. Où se trouve-t-il? ______________________________
3. Quand a-t-il été construit? ______________________________
4. Quel est le nom de l'architecte? ______________________________
5. Un adjectif est utilisé à deux reprises pour qualifier ce bâtiment. Lequel? ______________________________

b) Caractéristiques du bâtiment

1. Caractéristiques générales

- Longueur: ______________________________
- Nombre d'appartements: ______________________________
- Nombre d'étages: ______________________________
- Orientation: ______________________________

2. Particularités du bâtiment

C'est la première utilisation ______

Il est construit sur ______

Il y a huit ......, c'est-à-dire huit ______

Des ...... venus des États-Unis.

3. Particularités de chaque logement

a. apparition de cuisines intégrées avec un équipement révolutionnaire : un ......, une ......,

b. la ______,

c. une isolation ______,

d. des liaisons ______.

4. En dehors des appartements, qu'est-ce que l'architecte voulait introduire dans ce bâtiment ? ______

Quels sont-ils ? ______

5. Comment est aussi appelé ce bâtiment ? Pourquoi ?

Qu'est-il maintenant ?

______

14 FRANCE INFO *Destination Voyages,* Thierry BEAUMONT, 6 février 2006.

Vous allez entendre une chronique radio qui présente une destination de voyage.

a) Écoutez une première fois.

1. Repérez le nom de cette destination. ____________________

2. Cochez la bonne réponse et complétez.

Il s'agit : d'une ville ❒ d'une île ❒ d'un massif montagneux ❒ d'un pays ❒

situé(e) ____________________ au climat ____________________

b) Écoutez encore pour répondre aux questions suivantes.

1. Y a-t-il beaucoup de touristes ? oui ❒ non ❒

Pourquoi ? ____________________

____

2. Quels sont les atouts (les avantages) touristiques de cette destination ? ____________________

____

3. Qu'est-ce que l'habitation Murat ? ____________________

____

4. Quelle qualité de vie la chronique choisit-elle d'illustrer à travers un des habitants de l'île, Georges ? ____________________

15 FRANCE INFO *La Science en livres,* Laurent BROOMHEAD, 5 février 2006.

Vous allez entendre une brève chronique radio qui présente un livre

a) Écoutez le début de cette chronique (jusqu'à « *à chaque civilisation* »).

1. Repérez le thème du livre et si possible son titre. ____________________

____

2. Écoutez à nouveau le même extrait. Dans la liste suivante, soulignez les couleurs citées :

bleu – blanc – vert – jaune – orange – rouge – rose - noir

3. Écoutez encore.

- À quelle couleur sont associées :

  la peur : ____________________

  la colère : ____________________

  la raison : ____________________

  la trahison, l'infamie : ____________________

  l'écologie : ____________________

- En français, on voit .... et on rit ....

• Quelle est, d'après la chronique, la couleur préférée

des Français ? ______________________

des Japonais ? ______________________

b) Écoutez la suite de la chronique jusqu'à « mais au fait combien... ».

Dites si les affirmations suivantes sont vraies ou fausses :

- Les Grecs utilisaient beaucoup le bleu. Vrai ❐ Faux ❐
- Le bleu a toujours été une couleur masculine. Vrai ❐ Faux ❐
- Autrefois, la robe de mariée était rouge. Vrai ❐ Faux ❐

c) Écoutez le passage suivant (jusqu'à « Nous verrions les choses autrement ») et répondez aux questions.

1. Newton avait décomposé la lumière de l'arc-en-ciel en sept couleurs.
D'après la chronique, lesquelles ne figurent pas dans les six couleurs de base des scientifiques modernes ?

____

2. Pourquoi la publicité pour les écrans informatiques est-elle mensongère ?

____

____

d) Écoutez la fin de la chronique. Elle présente deux autres livres. À quel phénomène naturel sont-ils consacrés ?

____

Dans votre langue voyez-vous la vie en couleur, riez-vous en couleur ? Quelles sont ces couleurs ? Associez-vous les sentiments aux mêmes couleurs que les Français ?

3 ■ COMPRENDRE DES ANNONCES ET DES INSTRUCTIONS ORALES

16

ANPE = Agence nationale pour l'emploi.
CDD = Contrat à durée déterminée. L'employeur peut recourir à ce type de contrat pour remplacer un salarié absent ou dans le cadre d'un travail saisonnier, par exemple. Il ne peut être renouvelé qu'une fois et ne peut excéder 18 mois. Si le contrat est conclu dans l'attente d'une embauche définitive (CDI), cette durée maximum est de 9 mois.
Le certificat d'aptitude professionnelle (CAP) et le brevet d'études professionnelles (BEP) peuvent être préparés en deux ans après la classe de 3e dans un lycée professionnel. Ils donnent une qualification d'ouvrier ou d'employé qualifié dans un métier déterminé. Le domaine de compétences du BEP est toutefois plus large que celui du CAP.

a) Écoutez une première fois les cinq annonces enregistrées et répondez.

1. De quel type d'annonces s'agit-il ?

____

2. Quelle région concernent-elles ?

____

b) Écoutez une deuxième fois et complétez le tableau.

Annonce	Emploi proposé	Description du poste	Type de contrat	Expérience, formation, diplômes exigés ou souhaités	Conditions de travail	Profil du/de la candidat(e)
1						
2						
3						
4						
5						

17 Vous allez entendre un document composé de cinq annonces radio.

a) Écoutez une première fois.

Retrouvez quel(s) message(s) a/ont pour but d'annoncer :

- un événement littéraire : ______
- une émission de radio : ______
- un concours public : ______

b) Écoutez de nouveau

Message 1

1. À quels auditeurs ce message est-il plus particulièrement destiné ?

______

______

2. Que leur propose-t-on ? ______

Quand ? ______

3. Que leur recommande-t-on de faire ?

______

______

Message 2

1. De quoi Gérard Guillot parle-t-il chaque samedi ?

______

______

2. Complétez la phrase : « Qu'ils ...., qu'ils ...., qu'ils .... ou ...., vous ne regarderez plus les .... avec le même œil. »

Message 3

1. Qu'est-ce que *Rue des entrepreneurs* ?

______

______

2. Quel est le thème abordé dans l'émission du lendemain ?

______

______

Messages 4 et 5

1. Ces messages ont un point commun. Lequel ?

______

______

2. Relevez les éléments qui justifient votre réponse.

____

____

3. Cochez la bonne réponse.

	VRAI	FAUX
Le message 4 est un message du ministère de la Recherche.	○	○
Le ministère lance un concours de recrutement de 800 chercheurs.	○	○
Il offre un soutien financier aux lauréats du concours.	○	○
On peut se renseigner à l'adresse suivante : www.recherche-gouv.fr	○	○
Le message 5 s'adresse aux libraires.	○	○
Le Prix « Les semelles de vent » est décerné par un jury de lecteurs.	○	○
Le prix récompense un livre de voyage.	○	○
Le prix est décerné le 1er avril.	○	○

18 Le directeur d'une grande école s'adresse à un groupe d'élèves.
Écoutez.

a) À qui s'adresse plus particulièrement le directeur ? **Justifiez.**

____

____

b) À quelle occasion ?

____

c) Sur quoi porte son intervention ?

____

____

____

d) Complétez les notes d'un participant.

Pour ____,

- je peux :
  - ____
  - ____
  - ____
  - ____
- je dois :
  - ____
  - ____

4 ▪ Comprendre une interaction entre locuteurs natifs

19 **Lisez les questions suivantes. Écoutez l'enregistrement. Répondez aux questions.**

1. Quelle est la situation ?

- Où cela se passe-t-il ? ______
- Quand ? ______
- Combien y a-t-il de personnes ? ______
- Qui sont-elles ? Quelles sont leurs relations ? ______

______

2. De quoi est-il question ?

- Quel est le sujet principal de cette conversation ? ______

______

- Quel est le premier sujet abordé ? ______

3. Patrick a reçu une lettre.

- Qui en est l'expéditeur ? ______
- Quel en est le contenu ? ______

______

- Patrick est-il satisfait de la proposition qui lui est faite ?
  Pourquoi ? ______
- Qu'espère-t-il ? ______

4. Que pensent les autres personnes de cette proposition ? Quels sont leurs arguments ?

______

______

5. Quel est le ton de cette conversation ? ______

Relevez les mots et expressions ou les formes qui le prouvent.

______

______

6. Patrick utilise beaucoup un mot qui lui permet d'attirer l'attention de son interlocuteur et de maintenir le contact avec lui. Quel est ce mot ? ______

Comment dans votre langue traduiriez-vous le mot employé par Patrick ?
Utilisez-vous d'autres mots semblables ? Pour exprimer quoi ? Pourriez-vous les traduire en français ?

20 Vous allez entendre une conversation.

Lisez les questions.

Écoutez l'enregistrement.

Répondez.

1. Où se passe la discussion ? ______

2. La discussion porte sur un sujet :

politique ❐ historique ❐ de société ❐

Lequel ? ______

3. Quels différents aspects du problème sont abordés ? ______

______

______

4. Les personnes
   1. sont parfaitement d'accord ❐ ne sont jamais d'accord ❐ sont parfois d'accord ❐
   2. se disputent ❐ plaisantent ❐ discutent fermement ❐

5. Pour défendre leur point de vue,
   - elles donnent des exemples personnels ❐
   - elles rapportent le même point de vue exprimé par d'autres personnes ❐
   - elles se réfèrent à des informations vérifiables ❐

6. Combien de personnes y a-t-il ? ______

7. À qui ou de qui parle une des personnes lorsqu'elle dit « Allez, passe ! » ou encore « Qu'est-ce qu'il fait ? Il met pas son cligno ! » ? ______

8. Reportez-vous à l'activité 19. Réécoutez l'enregistrement.

Vous entendez la même expression « C'est génial ».

Le ton est-il le même ? L'expression a-t-elle le même sens, exprime-t-elle le même sentiment ?

______

______

21 Vous allez entendre une conversation.

a) Lisez les questions.

Écoutez le début de la conversation. Répondez.

- Où se passe-t-elle ? ______
- Quelles personnes y participent ? ______
- Qu'est-ce qui déclenche l'échange ? ______

b) Lisez les questions.
Écoutez la première partie (jusqu'à l'arrivée d'une personne qui se mêle à la conversation). Répondez.

- Repérez le plus d'informations possibles sur le fait divers dont on parle.

____
____

- Essayez de le raconter.

____
____
____

- Quelle est la position des interlocuteurs sur cette affaire : ils approuvent ou critiquent le joueur ? ______________________________

c) Lisez les questions. Écoutez la fin de la conversation.
Répondez.

- Quel autre problème est rapproché de cette affaire ? Sur quel ton ?

____
____

- Quelle est la position des uns et des autres par rapport au jeu ?

____
____

- Quels sont les autres sujets évoqués ?

____

d) Repérez les expressions correspondant aux actes de parole suivants :

- demander une information : ______________________
- donner son avis : ______________________
- demander le sens d'un mot : ______________________
- s'étonner : ______________________
- faire un lien avec un autre fait : ______________________
- approuver : ______________________
- faire une objection : ______________________
- ajouter un argument supplémentaire : ______________________

5. COMPRENDRE EN TANT QU'AUDITEUR

22 a) Écoutez le début de l'enregistrement. Notez la question posée.

____

b) Écoutez une première fois l'exposé qui répond à cette question.
Lisez les affirmations suivantes.
Écoutez à nouveau l'exposé. Dites si ces affirmations sont vraies ou fausses.

1. Les représentants au CE sont élus tous les deux ans.
2. Les CE ont avant tout un rôle social et culturel.
3. C'est le CE qui prend les décisions importantes dans l'entreprise.
4. Les CE ont deux budgets différents.
5. Le CE se réunit normalement tous les mois.
6. Les CE datent de 1945.
7. Les membres titulaires ont des heures de travail en moins pour pouvoir s'occuper du CE.
8. Les entreprises de plus de 20 salariés doivent avoir un CE.
9. Le nombre de représentants varie selon la taille de l'entreprise.
10. Le CE est constitué uniquement de représentants du personnel.

c) Notez dans quel ordre les points suivants sont abordés dans l'exposé :

- L'histoire du CE _______________
- Son rôle et ses attributions _______________
- Son fonctionnement _______________
- Sa composition _______________

23

Généticien et mathématicien de renommée mondiale, Albert Jacquard a enseigné la génétique des populations dans plusieurs universités européennes. Connu pour ses positions contre le racisme et l'injustice sociale, il participe aux débats actuels sur l'évolution de la société et défend le droit à la différence.

a) Écoutez une première fois l'ensemble de l'exposé.

Albert Jacquard lui a donné un titre.

Quel est ce titre ?
- Éducation, déversement du savoir ❑
- Éducation, préparation à la vie active ❑
- Éducation, art de la rencontre ❑

b) Lisez les affirmations ci-après.
Écoutez l'introduction de l'exposé.
Écoutez aussi le début de celui-ci jusqu'à « Si je dis "je" ».
Cochez les affirmations exactes.

1. L'existence d'interactions entre les hommes est une chance. ❑
   Les interactions entre les hommes sont très simples et directes. ❑
   Les interactions entre les hommes sont délicates, difficiles à cerner. ❑

2. Plus les hommes sont nombreux, plus ils sont complexes. ❑
   La complexité d'un homme est inférieure à celle d'une communauté. ❑
   La complexité de la communauté humaine est source de richesse. ❑

3. Nous savons faire ensemble des choses que nous ne savons pas faire seuls. ❑
   La nature est à l'origine de ce que nous savons faire. ❑
   C'est grâce aux autres que nous développons nos capacités. ❑

c) Lisez les questions ci-dessous.
Écoutez la suite de l'exposé jusqu'à « autrement dit ».
Répondez aux questions.

1. Pourquoi peut-on dire « je » ? ______________________________

____

2. Quelles sont les deux origines latines du mot « éducation » présentées par Albert Jacquard ? Quel est leur sens respectif ?

____

____

3. D'après Albert Jacquard, quelle est la plus intéressante ? Pourquoi ?

____

____

4. Quel devrait être, d'après lui, l'objectif de l'éducation, du savoir ?

____

____

d) Qu'est-ce qui, selon Albert Jacquard, est essentiel ?
Écoutez la fin de l'exposé.
Complétez la phrase ci-après en cochant la proposition qui convient.

Pour Albert Jacquard, l'école est essentielle pour l'avenir de l'humanité, surtout parce qu'elle prépare les jeunes :

1. à la vie active (c'est-à-dire à participer au développement économique). ❑
2. à la réflexion (c'est-à-dire à participer au développement de l'intelligence humaine). ❑

En situation de production orale, on est appelé par exemple à présenter, décrire, donner son opinion, informer, dans un cadre amical ou professionnel ou encore pour un examen. Il faut donc adapter son « discours » à son public, tenir compte des circonstances et éventuellement du temps de parole que l'on a. Ce n'est pas toujours facile mais il faut oser, ne pas avoir peur, se faire confiance. Les hésitations, les approximations, les erreurs sont normales.
La difficulté est que, souvent, les mots manquent pour dire ce qu'on veut. Mais dans beaucoup de cas, on peut se débrouiller, trouver une autre manière de dire.

En situation d'apprentissage de cette compétence, il faut :
- accepter de prendre la parole même si on pense qu'on n'a rien à dire,
- articuler, parler à voix haute,
- regarder le public : un sourire ou au contraire une grimace, des sourcils froncés, permettent de vérifier que le message est bien passé ou pas,
- s'entraîner à utiliser certains moyens pour ne pas rester muet, « bloqué » : remplacer le mot qu'on ne trouve pas par un autre qui a à peu près le même sens, faire une phrase pour expliquer, utiliser une comparaison,
- prévoir, préparer ce qu'on va dire,
- organiser ses idées, décider dans quel ordre on va les présenter,
- apprendre des expressions souvent utilisées dans la langue étrangère pour présenter, décrire, donner son opinion, informer*.

Les activités qui suivent vous aident à développer ces stratégies.

1. Monologue suivi

1. Raconter

24 **Racontez un film dont vous vous souvenez bien : votre film préféré ou un film qui vous a marqué(e).**

Dites quelles impressions vous avez éprouvées en le regardant.

Expliquez pourquoi vous l'aimez ou pourquoi il vous a marqué.

Pour vous aider, vous pouvez suivre le canevas de la page ci-contre et utiliser les expressions proposées.

1. **La « carte d'identité » du film**

Dites qui l'a réalisé, quels étaient les acteurs, de quand il date, de quel genre de film il s'agit. Vous pouvez dire aussi s'il a eu ou non beaucoup de succès.

Le film est sorti en... Il a été réalisé par... Les interprètes/acteurs principaux sont...
Il a reçu un accueil enthousiaste/excellent/très chaleureux... du grand public/de la critique.
C'est un film culte (pour...)

2. **L'époque, le(s) lieu(x)**

L'histoire se passe en... à...

3. **Les personnages**

Caractérisez-les brièvement.
Elle, c'est une jeune fille très gentille mais solitaire ; lui, c'est un chef d'entreprise plutôt vulgaire et content de lui...

4. **L'histoire**

Centrez-vous sur les faits principaux, n'essayez pas de tout raconter, dégagez les thèmes essentiels.

5. **Vos impressions,** ce que vous avez ressenti en voyant le film, pourquoi vous l'aimez.

J'ai beaucoup ri. / Le film marie très bien l'humour et la gravité. / C'est très angoissant, il y a un suspense terrible. / C'est un film bouleversant, plein d'émotion./ J'aime beaucoup cette manière de filmer, très rapide. / Il y a des images superbes. / Les dialogues sont brillants...

Dites s'il y a des images, une réplique dont vous vous souvenez particulièrement.
J'aime particulièrement le moment où... / Il y a une image qui m'a marqué(e), c'est celle de...

25

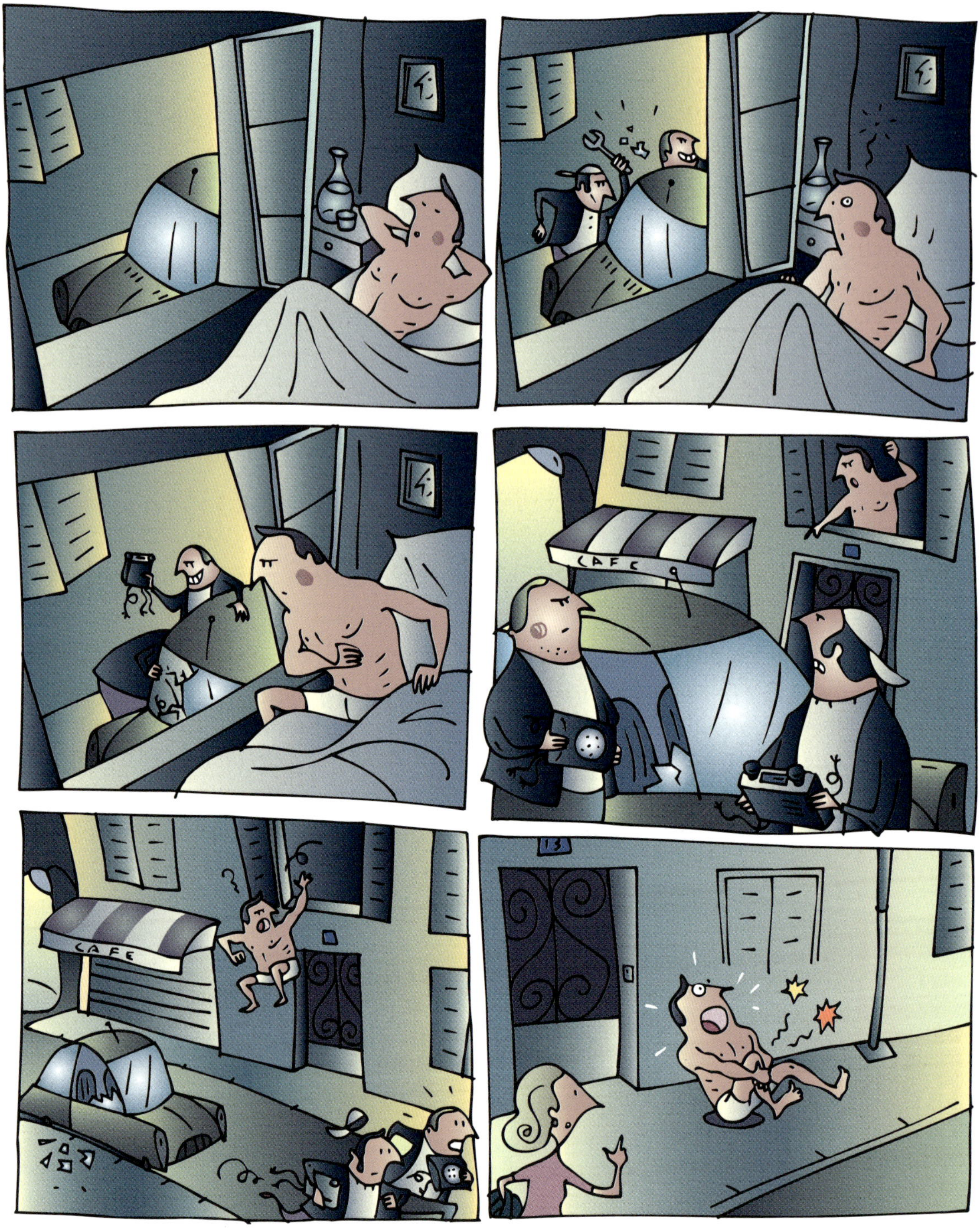

Observez la bande dessinée.

Racontez ce qui s'est passé. Imaginez ce qui a pu se passer ensuite.

Vous pouvez :

- situer l'événement : *quand, où, dans quelles circonstances s'est-il produit ?*
- décrire le personnage principal,
- dire comment il vous apparaît : *inquiet, irréfléchi, courageux...*
- décrire les différentes actions et les réactions - *surprenantes, inattendues, exagérées* ou *naturelles* - qu'elles ont provoquées,
- imaginer une fin... heureuse ?

N'oubliez pas que votre récit doit être organisé, clair, vivant !
À quel temps racontez-vous ? Au passé ? Au présent ?

26

L'écriture de Glozel sur une tablette de terre cuite.

IL N'Y A PLUS D'ÉNIGME

L'authenticité des découvertes de Glozel est formellement établie

Complètement édifiés les membres de la Commission internationale cessent leurs recherches

L'Écho de Paris, 8 novembre 1927.

a) Lisez les notes suivantes. Elles font état, dans le désordre, d'événements, de lieu(x) où ils se sont déroulés et de personnes qui en sont les acteurs.

- **1931 :** Émile Fradin gagne son procès.
- **1ER MARS 1924 :** Émile Fradin laboure un champ. Chute d'une vache dans une fosse. Découverte de briques gravées, de fragments de poteries, de galets inscrits.
- **GLOZEL :** petit hameau du département de l'Allier, à une vingtaine de km de Vichy.
- **ANNÉES 1950 :** les nouvelles techniques de datation pourraient authentifier le site.
- **DOCTEUR MORLET :** médecin de Vichy, érudit, archéologue amateur averti.
- **ANNÉES 1970 :** la datation au Carbone 14 et la thermoluminescence prouvent l'authenticité des objets trouvés. Les ossements dateraient de 15 000 à 17 000 ans, les céramiques de 5 000 ans, les tablettes gravées de 2 500 ans.
  Des études sérieuses sont entreprises. Malgré tout, encore beaucoup de sceptiques.
- **1926 :** célébrité de Glozel. Doutes de certains scientifiques sur l'authenticité des objets trouvés : incompatibilité avec les théories officielles sur l'écriture en particulier.
- Émile Fradin, jeune paysan de 17 ans.
- **1927 :** Intérêt croissant pour le site. Ancienneté estimée des objets : 5 000 à 6 000 ans avant notre ère. Or, officiellement naissance de l'écriture 1 600 ans avant J.-C., en Phénicie. Débat de plus en plus vif entre glozéliens et anti-glozéliens.
- **1933 À 1950 :** l'affaire s'apaise. Morlet fouille jusqu'en 1936. Le gouvernement de Vichy interdit les fouilles « sauvages ».
- **1980 À NOS JOURS :** Émile Fradin, officiellement réhabilité, décoré des palmes académiques. Persistance de l'intérêt pour Glozel et de la polémique. Nouvelles fouilles. Des scientifiques de divers pays, dont Hans-Rudolf Hitz, de nationalité suisse, essaient de déchiffrer les tablettes. Nombreuses publications sur Glozel.
- **CONSEIL :** aller visiter le musée de Glozel (après la mort d'Émile Fradin, les objets seront sans doute transférés au musée de Saint-Germain-en-Laye).
- **1925 :** Le Docteur Morlet commence des fouilles. Personne ne doute de l'authenticité de la découverte (tablettes avec inscriptions ressemblant à une écriture et objets gravés très anciens).
- **1932 :** Les diffamateurs d'Émile Fradin sont condamnés.

b) Racontez ce qui s'est passé à Glozel.

Pensez à : - situer Glozel,

- préciser l'identité des personnes,
- dater la succession des événements,
- préciser la nature de chaque événement.

Passez de la note à la phrase, construisez votre récit.

27 **Observez ces photos.** Vous allez imaginer et raconter l'histoire qu'elles pourraient illustrer.

a) Vous pouvez d'abord vous poser des questions sur chaque photo et essayer d'y répondre. Par exemple :

★ Photo 1

- Dans quel pays, quelle région se trouve ce château ?
- Qui l'habite ?

★ Photo 2

- Qui est cet homme ? (âge, éléments de biographie, caractère ?...)
- Pourquoi est-il là ? Qui attend-il ?
- Pourquoi a-t-il l'air sombre ?

★ Photo 3

- Qui sont les deux personnages qu'on voit au loin ?
- Où s'en vont-ils ?

b) Décidez ensuite :

- si vous voulez utiliser les trois photos ou seulement deux,
- quelle relation vous allez créer entre elles,
- dans quel ordre vous les placez (vous pouvez choisir de placer la photo 2 ou la 3 en première position),
- quel moment de votre histoire elles vont respectivement illustrer : le début, le milieu, la fin ?

c) À quel temps racontez-vous ? Au passé ? Au présent ?

Marquez clairement la chronologie, l'ordre des événements.

Donnez de la réalité à vos personnages, expliquez les motivations de leurs actions.

■ 2. Décrire ■

28 Il existe en France une institution un peu particulière : l'Académie française.

Présentez-la à l'aide des notes suivantes.

Vous pouvez changer l'ordre des différentes parties mais distinguez-les clairement.

Vous pouvez mettre en relief un point particulier avec les constructions « c'est... qui/que », « ce qui/ce que..., c'est » (*Ex. Ce qui est particulièrement frappant, c'est... ; ce que les Français critiquent, c'est...*).

Vous pouvez aussi souligner un élément avec « avant tout », « surtout ».

HISTOIRE

- Fondée en 1635 par le cardinal de Richelieu pour fixer la langue française, encore en formation à cette époque-là, lui donner des règles.
- Une seule interruption : entre 1793 et 1803 (époque de la Révolution).
- Installée au Louvre à partir de 1672, à l'Institut de France, sur les quais de la Seine, depuis 1805.

RÔLE

- Essentiellement veiller sur la langue française :
• élaborer un dictionnaire (neuvième édition en cours),
• participer à des commissions de terminologie pour créer des mots nouveaux ou traduire des mots anglais (Ex. « jeu décisif » pour « tie-break », en tennis), définir « le bon usage de la langue », en particulier les règles d'orthographe.
- Aider des écrivains en décernant des prix : grand prix du roman, du théâtre... Depuis 1986, grand prix de la Francophonie.

COMPOSITION

- 40 membres élus par leurs pairs (= les autres académiciens) à la majorité absolue.
- Pas de « président » mais un « secrétaire perpétuel » (élu également).
- Élus à vie : démission impossible, exclusion extrêmement rare.
- À la mort d'un des quarante membres, dépôt des candidatures pour le remplacer auprès du secrétaire perpétuel. Pas n'importe qui, évidemment ! Personnalités déjà connues dans des domaines différents.
- Académiciens pas seulement gens de lettres (romanciers, poètes, auteurs dramatiques), également scientifiques, philosophes, historiens, médecins, hommes d'État...
- Assemblée exclusivement masculine jusqu'en 1980 ! Marguerite Yourcenar, première femme. En 2006, quatre femmes dont le secrétaire perpétuel (Hélène Carrère d'Encausse ; photo ci-dessous).

PARTICULARITÉS

- L'habit vert, avec le bicorne et l'épée (dont les femmes sont dispensées !). Il date du Consulat.
- Leur surnom « les Immortels ». Il vient de la devise donnée par Richelieu : « À l'immortalité »

IMAGE DE L'INSTITUTION DANS LE PUBLIC

Double : grand prestige mais aussi conservatisme.

29

NOUVEL AVENIR POUR L'ÎLE SEGUIN

1

L'île Seguin, site historique de l'automobile française, va connaître un nouvel avenir. Les bâtiments à l'abandon depuis plusieurs années seront entièrement détruits. Trois des onze hectares du site seront consacrés à la fondation d'art François Pinault. Le riche industriel français souhaite en effet installer sa collection d'art contemporain. Le reste du site devrait comprendre des logements, un parc, et très probablement un musée Renault.

6 septembre 2000.

Les usines automobiles Renault ont occupé l'île Seguin de1930 à 1992.

2

L'île après démolition.

FRANCE INTER

Chronique du 10 mai 2005. 3

Fondation Pinault : disparition d'un projet

L'homme d'affaires François Pinault, président d'honneur du groupe Pinault-Printemps-Redoute, est aussi un grand collectionneur d'art contemporain. Il projetait de créer une fondation d'art contemporain sur l'île Seguin, le site des anciennes usines Renault à Boulogne-Billancourt. Mais il a décidé d'y renoncer. C'est un beau projet qui s'envole.

PROJET

Les projets avancent sur l'île Seguin

4

Pas un mois sans que tombent de nouvelles décisions : construction de rues nouvelles et d'un grand parc public, implantation de L'INCa (l'Institut national du cancer) qui jouxtera un hôtel quatre-étoiles (comprenant 180 chambres, des salles de séminaires, un restaurant et un spa ouverts au public), des résidences pour artistes et chercheurs, des bureaux, des logements, des commerces, un groupe scolaire...
Les travaux du Conseil d'Experts ont validé le concept général d'île des deux cultures : arts et sciences.

Février 2006.

Observez les documents ci-contre.

À l'aide des photos et des articles, décrivez :

- comment était l'île (*Photo 1*) : vous pouvez parler des bâtiments, dire à quoi ils servaient, préciser l'époque, insister sur l'environnement...
- comment elle est depuis la démolition (*Photo 2*) : vous pouvez insister sur le vide laissé après la démolition, l'aspect « en attente », « en chantier » de l'île, sur les incertitudes qui ont pesé sur son « avenir » à un moment donné, la satisfaction ou la déception de ne pas y voir construire le musée prévu ou des immeubles comme ceux de l'arrière plan...
- ce qu'elle deviendra bientôt (*document 4*) : la double vocation de l'île.

Vous pouvez dire ce que vous pensez du nouvel aménagement de l'île, des choix qui ont été faits (*êtes-vous déçu[e], surpris...*), faire des hypothèses sur l'aspect qu'auront les bâtiments (représentés sommairement), l'atmosphère de ce futur quartier...

30 **Reportez-vous à l'activité 23.**

Quel est le titre de l'exposé d'Albert Jacquard ?
Les Réseaux d'Échange de Savoirs (RES) constituent une belle illustration de ce dont est convaincu ce généticien.

Lisez les informations ci-dessous.

À l'aide de ces informations, décrivez brièvement ce que sont les Réseaux d'Échange de Savoirs.

Construisez votre description. Choisissez un ordre pour présenter le principe, l'origine, les participants, le fonctionnement des réseaux d'échanges de savoirs.

PRINCIPE ■ Mettre en relation des personnes qui veulent acquérir des savoirs avec celles qui proposent de les transmettre.
Ex. Échanger un cours de cuisine contre des conseils en informatique ou encore des cours de langues contre des aides en mécanique automobile.

HISTORIQUE ■ Idée de Claire Hébert-Suffrin, institutrice, dans les années 1970.
Son constat : les élèves ont des difficultés d'apprentissage et de motivation mais ils ont chacun des savoirs non reconnus par l'école. D'où la philosophie des RES : chacun sait quelque chose et chacun peut transmettre quelque chose. Appliquée avec succès en classe (chaque élève prend conscience de ses capacités et retrouve le goût d'apprendre), cette idée est étendue à la ville (Évry) puis ailleurs en France. La France compte actuellement 600 RES. Les RES ont franchi les frontières : on trouve des RES en Belgique, en Espagne, en Suisse.

FONCTIONNEMENT ■ L'échange des savoirs est gratuit, sans aucun versement d'argent. Les connaissances ne se monnaient pas et sont toutes considérées comme égales. Les savoirs peuvent être manuels, intellectuels, ou encore être des savoir-faire résultant de l'expérience de chacun.
L'échange se fait sur le mode de la réciprocité ouverte : à toute demande correspond une offre.
Celui qui enseigne s'enrichit autant que celui qui apprend.
Les échanges peuvent être bilatéraux (deux personnes s'échangent leurs savoirs), ou multilatéraux (A enseigne quelque chose à B qui enseigne à C qui enseigne à B, et D enseigne à A...).
Chaque RES a ses propres règles de fonctionnement, son calendrier de rencontres et de réunions.

PARTICIPATION ■ Aucun diplôme demandé. N'importe qui peut y participer, quels que soient son âge, sa profession, sa nationalité, son statut social, son niveau d'études. Toute personne intéressée s'adresse à l'équipe des animateurs du réseau, remplit une fiche avec ses savoirs, ses offres, ses demandes. Une personne de l'équipe est présente lors de la première mise en relation pour éviter tout malentendu. Les organisateurs veillent à ce que tout participant soit acteur, y compris pour l'élaboration de l'information, du pouvoir de décision et des méthodes et moyens de l'apprentissage. Les RES constituent une forme d'enseignement. Des liens et des amitiés s'y créent, la solidarité et la créativité étant leur philosophie.

31 À l'occasion d'un forum sur les petites et moyennes entreprises de votre région, vous devez présenter l'entreprise où vous travaillez et décrire votre travail.

Vous préparez votre intervention et notez quelques points.

→ Activité : fabrication de cheminées d'intérieur et de poêles de chauffage à bois (Société Vulcain)
→ Date de création : 1975
→ Implantation : à proximité d'une métropole régionale, en zone artisanale
→ Taille : 80 employés + un réseau de revendeurs en France (200) et à l'étranger (Europe de l'Est, du Sud)
→ Direction : un PDG, un directeur de production et deux directeurs commerciaux
→ Entreprise à taille humaine ; gamme de produits traditionnels et innovants (barbecues pour le jardin) ; le marché profite de l'augmentation du prix du pétrole et de l'intérêt du public pour les énergies renouvelables
→ Mes fonctions : secrétaire général(e)
→ Ma tâche : assurer la coordination entre la direction générale et les différents services.
En clair, m'occuper de l'organisation matérielle, du planning des réunions ; en fin de mois, faire la synthèse de l'activité et en rendre compte ; m'assurer de l'application de la législation du travail et gérer les réunions du comité d'entreprise.
→ Ce qui me plaît : la diversité des tâches à accomplir, une certaine autonomie et responsabilité ; avoir une vue globale de l'entreprise

Vous faites votre présentation.

Vous pouvez :
- suivre l'ordre des notes,
- mettre certains aspects en relief : *ce qui fait la force de notre entreprise, c'est....*
- expliciter : *je dois, par exemple..., cela signifie...*
- énumérer : *non seulement... mais aussi/mais encore, d'une part..., d'autre part, enfin...*

■ 3. Argumenter ■

32 **Reportez-vous à l'activité 11.**

Les enfants interrogés ont déclaré qu'ils aimaient les mots *amour*, *chaton*, *lapin*, *vacances*, *les*, et détestaient les mots *sœur*, *porte*.

Et vous, avez-vous un mot préféré en français ? Lequel ? Pourquoi ? En détestez-vous un ? Lequel ? Pourquoi ?

Si vous n'en avez pas, quel mot préférez-vous parmi les dix choisis pour fêter la *Semaine de la langue française* ? (Regardez l'affiche ci-contre.) Qu'évoque ce mot pour vous ?

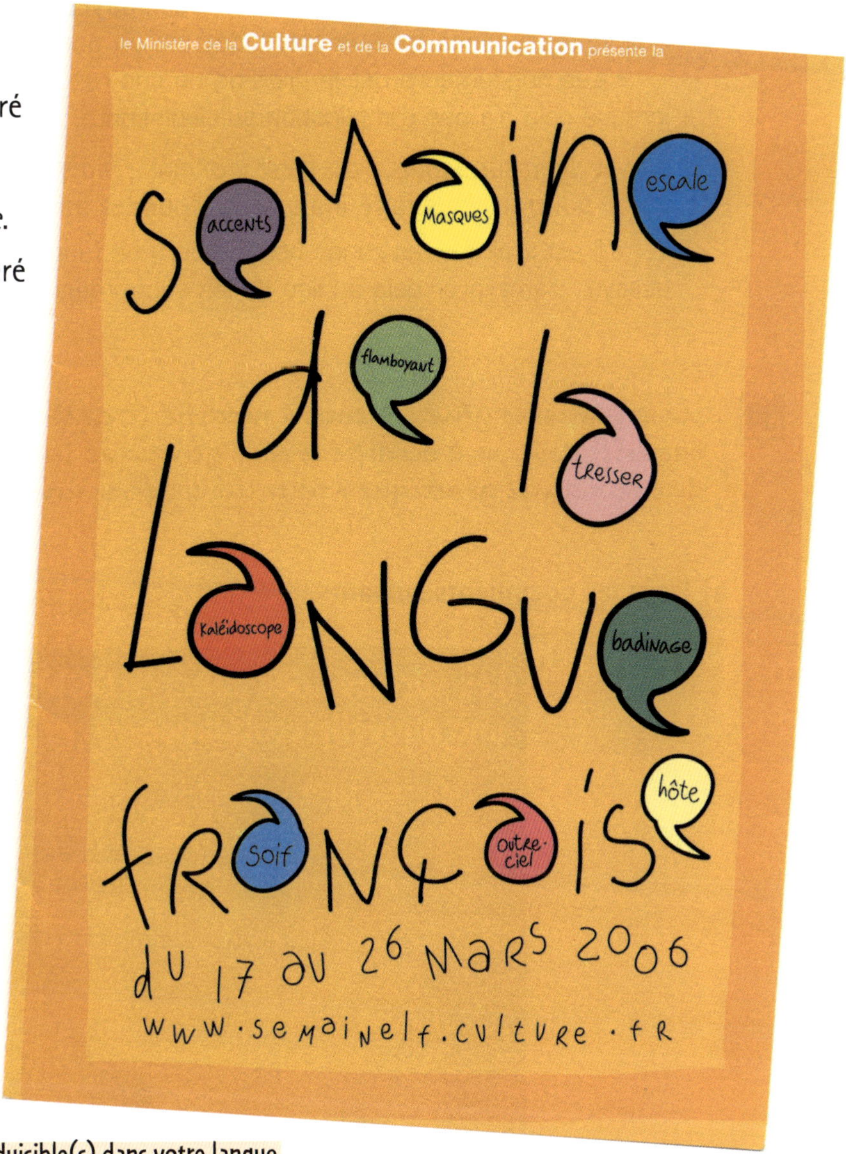

➔ Un mot peut plaire ou déplaire par sa sonorité, ce qu'il représente, ce qu'il signifie, l'étendue de ses sens, ce qu'il évoque, ce à quoi on le rattache...

Y a-t-il un (des) mot(s) français, intraduisible(s) dans votre langue que vous employez souvent ? Qu'est-ce qu'il(s) vous permet(tent) d'exprimer (comme vous ne pouvez le faire dans votre langue) ?

33 Êtes-vous favorable à l'interdiction totale du tabac dans les lieux publics ? ou à une interdiction partielle, qui distingue dans un lieu public une zone fumeurs et une zone non-fumeurs ?

Justifiez votre position, donnez vos arguments.

Lisez l'article page 116 (activité 93). Il développe plutôt des arguments pour l'interdiction totale.

- Si vous êtes d'accord, vous pouvez les reprendre ; reformulez-les avec vos propres mots. Développez-les ou ajoutez-en d'autres.
- Si vous êtes contre, essayez de répondre aux arguments présentés et exposez les vôtres.

Dans l'un ou l'autre cas, donnez des exemples : le vôtre ou celui de personnes de votre entourage. Appuyez-vous aussi sur la situation dans votre pays.

Rappelez-vous que vous pouvez nuancer votre position :

- Avec *Toutefois…* ou *Cependant…*, vous pouvez faire une concession à une idée opposée à la vôtre, reconnaître que cette idée est un peu vraie.

Ex. « Les non-fumeurs ont le droit de ne pas respirer un air pollué. Toutefois, ils devraient, lorsque cela n'a pas d'implication sur leur santé, être un peu tolérants. »

- Avec *Bien sûr… mais…* ou *Il est vrai que… mais…*, vous acceptez en partie l'objection qu'on pourrait vous faire mais vous répondez aussitôt.

Ex. « Il est vrai que les zones non-fumeurs ne fonctionnent pas bien. Mais on devrait essayer d'améliorer cela au lieu de les supprimer. »

34 Un **organisme génétiquement modifié** (OGM) est un organisme (animal, végétal, bactérie) dont on a modifié le code génétique (ensemble de gènes) par une technique dite de « génie génétique » pour lui conférer une caractéristique nouvelle.

a) Lisez les documents suivants.

1.

Les surfaces des cultures OGM ont enregistré une nouvelle croissance

90 millions d'hectares de cultures transgéniques ont été cultivés dans le monde en 2005. Les États-Unis restent le principal pays producteur d'OGM avec 50 millions d'hectares, suivis par l'Argentine, le Canada, le Brésil et la Chine. Environ 8,5 millions d'agriculteurs utilisent des semences OGM, 90 % sont originaires de pays en voie de développement.

Les principales espèces transgéniques cultivées dans le monde sont : le soja, le coton, le colza et le maïs.

Rapport de l'ISAAA pour 2005.

2.

Dans un sondage BVA effectué les 27 et 28 janvier 2006 auprès de 1 003 personnes pour *Agir pour l'environnement*[1], il apparaît que les Français demeurent très nettement opposés à la dissémination d'OGM dans l'environnement et en agriculture. 78 % souhaitent les interdire temporairement afin d'évaluer précisément leurs impacts sanitaires et environnementaux. Ils sont 72 % à se déclarer favorables à un référendum sur la réglementation des OGM en France.

Pour *Agir pour l'environnement*, le projet de loi sur les OGM « légalisera une contamination chronique de l'environnement et de l'agriculture conventionnelle et de qualité ».

85 % des Français souhaitent que les labels qualité (label rouge, AOC et bio) soient strictement sans OGM.

Agrisalon.com, 7 février 2006.

1. Association de mobilisation citoyenne en faveur de l'environnement.

b) Donnez maintenant votre opinion sur la culture d'organismes génétiquement modifiés. Justifiez votre position.

Pour répondre, vous pouvez vous appuyer sur les deux documents précédents, sur la situation dans votre pays et/ou sur votre connaissance du problème. Mais n'oubliez pas de faire un plan, d'ordonner vos idées et de les enchaîner au moyen de mots de liaison !

Pour vous aider, voici quelques arguments.

Vous êtes favorable	Vous êtes contre	Vous n'avez pas d'idée tranchée
- Plantes plus résistantes aux maladies, à la sécheresse - À l'avenir, rôle majeur dans le domaine médical (obtention de molécules, de vaccins...) - Remède aux problèmes de malnutrition et de santé publique du tiers-monde	*- Problèmes de croissance, de stérilité observés chez des animaux nourris en laboratoire avec des OGM - Déstabilisation des écosystèmes - Poids accru des grands groupes de semenciers sur les paysans...*	*- Nécessité de s'entourer de précautions - Nécessité de donner le choix aux agriculteurs et aux consommateurs*

Comment dites-vous OGM dans votre langue ? Utilisez-vous aussi un sigle ? Les sigles ou les acronymes (sigle que l'on prononce comme un mot et non comme une suite de lettres, par exemple [Onu] et non O.N.U.) sont-ils aussi fréquents dans votre langue qu'en français ? Quelle(s) différence(s) présentent-ils avec les sigles français ?

35 Vos ami(e) s trouvent que vous travaillez trop.
Ils vous conseillent de vous distraire davantage.
Vous décidez alors de vous inscrire dans un club.

Il y en a beaucoup dans votre ville : culturels (cinéma, photo, théâtre, peinture...), ludiques (échecs, billard, pétanque...) ou encore sportifs (tennis, football, escalade, basket...).

- **Choisissez un club.**
- **Justifiez votre choix : quels sont vos arguments ?**

Quand on s'inscrit dans un club, on peut, par exemple, rechercher :
- la compagnie d'autres personnes,
- des activités de plein air.

On peut aussi :
- chercher à améliorer sa santé,
- vouloir se dépasser,
- vouloir apprendre quelque chose.

On peut enfin, quand on est étranger, vouloir améliorer ses connaissances de la langue et de la culture françaises.

36 **Lisez les trois propositions suivantes. Choisissez une activité. Réalisez-la.**

1. Vous avez entendu l'annonce du concours lancé par le ministère de l'Enseignement supérieur et de la Recherche. **(Activité 17)**
Quelle entreprise aimeriez-vous créer? Pour quel produit? Ou quel service? Où vous installeriez-vous? Pourquoi?

Imaginez que vous présentez votre projet. Argumentez pour le défendre: justifiez l'intérêt du produit ou du service, expliquez à quel besoin il répond. Justifiez aussi sa localisation. Précisez avec combien de personnes vous envisagez de travailler. Mettez en valeur vos chances de réussite.

2. Vous avez entendu les témoignages de deux « néo-ruraux » **(Activité 8)** qui ont complètement changé d'activité.

A – Marie-Michelle raconte qu'aux yeux de son entourage c'était une folie. On lui a sans doute dit: « Tu quittes un poste sûr pour l'aventure, ça ne marchera peut-être pas du tout! », « Tu vas travailler beaucoup plus! Dans un petit commerce, tu auras des horaires beaucoup plus lourds. », « Les clients sont difficiles et tu n'as pas l'habitude des gens de la campagne. »
Imaginez comment elle a répondu à ces objections, comment elle a argumenté.

B – Et si vous changiez d'activité vous aussi, que feriez-vous?
Expliquez d'une part pourquoi vous quitteriez votre profession actuelle, d'autre part pourquoi vous choisiriez cette activité.

3. Si vous êtes étudiant, quelle profession envisagez-vous? Pourquoi?

37

[...] Combien sont-ils, ces Français qui ont choisi de prendre le large? Les statistiques officielles sont à manier avec précaution, mais selon les estimations consulaires ils étaient 2,2 millions en 2004, soit 62 000 de plus que l'année précédente. L'équivalent d'une ville comme Issy-les-Moulineaux (92) qui a fait son baluchon! Difficile de tirer des conclusions définitives sur ces flux car ils mêlent indistinctement tous types de population: l'étudiant qui passe sa licence d'histoire en Allemagne, le boulanger qui ouvre une échoppe à Montréal, le financier qui plonge dans le grand bain de la City ou la jeune infirmière qui consacre un an à soulager les plaies dans les favelas... Tout ce qu'on peut dire, c'est qu'entre 1995 et 2004 la population expatriée a crû de 34 %. Un sacré bond comparé à la décennie précédente, où cette croissance ne dépassait pas les 20 %. [...]

A.G., *Le Nouvel Observateur*, 22-28 septembre 2005.

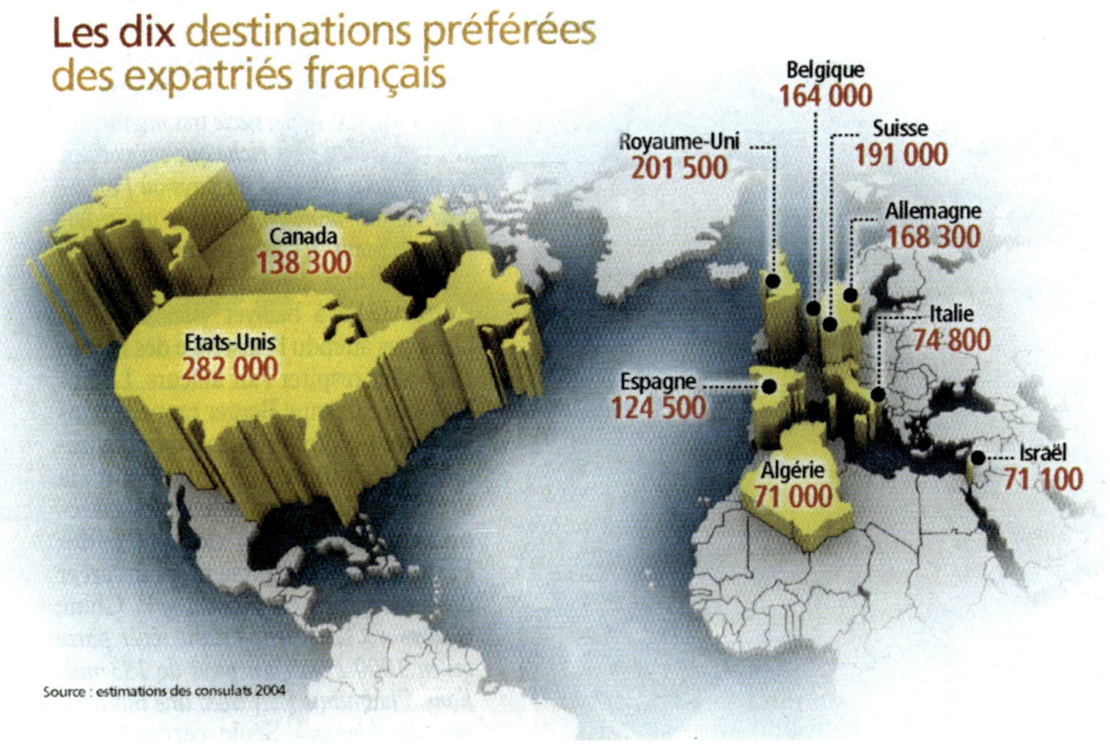

Vous aussi, vous souhaitez poursuivre vos études à l'étranger, vous rêvez de créer votre entreprise dans un autre pays ou vous voulez simplement changer d'horizon.

Quelle destination choisissez-vous ?

Présentez votre projet et justifiez vos choix.

38 Le rangement et vous

Que pouvez-vous dire sur ce sujet ? Réfléchissez aux questions suivantes pour préparer votre réponse :

Êtes-vous quelqu'un d'organisé ? Est-ce que vous rangez régulièrement (votre chambre, votre bureau, votre appartement ou votre maison, suivant la situation) ?

Pensez-vous qu'il est nécessaire de le faire ?
Si oui, pourquoi ? Développez les raisons.

Ou trouvez-vous qu'on vit mieux avec son désordre ? Dans ce cas, justifiez votre opinion.

Comment vous y prenez-vous pour ranger ? Pourquoi ? Que rangez-vous d'abord ? En quoi ranger est-il difficile pour vous ?

Est-ce que vous jetez facilement ? Ou est-ce que vous avez du mal à jeter certaines choses ? Lesquelles ?

Vous pouvez aussi lire l'article page 129 (activité 100) pour voir avec quels conseils vous êtes ou n'êtes pas d'accord.

39 **a) Observez les logos ci-dessous.**

Vous les connaissez probablement tous : ils représentent des associations ou ONG très connues.

Amnesty international

Sidaction

GREENPEACE

b) Lisez le texte suivant.

L'HUMANITAIRE COMMENCE
AVEC LA SOLIDARITÉ AU QUOTIDIEN

Si l'on se sent la fibre solidaire ou tout bonnement si l'on désire se rendre utile, nul besoin de franchir les océans ou de voyager à des milliers de kilomètres. Sans forcément en faire profession, la solidarité est à portée de mains.
De l'accompagnement scolaire à l'organisation d'événements locaux pour les enfants défavorisés ou encore des animations d'atelier de théâtre, de nombreuses associations ont développé des projets de solidarité spécifiques envers la jeunesse et avec la participation de jeunes bénévoles.

La Croix-Phosphore, février 2006.

c) Maintenant, faites l'une des deux activités suivantes.

1. Vous êtes engagé(e) dans une action.
Dites laquelle et expliquez les raisons qui vous ont conduit(e) à faire ce choix.

2. Vous souhaitez vous engager dans l'action humanitaire. Pour quelle(s) raison(s) ?
Quel type d'association choisissez-vous ? Une association ou ONG internationale, une de celles représentées ci-dessus ? Ou bien une association proche de vous et pourquoi ?

2. FAIRE DES ANNONCES PUBLIQUES

40 Vous êtes responsable du service informatique dans un laboratoire pharmaceutique.
Les organisateurs du séminaire *Comprendre les tendances de l'informatique* vous contactent.

Vous notez leurs propositions :

Séminaire : Comprendre les tendances de l'informatique (les réseaux, Internet, les grands virages technologiques...).
Total = formation de 21 heures.
Lieu : Hôtel Méridien Montparnasse, Paris.
Date : 4-6 décembre 2006
Horaires : 1er jour. 9 h 30-17 h 30 ; après : 9 h-17 h ; petit déjeuner d'accueil servi à partir de 9 h le 1er jour et de 8 h 30 les jours suivants.
Frais inscription (1980 €) incluent l'ensemble de la documentation + les petits déjeuners + les déjeuners + les pauses café.
Modalités inscription : téléphone, télécopie, courriel, courrier.
Pour plus d'infos sur montant frais et modalités inscription → Voir tableau affichage à partir demain.
Réservation hôtel : individuellement par les participants. Des tarifs ont été négociés.
Après inscription, chaque participant reçoit une convocation avec toutes les indications nécessaires sur l'organisation matérielle du séminaire (plan d'accès, programme détaillé).

Vous communiquez l'information à vos collègues au cours de la réunion hebdomadaire. Avant de commencer, pensez à vérifier l'ordre des informations, à passer de la note à la phrase !

41 Vous faites partie d'un quintette à vent.

Ce petit encadré, paru dans la presse locale, retient votre attention.

Vous en informez vos amis musiciens au début d'une répétition.

NOUS RECHERCHONS DES MUSICIENS POUR PARTICIPER À LA FÊTE DE LA MUSIQUE.

Fête de la MUSIQUE 21 JUIN

SCÈNE OUVERTE AUX GROUPES AMATEURS (INSCRIVEZ-VOUS LE PLUS TÔT POSSIBLE).

CONCERTS, NOTAMMENT DE L'ÉCOLE MUNICIPALE DE MUSIQUE ET DE LA CHORALE « LA JOIE DE VIVRE ».

EXPOSITION INTERACTIVE AUTOUR DU BLUES À LA MÉDIATHÈQUE.

CONCERT DES GROUPES « THATUM » (JAZZ) ET « TIN-EXPRESS » (BLUES BAND). Renseignements au service d'action culturelle de la Mairie.

Lancée en 1982 par Jack Lang, la Fête de la Musique invite tous les musiciens à s'exprimer dans la rue, les 21 juin.

42 Vous vous trouvez en France ou dans votre pays.
Vous faites partie d'un club de sport.
Choisissez l'une des deux situations suivantes.

1. Vous travaillez ou vous étudiez en France.
Un(e) de vos amis, champion(ne) de ce sport dans votre pays, va venir en vacances chez vous.
Il (elle) vous promet d'aller avec vous dans votre club.
Vous annoncez sa visite à vos camarades.

2. Vous êtes dans votre pays.
Un(e) de vos amis français(e), champion(ne) de ce sport, va venir en vacances chez vous.
Il (elle) vous promet d'aller avec vous dans votre club.
Vous annoncez sa visite à vos camarades.

Dans les deux cas,
- annoncez la date de sa visite,
- présentez votre ami(e) : faites son portrait physique, dites quelles sont les qualités que vous appréciez chez lui (elle),
- parlez de son palmarès sportif, de ses projets,
- proposez à vos camarades de lui demander des conseils, de lui demander s'il accepterait de diriger un entraînement.

3 ■ S'ADRESSER À UN AUDITOIRE

43

Légume le plus consommé à travers le monde, la pomme de terre est riche de 3000 ans d'histoire.

80 Le nombre de calories pour 100 g, ce qui en fait un aliment diététique à condition d'être préparé sans excès de matière grasse (100 g de chips apportant plus de 500 kcal, contre 80 pour le même poids de pommes de terre cuites à l'eau).

96 % des foyers français la cuisinent, dont 80 % au moins une fois par semaine, pour une consommation annuelle par habitant de 40 kg en frais et près de 25 kg en produits transformés.

311,4 millions de tonnes récoltées dans le monde, Chine, Russie, Inde, États-Unis et Ukraine étant les cinq premiers producteurs. Avec 6,4 millions, la France est 11e mondial et 3e de l'Union européenne.

1616 L'année où elle gagne ses lettres de noblesse en France en étant présentée à la table de Louis XIII, 80 ans après son introduction en Europe par les Espagnols qui l'avaient découverte dans les Andes, où les Incas la cultivaient sous le nom de *papa* depuis près de 1000 ans av. J.-C.

4000 Le nombre *a minima* de variétés recensées dans le monde, sans compter les espèces apparentées (produisant des tubercules).

Accor magazine, n° 72.

a) Faites un bref exposé sur la pomme de terre à partir de ces quelques notes.
Quel plan allez-vous suivre ?
Vous pouvez opter pour :
- un plan descriptif : vous abordez successivement la production, la consommation et enfin l'histoire de la pomme de terre ;
- ou un plan chronologique : vous commencez alors avec la naissance de la pomme de terre...

N'oubliez pas de faire une introduction et une brève conclusion.

Vous pouvez aussi donner une information sur la situation de ce légume dans votre pays.

b) Présentez maintenant un produit caractéristique de votre pays : légume, fruit, céréale, épice...

44 Dans toute culture, tout pays, les repas constituent l'un des moments essentiels de la vie quotidienne. Un club du troisième âge vous a invité à venir parler de votre pays et de ses traditions lors d'un « goûter-débat ».
Vous décidez de présenter en quoi les repas sont identiques ou différents de ceux en France.

Préparez votre exposé. Voici quelques questions pour vous guider :
Traditionnellement,

- combien y a-t-il de repas ? À quelle heure ont-ils lieu ?
- toute la famille mange-t-elle ensemble ?
- comment mangez-vous ? À table ? Quelle est la forme et la hauteur de celle-ci ? Utilisez-vous des couverts ? Seulement une cuiller ? Des baguettes ? Mangez-vous avec les doigts ?
- quelle est la composition de ces repas ? Quel est, quels sont les aliments de base ?
- y a-t-il des aliments interdits ?
- quel est, quels sont les plats préférés ? les spécialités ?

45 À partir des notes qui suivent, **vous allez faire un exposé sur la conduite accompagnée en France.**
Pour un exposé de ce type, on respecte habituellement le plan suivant :

- Problème/situation à l'origine de la mesure.
- Présentation, description de la mesure elle-même.
- Résultats, bilan, de son application.

Les notes sont déjà organisées selon ce plan. Vous n'avez plus qu'à le suivre !
Faites une petite phrase d'introduction et une brève conclusion qui peut faire référence à la situation dans d'autres pays (le vôtre en particulier).

✔ *Conduite accompagnée mise en place en France en 1990.*

✔ *En France, accidents de la route = première cause de mortalité chez les jeunes : inexpérience par rapport aux imprévus, manque de maîtrise, goût du risque. Un quart blessés et tués sur la route = jeunes. D'où nécessité de trouver solutions.*

✔ *Conduite accompagnée possible à partir de 16 ans sans limite supérieure d'âge (possible pour adultes aussi mais beaucoup plus rare).*

✔ *D'abord formation normale dans une auto-école : préparation de l'examen théorique sur le Code de la route + 20 h minimum de pratique de la conduite avec un formateur.*

✔ *À la fin de cette formation, passation de l'examen théorique.*
Si succès à cet examen, attestation fin de formation et possibilité de conduire avec accompagnateur. Reçoit un livret d'apprentissage.

✔ *Accompagnateur (souvent un des parents) : 28 ans minimum, permis de plus de 3 ans. Demande d'autorisation à l'assurance.*

✔ *Conduite accompagnée : au moins 3 000 km en un an minimum, 3 ans maximum. Contraintes : indication « conduite accompagnée » sur la voiture. Limitation de vitesse (80/90 km sur route, 110/130 km sur autoroute). Noter km parcourus dans livret d'apprentissage.*
Deux ou trois rendez-vous obligatoires pendant cette période avec formateur pour voir progression, également notés dans livret.

✔ *Passation de l'épreuve pratique du permis à partir de l'âge normal (18 ans).*

✔ *Réussite du permis du premier coup : 50 % pour candidats « normaux », 80 % pour candidats pratiquant conduite accompagnée.*

✔ *Formule un peu plus coûteuse mais ensuite prime d'assurance moins élevée que pour les autres jeunes conducteurs.*

✔ *Surtout maîtrise nettement meilleure du véhicule, acquisition d'une certaine expérience. Selon Prévention routière, résultat très positif.*

✔ *Cependant, actuellement, formule choisie par environ un quart des jeunes seulement.*

46 **Vous faites un exposé sur la réintroduction du loup dans les Alpes.**
Vous rassemblez un certain nombre de documents.

Document 1

La nouvelle ministre de l'Écologie autorise six abattages au lieu de quatre dans les Alpes.

Nelly Olin dégaine contre le loup

Libération, 21 juin 2005.

Document 2

DÉFENSE DU LOUP

Soutenir l'ASPAS pour protéger les loups. Alors qu'il est protégé par la loi et que sa population est dérisoire (une trentaine d'individus en France), le loup est victime d'une incroyable cabale orchestrée par certains éleveurs, bien entretenue par des politiques démagogues et certains médias avides de sensationnel. L'ASPAS condamne sans réserve cet acharnement contre le loup et s'oppose juridiquement par tous les moyens aux décisions d'abattage de l'espèce. Pour soutenir ce combat pour le respect du droit, en faveur des loups et de la biodiversité, imprimez et adressez le bulletin de soutien à l'ASPAS.

www.aspas-nature.org
ASPAS : Association protectrice des animaux sauvages.

Document 3

« LES CROCS DE LA COLÈRE »

Depuis que le loup a été réintroduit volontairement dans les Alpes, la colère gronde chez les bergers. Déjà affaiblis par la concurrence étrangère, travaillant dans des conditions difficiles, les éleveurs de moutons supportent de moins en moins cette menace. [...]

Télérama, n° 2924.

Document 4

PASTORALOUP ● Ce programme propose un soutien bénévole complémentaire aux éleveurs et bergers dans la protection de leurs troupeaux. Il s'agit de renforcer la présence humaine auprès du cheptel et de participer aux divers travaux pastoraux nécessités par le retour du loup dans le sud-est de la France.

Document 5

Le loup en France : la controverse sur les mesures de riposte bat son plein

PARIS (AFP) - [...] Le loup est un animal protégé par la directive Habitats de 1992 et la réglementation française d'application de cette législation européenne. Mais depuis 1992, les dégâts aux élevages augmentent et la facture d'indemnisation aussi.
Selon les statistiques officielles, 620 attaques de loups ont été enregistrées en 2004 contre 518 en 2003, l'indemnisation visant 2 560 brebis contre 2 227 un an plus tôt.
Pour les écologistes, les mesures de protection (parcage nocturne, clôtures, gardiennage, chiens Patou*) freinent les attaques et les tirs du loup ne peuvent être autorisés qu'en dernier recours. Seulement un quart à un tiers des éleveurs ont pris ces mesures.
Éleveurs et pouvoirs publics répondent que la protection est souvent impossible à mettre en œuvre sur le terrain. La controverse sur le loup a fait rage l'an dernier avec l'autorisation donnée par le gouvernement d'abattre quatre loups en 2004 et l'adoption d'un plan d'action prévoyant des quotas de tirs annuels jusqu'en 2008.

* Le Patou (berger des Pyrénées) repousse tous les agresseurs potentiels.

Il faut maintenant organiser ces documents pour présenter le(s) problème(s) soulevé(s) par la réintroduction du loup. Vous pouvez suivre le plan suivant :

- présenter la situation,
- dégager les conséquences,
- indiquer les réactions, les mesures prises,
- indiquer les prises de position qui ont suivi,
- conclure en donnant un exemple de solution envisagée pour tenter de remédier à la situation.

En situation d'interaction orale, on « négocie » la parole avec un interlocuteur : on doit comprendre ce qu'il dit et répondre immédiatement ou l'on doit soi-même prendre l'initiative.

C'est un peu difficile :
– on n'a pas le temps de préparer ce qu'on veut dire, il faut réagir ;
– on a souvent du mal à comprendre, on n'est pas sûr de comprendre correctement ;
– on ne connaît pas bien les règles, les habitudes pour prendre la parole en français.

Mais il y a des avantages :
– on partage la situation avec l'interlocuteur, on sait ou on peut deviner de quoi il s'agit ;
– si on ne comprend pas, on peut faire répéter, demander d'expliquer, vérifier qu'on a bien compris ;
– réciproquement, si notre interlocuteur ne nous comprend pas, on peut essayer d'expliquer d'une autre manière, d'utiliser les gestes.

En situation d'apprentissage, pour se préparer à l'interaction orale, on peut :
– comme pour la réception, s'entraîner à deviner d'après la situation ;
– comme pour la production, prévoir ce qu'on peut dire dans cette situation.

On peut aussi :
– apprendre des expressions, des mots très courants dans les échanges ;
– s'entraîner à construire l'échange avec son interlocuteur, c'est-à-dire s'entraîner à :
  - exprimer ses sentiments, ses opinions, expliquer pourquoi quelque chose pose problème ;
  - vérifier ce que l'interlocuteur veut dire, demander son aide, vérifier qu'il nous comprend ;
  - participer à un échange, montrer qu'on suit mais aussi commencer et finir l'échange.

Les activités qui suivent et les conseils suggérés pour les réaliser vous aident à développer ces stratégies.

1 ■ Comprendre, réagir à des sentiments

47 **a) Reportez-vous à l'activité 8.**

Écoutez l'enregistrement.

Vous avez l'occasion de rencontrer Marie-Michelle et Christophe et d'échanger quelques mots avec eux.

Êtes-vous plutôt :
- admiratif : il leur a fallu beaucoup de courage...
- sceptique : vont-ils pouvoir continuer longtemps à mener ce genre de vie ?
- un peu « jaloux » car vous aimeriez bien pouvoir faire comme eux...

Choisissez le sentiment qui est le plus proche du vôtre.

Qu'allez-vous leur dire ?

b) Reportez-vous à l'activité 10.

Écoutez l'enregistrement.
Vous habitez à proximité des pistes d'un aéroport.
Vous décidez de militer dans une association anti-bruit.
Imaginez ce que vous diriez au secrétaire de l'association pour justifier votre engagement.

c) Reportez-vous à l'activité 21.

Écoutez l'enregistrement.
La discussion autour du premier sujet conduit les personnages à exprimer des sentiments différents. Ils ont dit :

1. « Franchement, c'est ahurissant cette affaire hein... »
2. « Et s'il avait gagné à la roulette, il aurait attaqué le Casino, non ? »
3. « ... on n'est responsable de rien, il y a forcément quelqu'un qui est responsable pour vous... »
4. « OK, on est responsable, mais euh il y a vraiment des gens qui sont faibles. »
5. « ... si tu choisis d'aller jouer dans un Casino, c'est ton problème ; le Casino n'est pas venu te chercher, tu n'étais pas obligé d'y aller. »
6. « ... il n'avait qu'à se faire interdire l'accès aux casinos, interdire de jeu quoi, c'est possible. »

Qu'expriment ces phrases ? **Cochez la ou les bonne(s) réponse(s).**

	irritation	ironie	stupéfaction	compréhension commisération	indignation
1					
2					
3					
4					
5					
6					

Comment auriez-vous réagi si vous vous étiez mêlé à la conversation ?
Laquelle de ces phrases auriez-vous pu prononcer ?
Qu'auriez-vous dit d'autre ?

48 La démolition de la barre d'immeuble commencée cette semaine fait remonter bien des souvenirs et des émotions chez les habitants de ce quartier.

Un journaliste va à leur rencontre et recueille quelques témoignages.

1. « Je vivais dans ce quartier depuis que j'avais 11 ans. Ça fait bizarre que tout soit démoli, je ne sais pas ce qu'il va y avoir à la place mais ça arrangera peut-être le quartier... »

2. « Vous parlez ! J'ai des tas de souvenirs et voilà qu'ils vont partir en poussière à cause de quelques bâtons de dynamite. Je trouve ça moche... Pas vous ? »

3. « J'en pense rien, on n'a pas le choix, on ne nous a rien demandé ! On était bien ici. Ça fait plus de trente ans que je vis dans le quartier. Je me rappelle même les champs qu'il y avait en bas de ces immeubles. Alors c'est vous dire... »

4. « Je n'habite plus le quartier. J'ai monté mon entreprise de maçonnerie il y a six mois et j'ai déménagé mais je viens pour le spectacle. Géant ! »

5. « C'est plutôt bien qu'ils démolissent. C'est bien qu'il y ait du changement, de la nouveauté. »

6. « J'habite tout près, vous voyez, là-bas. Et ben malgré le bruit, je suis ravie ! Il fallait ça ! »

a) Quel(s) sentiment(s) ont-ils exprimé(s) ?

A : colère - B : résignation - C : satisfaction - D : curiosité - E : espoir - F : nostalgie

1 : ... - 2 : ... - 3 : ... - 4 : ... - 5 : ... - 6 : ...

b) Qu'auriez-vous dit au journaliste si vous aviez habité dans cet immeuble ? Que diriez-vous au responsable du projet si vous le rencontriez ?

49 **Vous parcourez la presse.**

Les quatre informations suivantes retiennent votre attention.

Des idées de riches pour les pays pauvres

À la Conférence de Paris qui s'est ouverte hier, 95 États recherchent des « financements innovants ». À défaut d'avoir (encore) tenu leurs promesses plus que trentenaires de verser 0,7 % de leur richesse à l'aide aux pays en développement, les États riches, emmenés par la France, sont en quête d'un nouveau Graal: les financements innovants. La plupart des 95 pays invités hier et aujourd'hui à la Conférence de Paris ont loué une « riche idée » : la taxe sur les billets d'avion (entre 1 et 40 euros, selon la destination et la classe) que Paris va mettre en branle dès juillet pour glaner 200 millions de dollars et monter une centrale d'achat de médicaments.

Christian Losson, *Libération.fr*, 1er mars 2006.

Bientôt des policiers à l'école ?

Des policiers pourraient effectuer des permanences dans les établissements scolaires qui le demanderaient afin de lutter contre les violences à l'école.

Une lycéenne polonaise expulsée de l'école pour avoir posé pour *Playboy*

Une Polonaise de 19 ans, élève de terminale d'un lycée à Gdynia dans le nord de la Pologne, a été forcée de quitter son école pour avoir posé pour le mensuel de charme *Playboy*.

Varsovie (AFP), le 2 mars 2006, 13 h 05.

Un timbre pour les e-mails ?

Deux grands noms d'Internet, Yahoo et AOL, envisagent de faire payer l'envoi des e-mails aux entreprises. Le prix du timbre électronique serait compris entre 0,25 et 1 centime.

Vous décidez de réagir.
Vous exprimez votre opinion, vos sentiments sur le répondeur téléphonique de l'émission de radio *Vous avez la parole*.

Faites l'une des deux activités suivantes.

1. Vous réagissez à une ou à plusieurs informations séparément.
2. Vous réagissez à une ou à plusieurs informations en les rapprochant.

Vous pouvez choisir de rapprocher des informations parce qu'elles suscitent les mêmes réactions (*c'est comme, c'est la même chose quand...*) ou au contraire des réactions opposées (*en revanche, c'est complètement différent quand il s'agit de...*).

2 ■ Participer à une discussion informelle

50 Vous habitez et vous travaillez dans le quartier Lardy.
Vous recevez vos paquets et lettres importantes à l'agence postale de ce quartier.
Observez les documents ci-dessous :

Horaires d'ouverture de l'agence
Du lundi au vendredi :
Matin : 9 h - 12 h
Après-midi : 14 h 30 - 17 h
Samedi : 9 h - 12 h

Horaires d'ouverture à partir du 27 février 2006
Du lundi au vendredi :
Matin : 9 h - 12 h
Après-midi : 13 h 30 - 16 h 30
Samedi : 9 h - 12 h

Vos horaires de travail
Du lundi au vendredi :
Matin : 8 h 30 - 12 h
Après-midi : 13 h 30 - 17 h

Le 16 février, vous allez expédier une lettre urgente.
La postière vous fait remarquer les futurs horaires du bureau de Poste.

Complétez le dialogue suivant à l'aide des documents précédents.

La postière : Bonjour, comment allez-vous ? En prioritaire ? Comme d'habitude ?

Vous : Oui, s'il vous plaît.

La postière : Vous avez vu que nous changeons d'horaires à partir du 27 ?

Vous : ______________________________

La postière : On trouvera bien une solution, ne vous en faites pas !

Vous : ______________________________

La postière : Vous ne pouvez pas venir avant deux heures ?

Vous : ______________________________

La postière : Et le samedi ?

Vous : ______________________________

La postière : Eh bien je vous le garderai, vous le prendrez le samedi !

Vous : ______________________________

La postière : Vos horaires sont très stricts ?

Vous : ______________________________

La postière : Il y a sans doute un moyen ? Vous finissez à quelle heure l'après-midi ?

Vous : ______________________________

La postière : Eh bien voilà ! C'est parfait ! Au revoir !

51 Vous venez d'apprendre le projet de contournement de votre ville.
Une rocade d'autoroute devrait permettre d'éviter la traversée du centre-ville.
Vous participez à une réunion d'information publique.

Que peut-il s'y passer ?

1. ***Il y aura l'annonce du projet.*** Elle sera suivie de questions diverses sur la date des travaux, le tracé de la rocade, le coût, le financement (qui va payer ?), la possibilité de consulter les plans...

2. ***Un débat va s'instaurer entre les partisans et les opposants du projet.***
   - Arguments des « pour », essentiellement des habitants (moins de bruit, moins de pollution, plus de sécurité, plus de calme, une meilleure circulation, plus de facilité de stationnement...).
   - Arguments des « contre », essentiellement des commerçants (moins de clients, de clientèle de passage, moins de travail pour les restaurateurs et les hôteliers, moins d'animation, de vie, risque de ville morte...).

3. ***Les responsables locaux vont essayer de calmer tout le monde :*** interrogation sur la possibilité d'intervention, de modification du projet (tracé) ; dans le cas contraire, quel réaménagement pour la ville ? Comment la dynamiser ? Comment satisfaire tout le monde ?

Lisez l'amorce et la fin de ce dialogue, entre les représentants locaux et le public.
Imaginez les questions que vous pourrez poser ainsi que vos arguments si :

- vous êtes pour le projet,
- vous êtes contre le projet.

Aidez-vous des éléments proposés précédemment.

— Merci d'être venus aussi nombreux à cette première réunion – ce ne sera certainement pas la dernière – concernant le projet de construction de la rocade nord... Nous sommes réunis pour en discuter entre nous et répondre du mieux possible à vos questions. Je vous donne donc la parole.

— ______________________________

— ______________________________

— Il n'y a plus de questions ? J'ai bien tout noté. Je serai votre porte-parole auprès des responsables du projet et je vous tiendrai au courant de son évolution. Attendons...

52 Votre colocataire lit la rubrique « Courrier des lecteurs » de son magazine.
L'un des messages l'intéresse ; il/elle vous le lit à voix haute.

Qu'est-ce qui serait bien en 2006 ?

Tout d'abord, qu'on arrête avec cette frénésie de commémorations d'anniversaires ! Ce premier vœu, hélas, est mal parti : 2006 sera, je viens de l'apprendre, l'année des 250 ans de la naissance du grand Mozart. Quoi d'autre en 2006 ? Nous célébrerons tour à tour les 25 ans du premier bébé-éprouvette, les 100 ans de la disparition de Pierre Curie, les 100 ans de la disparition de Paul Cézanne, les 100 ans de la naissance de Joséphine Baker, les 150 ans de la naissance de Sigmund Freud, les 200 ans de la construction de l'Arc de Triomphe, les 300 ans de la naissance de Benjamin Franklin, ainsi que les 400 ans de la naissance de Pierre Corneille. [...] Que d'occasions de festoyer ! À cela, il faudra rajouter les fêtes de Carnaval, de Pâques, les célébrations de la fête nationale, Noël, la Saint-Sylvestre de 2007, qui se prépare dès 2006...

Claire
Nancy

Téléchargement payant

Créer un album, c'est le travail de toute une équipe qui se mobilise, dépense du temps et de l'énergie, se casse la tête pour trouver des idées. Je ne vois pas en quoi il serait normal de ne pas les payer. Téléchargement sur Internet, d'accord, mais téléchargement payant.
Il est suffisamment difficile de vivre de ses créations, sans qu'en plus on exige des artistes qu'ils produisent gratuitement !

Isabelle
Orléans

Ça, c'est de l'information !

Gaëtan
Poitiers

31 juillet, ouverture du JT sur France 2 : chassé-croisé des juillettistes et des aoûtiens… 2 septembre, flash radio : c'est la rentrée, 10 millions d'élèves ont retrouvé le chemin de l'école ce matin… Il neige en décembre… Ça, c'est de l'information ! Maman, quand je serai grand, je voudrais être journaliste !

a) Choisissez un de ces messages.

b) Vous réagissez.

Identifiez bien le sujet abordé, le ton choisi par le lecteur (sérieux, ironique, humoristique...).
Comment réagissez-vous ? (accord, désaccord, approbation, scepticisme, étonnement...)
Quels sont vos arguments ?

53 **Écoutez de nouveau l'enregistrement de l'activité 20.**

a) Que pensez-vous des mesures prises pour limiter les accidents de la route ?
Sont-elles les mêmes ou y en a-t-il d'autres dans votre pays ?
Êtes-vous pour ou contre ces mesures ?

Vous pouvez reprendre les arguments énoncés dans l'activité 20 ou encore penser aux points suivants, si vous êtes :

Pour
- Contrôle des véhicules.
- Contrôle de la santé, de la vue, de l'ouïe des conducteurs, surtout après un certain âge.
- Interdiction de l'alcool, de la drogue.
- Interdiction de téléphoner au volant.
- Responsabilisation des conducteurs.
- Routes plus sûres.
- Vies sauvées.
- Conduite accompagnée (parfait pour apprendre).

Contre
- Limitations de vitesse (= injustifiées).
- Limitation de vitesse pour les nouveaux conducteurs
- Radars (= peu fiables).
- Contrôles de toutes sortes.
- Port de la ceinture (= inutile, dangereux).
- Amendes trop élevées.
- Retrait des points sur le permis.

b) Vous rencontrez un(e) de vos ami(e)s dans la rue.
Il (Elle) est en colère car il (elle) vient d'être arrêté(e) pour excès de vitesse.

— J'en ai assez ! Quatre points en deux mois ! Tu te rends compte ?
Sans compter les amendes ! Pour un tout petit dépassement !...

— Tu as raison, ils exagèrent !
Ça devient impossible !

Vous êtes d'accord avec votre ami(e).
Imaginez la suite du dialogue.

— Je comprends que tu sois en colère,
Mais avoue que tu l'as bien cherché !

Vous êtes favorable à plus de sévérité sur la route.
Imaginez la suite du dialogue.

54 Deux fois par an, les Français changent d'heure.
Heure d'été? Heure d'hiver? C'est à chaque fois la même question : faut-il avancer ou retarder la montre?
Mais aussi le même débat : est-ce une bonne mesure ou non?

Vous voulez savoir ce qu'en pensent vos amis français.
Imaginez la suite de ce dialogue.

VOUS : Salut Richard, à lundi, et n'oublie pas de changer d'heure ce week-end !

RICHARD : Oh, j'y pensais plus ! Chic ! J'adore passer à l'heure d'été !

VOUS : Ah ? Pourquoi ?______________________________

____

RICHARD : ______________________________

VOUS : ______________________________

a) Si l'heure d'été n'existe pas dans votre pays, quelles questions pouvez-vous poser?

- Première date d'application? (décret du19/09/1975)
- Causes?
- Dans quel but?
- Dates de changement d'heure au printemps et en automne?
- Bilan après 30 ans?
- Bénéfices? Coût?
- Réactions des gens?
- Unanimité ou non?
- Conséquences sur la vie quotidienne?
- Différence entre citadins et ruraux?

b) Si l'heure d'été existe dans votre pays, quels arguments pour ou contre pouvez-vous avancer? Dans votre vie en France, appréciez-vous ou non l'heure d'été?

ARGUMENTS POUR	OBJECTIONS
- Économies d'énergie.	- Pas de réelles économies.
- Allongement du temps de loisirs.	- Moins de temps de sommeil.
- Plus de temps à l'extérieur	- Plus de fatigue.
- Bon pour la santé: plus d'ensoleillement.	- Beau temps, température = véritable cause.
- Bon pour le tourisme: activités de jour.	- Perturbation des rythmes biologiques.
	- Problèmes pour les activités nocturnes : horaires tardifs.

3. Participer à une discussion formelle

55

SERVICE SOCIAL
Planning des congés payés et RTT août 2006

	M	M	J	V	S	D	L	M	M	J	V	S	D	L	M	M	J	V	S	D	L	M	M	J	V	S	D	L	M	M	J
	1	2	3	4	5	6	7	8	9	10	11	12	13	14	15	16	17	18	19	20	21	22	23	24	25	26	27	28	29	30	31
Isabelle	CP	CP	CP	CP			CP	CP	CP	CP	CP			CP		CP	CP	CP													
Marielle	CP	CP	CP	CP			CP	CP	CP	CP	CP			CP		CP	CP	CP													
Gérard	CP	CP	CP	CP			CP	CP	CP	CP	CP			CP		CP	CP	CP													
Vous							CP	CP	CP	CP	CP			CP		CP	CP	CP			CP	CP	CP	CP	CP			CP			

CP = Congés payés CE = Congés exceptionnels R = Récupération RTT = Congés Réduction Temps de Travail

Vous travaillez au service social d'une petite entreprise.
Le 27 février, vous participez à une réunion de concertation sur le planning des congés.
Le chef de service rappelle l'ordre du jour :

> « Bonjour à tous ! Alors, notre séance de travail d'aujourd'hui porte sur l'organisation du service pendant l'été. Je vous rappelle premièrement que l'entreprise est fermée du 7 au 21 août et deuxièmement que, compte tenu de notre masse de travail, nous sommes contraints d'avoir au minimum une équipe de deux personnes en dehors de la période de fermeture.
> Si vous regardez avec moi le tableau que vous avez rempli, vous allez tout de suite comprendre.
> Nous avons un déséquilibre : trois demandes de congé du 1er au 4 et une seule du 21 au 25.
> Je suis sûr que nous allons trouver une solution.
> Je propose un tour de table pour que chacun, chacune nous dise les raisons de son choix. Isabelle, tu commences ?... »

Vous connaissez bien la situation de vos collègues et vous pouvez facilement imaginer les raisons qu'ils vont donner.

- Isabelle est divorcée, elle a une fille de 12 ans dont elle a la garde partagée pendant les vacances. Sa fille reprend l'école le 21 août (rentrée anticipée, semaine de 4 jours).
- Marielle part en vacances au Kenya avec des amis, elle a déjà réservé son séjour.
- Gérard est marié, sa femme est en vacances du 1er au 25 août. Tous les ans, il aime bien prendre les trois premières semaines du mois.
- **Et vous ? Que répondez-vous ?**

Le chef de service reformule les interventions de chacun. La discussion s'engage.

Vous intervenez. Que dites-vous ?

Vous pouvez, par exemple :

- demander le planning des congés des deux dernières années pour comparer ;
- puis faire part de vos remarques, suggérer à un ou une collègue (à qui ?) de modifier sa demande de congés : *tu ne pourrais pas..., tu dois vraiment...* Quels sont vos arguments ?

56

Vous travaillez dans une petite entreprise.

Vous êtes étudiant et vous logez dans un foyer.

Pour éviter

de perdre trop d'argent,

d'augmenter le prix des loyers,

la direction a décidé de faire des économies.

Vous êtes invité(e) à une réunion de réflexion pour trouver des solutions.

Recherchez et préparez des propositions pour :

économiser sur l'électricité,

Utiliser au maximum la lumière naturelle.

Penser à éteindre quand on sort d'une pièce.

Remplacer les lampes par des lampes basse consommation.

Équiper les couloirs et les escaliers de va-et-vient ou de détecteurs de présence.

économiser sur le chauffage,

Ne pas surchauffer.

Fermer le chauffage pendant l'aération des pièces.

Programmer le chauffage en fonction de la présence des employés ou des locataires.

Baisser le chauffage.

la nuit (il n'y a personne),

le jour (vous êtes en cours),

le mettre sur la position minimum le week-end et pendant les vacances.

économiser sur le fonctionnement

Utiliser des cartes pour :

la photocopieuse.

le lave-linge.

Utiliser du papier recyclé.

Gaspiller moins de papier.

- Pour introduire vos propositions vous pouvez dire : *Et si on (faisait...), pourquoi ne pas (faire...), il est (serait) possible de.../Je propose (proposerais) de.../il faut (faudrait) essayer de..., mon idée est que..., je pense qu'on peut (pourrait)..., une (la) solution est (serait) de...*
- Pour justifier vos propositions vous pouvez dire : *C'est/ce serait (assez) simple, ce n'est/ce ne serait pas (bien) compliqué/difficile ; c'est à la portée de tout le monde ; cela vaut la peine (d'essayer) ; d'autres le font/l'ont fait déjà ; cela ne demande que peu d'effort ;*
- Pour expliquer comment procéder vous pouvez dire : *Pour économiser/faire des économies sur..., il suffit/suffirait de changer, remplacer, revoir... il est/serait possible d'envisager... avec quelques modifications/aménagements on pourrait...*

4 ▪ Coopération à visée fonctionnelle

57 Pour vos vacances en France, vous désirez louer un logement.
Une agence immobilière vous propose l'appartement « idéal » : face à la mer, près du centre-ville, dans un quartier calme... Vous décidez de prendre cette location. Vous devez alors remplir un contrat.

Reportez-vous à l'activité 87.

Observez le contrat présenté par l'agence.

Il y a des mots, des expressions que vous ne comprenez pas.
L'agent vous propose de vous aider à le remplir.

Lisez attentivement le dialogue suivant.
Complétez-le à l'aide de vos questions ou de vos remarques.

– Voilà votre contrat de location saisonnière.

– ______________________________

– C'est une location de courte durée, pour l'été, pour un mois, par exemple. Bien, alors, ici vous écrivez votre nom... votre prénom... et votre adresse.

– ______________________________

– C'est bien ça. Le plus clairement possible, s'il vous plaît. Vous savez, les noms étrangers... Ensuite, il faut barrer « maison ».

– ______________________________

– Bravo ! Rayer la mention inutile, sise... Vous comprenez vite !
Maintenant, il faut rayer le mot « arrhes ». Aujourd'hui, vous allez verser un acompte, c'est-à-dire une partie du prix et le reste, le solde, vous le paierez quand vous prendrez l'appartement.

– ______________________________

– Les arrhes vous protègent davantage : si vous ne pouvez pas venir, vous perdez la somme que vous versez aujourd'hui, mais vous n'êtes pas obligé de tout payer. L'acompte, c'est le contraire : vous devez payer le montant total de la location. En revanche, si vous versez des arrhes, le propriétaire vous doit de fortes indemnités s'il met fin au contrat, ce qui n'est pas le cas avec un acompte. Voilà pourquoi le propriétaire demande un acompte...

– ______________________________

– Malheureusement, non. Ce propriétaire ne loue que si vous versez un acompte.

– ______________________________

– Non. Cela n'a rien à voir avec l'acompte. Vous me remettez ce chèque le jour où vous prenez possession de l'appartement. Je le garde, je ne l'encaisse pas. Mais si vous ne laissez pas l'appartement dans l'état où vous l'avez pris, je retiens les frais de réparation sur ce chèque.

– ______________________________

– Oui, c'est la même chose, c'est une caution. Dernier point, la taxe de séjour.

– ______________________________

– C'est un impôt pour la ville. C'est une certaine somme par jour et par personne. Dans votre cas, ici, ça fait à peu près 10 €. Le reste c'est simple, n'est-ce pas ? La description de l'appartement, sa situation...

– ______________________________

– Je vous en prie, c'est normal ! Les contrats n'ont plus de secret pour vous maintenant !

58 **Reportez-vous à l'activité 18.**

De retour dans votre pays, vous décidez, avec quelques amis, de créer un club pour les anciens étudiants en France. Vous prenez rendez-vous avec un responsable du service culturel de l'Ambassade de France pour exposer votre projet et demander son appui.

Préparez votre entretien.

- Vous devrez vous présenter, dire ce qui motive votre visite, comment vous est venue cette idée.
- Vous aurez à préciser les objectifs de votre club. Par exemple : réunir des personnes ayant fait des études en France, organiser des réunions, des cours de français (pour continuer à le pratiquer), des manifestations (conférences, expositions, spectacles...), des fêtes (pour le 14 Juillet, le Nouvel an...), conseiller les étudiants se rendant en France, aider ceux qui viennent de rentrer dans le pays à trouver du travail...
- Vous expliquerez les conditions d'adhésion, le montant de celle-ci, la fréquence des réunions.
- Vous demanderez probablement le soutien de l'Ambassade pour trouver un siège, un local pour le club, une aide financière pour le fonctionnement du club (publicité, reprographie...).
- Il vous faudra enfin dire comment vous pensez appeler ce club et sans doute solliciter la présence de représentants de l'Ambassade (l'ambassadeur ?) parmi ses membres.

Le conseiller culturel a accepté de vous recevoir ; **répondez à ses questions.**

– Bonjour, enchanté(e) de vous rencontrer. On m'a parlé de votre projet et je trouve que c'est une excellente idée ! Mais... comment y avez-vous pensé ?

– ______________________________

– Et quelles seraient vos activités ?

– ______________________________

– Comment serait organisé ce club ? Comment fonctionnerait-il ?

– ______________________________

– Bien. Cela me semble très intéressant. Je suppose toutefois que vous êtes venu me voir parce que vous attendez quelque chose de notre part ? Ce qui est tout naturel !

– ______________________________

– Écoutez, je vais voir ce que nous pouvons faire. Je suis sûr(e) que nous allons nous entendre ! Dès que possible, je vous contacte et nous mettons tout ceci au point.

5 ▪ ÉCHANGE D'INFORMATION

59 Pour sa nouvelle émission « Trucs en troc », une radio locale recherche des témoignages d'auditeurs. Vos amis ont entendu l'annonce. Ils vous encouragent à participer à l'émission car ils savent que vous êtes un(e) spécialiste de « trucs » de toutes sortes.
Pour préparer votre intervention, vous récapitulez avec eux un certain nombre de « trucs ».

Vous consultez vos notes :

- Pour conserver les fleurs :
  - Mettre un cachet d'aspirine dans l'eau.
  - Mettre du sucre dans l'eau et souvent recouper un peu les tiges.

- Pour bien dormir, avant de se coucher :
  - Boire un verre de lait chaud.
  - Faire bouillir une laitue dans un demi-litre d'eau et boire le liquide.
  - Manger un demi-quartier de pomme.

- Pour peler les oignons sans pleurer :
  - Les peler dans l'eau.
  - Les placer une heure au congélateur avant de les peler.
  - Passer le couteau sous l'eau froide plusieurs fois avant de les peler.

- Pour faire cesser le hoquet :
  - Retenir un moment sa respiration.
  - Mettre quelques gouttes de vinaigre sur un sucre et avaler.
  - Placer une cuiller à l'envers dans un verre d'eau. Boire l'eau avec la cuiller contre le front.

Complétez le dialogue.

KARINE : L'autre jour, tu m'as donné un truc formidable pour peler les oignons.

Tu m'as dit de ______________________________

VOUS : Oui, ça marche bien mais on peut aussi ______________ ou ______________

MARTIN : Moi, avec les examens, je n'arrive pas à dormir ! Qu'est-ce que je peux faire ?

VOUS : On m'a dit que ______________________ ça marchait très bien, mais

je n'ai pas essayé ! Ou alors tu ______________ ou tu ______________

MARIANNE : Qu'est-ce que tu connais encore ? Tiens, tu sais comment on peut arrêter le hoquet ?

VOUS : Oh, il y a le truc classique, ______________________. Ma grand-mère

____

Mais il paraît que si ______________________, c'est immédiat !

KARINE : Je vois que tu oublies toi-même tes astuces ! Regarde tes fleurs…

VOUS : Tu as raison. C'est souvent le cordonnier le plus mal chaussé ! J'étais pressé(e) et je n'ai

pas ______________________________

MARTIN : Écoute, téléphone à l'émission ! Ils t'embaucheront peut-être comme conseiller.

60 **Reportez-vous à l'activité 46.**

Un(e) de vos camarades était absent(e) lorsque vous avez fait votre exposé sur la réintroduction du loup dans les Alpes. Ce sujet l'intéresse. Il/Elle vous demande de lui résumer rapidement les points que vous avez abordés et ce que vous pensez du problème.

a) **Présentez-lui les grandes lignes de votre exposé.** Vous pouvez :

- reprendre les idées importantes : quels aspects du problème voulez-vous mettre en évidence ?
- marquer les relations entre les idées, ne pas vous contenter de les présenter l'une après l'autre. Allez-vous garder le même plan que pour votre exposé ?

b) **Donnez-lui ensuite votre avis sur le problème.** Vous pouvez :

- approuver ou pas qu'on réintroduise le loup dans les Alpes et dire pourquoi : *je n'imaginais pas une telle situation, je ne comprends pas pourquoi, ce qui m'étonne, c'est...*
- donner votre opinion sur les réactions des uns et des autres : *je trouve les réactions excessives, légitimes, prévisibles...*
- approuver plutôt les bergers, les écologistes ou le gouvernement et dire pourquoi : *je comprends, je partage l'inquiétude, je suis farouchement opposé au recours à la violence...*

c) En fonction du compte rendu que vous avez fait, sur quel(s) point(s) votre camarade pourrait-il/elle éventuellement vous poser des questions pour en savoir plus ?

Barrez les questions auxquelles vous avez déjà répondu :

1. Pourquoi a-t-on réintroduit le loup ?
2. Pourquoi la France permet-elle délibérément de tuer une espèce qu'elle a elle-même classée et qui est également protégée au niveau européen ?
3. Que préconisent les écologistes ?
4. Quel est le point de vue des bergers ?
5. Quelles sont les solutions envisagées pour calmer la situation ?
6. Y a-t-il des associations de défense du loup ?
7. Quelles actions proposent-elles ?
8. Est-ce que d'autres pays sont confrontés à ce problème en Europe ?

Réfléchissez à ce que vous répondriez aux autres.

Avez-vous tous les éléments en main pour répondre à toutes les questions ?

61 Reportez-vous à l'activité 30.

Vous participez au Réseau d'Échange de Savoirs (RES) de votre ville : vous « troquez » quelques heures d'enseignement de votre langue maternelle contre une initiation au bridge ! Un(e) de vos amis est tenté(e) par l'expérience et vous demande de lui rappeler rapidement en quoi consistent les RES et ce qui vous plaît le plus dans ce type d'association.

a) Le plan de votre description vous revient à l'esprit : principe, historique, fonctionnement, participation.

– À votre avis, pour aller à l'essentiel, quel est le point que vous pouvez négliger ?
– Insistez sur ce qui fait la force des Réseaux d'Échange de Savoirs : les rencontres, le principe de gratuité, le mode de gestion des centres...
Vous pouvez donner un exemple concret pour illustrer votre propos.

b) Vous avez répondu sur un plan assez général. Il est possible qu'il/elle vous pose des questions sur :

1. ce que vous pensez personnellement de la philosophie des RES : *que penses-tu de cette forme de partage ? Est-ce qu'on peut l'appliquer à tous les savoirs à ton avis ? Est-ce que tu peux donner un exemple concret ?...*
2. ce qui vous a poussé(e) personnellement à franchir le pas.
3. des aspects du fonctionnement qu'il/elle n'a pas bien compris : *tu as dit qu'aucun diplôme n'était exigé, c'est ça, j'ai bien compris ?*

4. le Réseau dans votre ville : *où se trouve le RES ici ? Quand et à quelle heure ont lieu les réunions ? Comment est l'ambiance ? Quelle est la moyenne d'âge ? Est-ce que la réalité correspond aux « grands principes » ?...*

Préparez-vous à répondre à ces questions.

6 ■ OBTENIR DES BIENS ET DES SERVICES

62 Un(e) ami(e) vous fait un cadeau pour votre anniversaire.

AMI(E) : **Bon anniversaire ! Tiens, j'ai trouvé ça pour toi. J'espère que tu ne l'as pas déjà !**
VOUS : **Oh, un ... ! Quelle bonne idée ! Voyons ?.... Quel dommage ! J'ai ....**
AMI(E) : **Ce n'est pas grave ! Je l'ai acheté sous condition : on m'a remis ce bon. Tu peux aller l'échanger, si tu veux.**

Vous décidez d'aller échanger votre cadeau. Comment cela va-t-il se passer ?
Imaginez la situation.

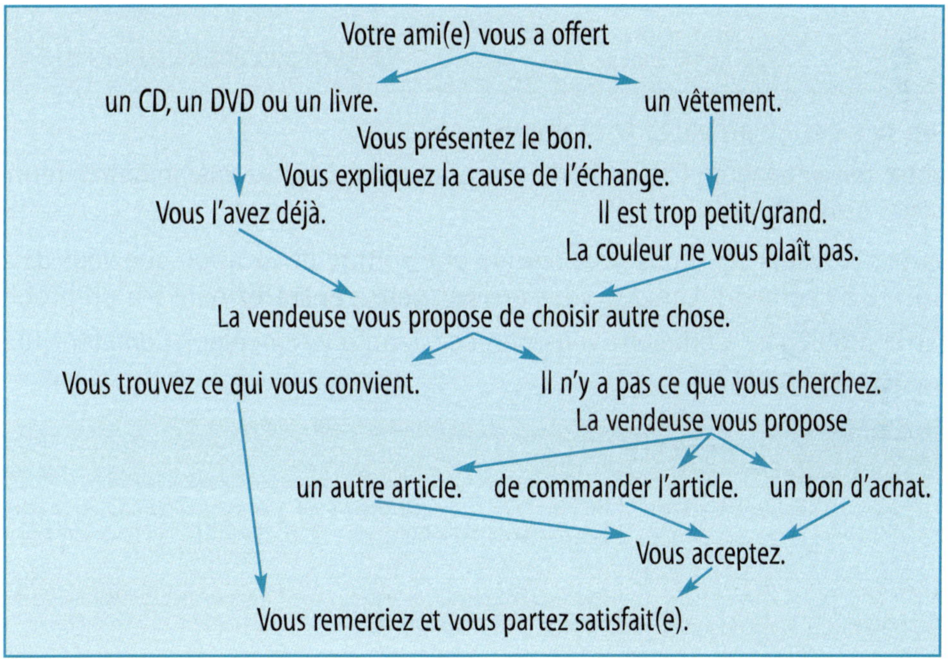

Imaginez les questions qui vous seront posées et celles que vous poserez.
Imaginez de même vos réponses et vos réactions.

Attention ! Il s'agit d'un cadeau : vous devez demander quelque chose de prix semblable ou bien payer la différence. C'est à vous de le dire à la vendeuse (au vendeur).

63 Vous avez décidé, avec un(e) ami(e), d'aller passer un week-end au bord de la mer. La publicité d'un hôtel sur Internet a retenu votre attention.

Vous avez réservé une chambre non-fumeur / pour deux personnes (à deux lits) / avec bain, télévision et minibar / avec terrasse et vue sur la plage.
Lorsque vous arrivez à l'hôtel, vous constatez que vous n'avez pas la chambre demandée.
Que se passe-t-il ? Plusieurs cas peuvent se présenter.

- Votre chambre ne donne pas sur la plage mais sur l'arrière de l'hôtel, le parking,

- Ce n'est pas une chambre à deux lits mais à un grand lit,
- La chambre se trouve à l'étage fumeur,
- Ce n'est pas une chambre avec bain mais avec douche,
- Il n'y a pas de télévision/pas de minibar,
- Ou, pire encore, plusieurs problèmes sont cumulés.

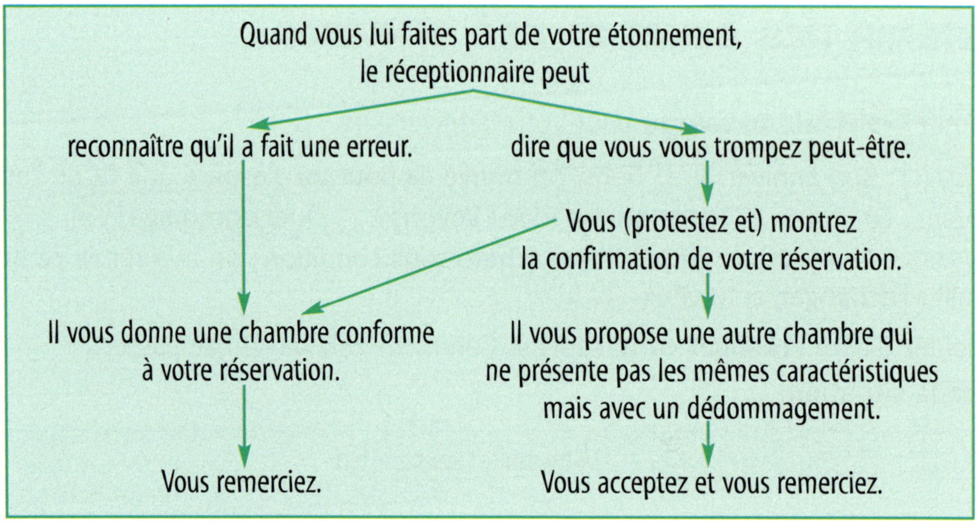

Choisissez un des cas et préparez le dialogue.

Attention, votre ton dépend de l'attitude du réceptionnaire. Sachez vous montrer ferme mais poli(e).

64 Vous partez en vacances. Vous avez réservé une voiture de location que vous devez récupérer à votre arrivée à l'aéroport. Lorsque vous arrivez, vous constatez qu'il y a un problème.

Quel est le problème ? Comment vous propose-t-on d'y remédier ? Comment réagissez-vous ? Que se passe-t-il alors ?

Problème	Solution proposée par l'agence	Votre réaction
Il n'y a plus de voiture disponible pour l'instant.	On vous suggère de vous arrêter au premier poste d'essence.	Vous acceptez de laver le véhicule mais demandez à l'agence d'en assumer la charge.
Vous n'aviez pas réservé ce type de véhicule.	Pour vous dépanner, on vous propose de prendre un taxi.	Vous refusez de vous engager sur la route, le réservoir presque vide.
L'extérieur est sale et la voiture sent le tabac.	On vous propose d'attendre une heure environ.	Vous acceptez d'attendre.
Le plein n'a pas été fait : le client précédent vient de la rendre avec le réservoir presque vide.	On vous propose un véhicule moins/plus puissant mais sans/avec climatisation.	Vous exigez une voiture propre et menacez d'aller chez un concurrent.
	On vous indique une station de lavage.	Vous êtes en colère parce que vous êtes pressé(e).
	On s'excuse et on vous indique un autre loueur.	Vous acceptez de prendre un taxi mais demandez quand et comment vous pourrez récupérer une voiture.

Exemple de situation : Il n'y a plus de voiture disponible pour l'instant. ♦ On vous propose d'attendre une heure environ. ♦ Vous êtes en colère parce que vous êtes pressé(e).

Que dites-vous ? Que se passe-t-il alors ?

65 Alors que vous vous promenez dans la rue, vous constatez que vous n'avez plus votre portefeuille. Vous regardez autour de vous mais vous ne trouvez rien.
Il y a beaucoup de monde. Des passants vous conseillent d'aller déposer plainte au commissariat le plus proche.

Préparez votre déposition. Vous allez devoir :

- dire qui vous êtes,
- raconter les circonstances de ce que vous pensez être un vol : *le lieu, l'heure, ce que vous faisiez, si vous étiez seul(e) ou accompagné(e), si vous avez remarqué quelque chose, si quelqu'un s'est approché de vous, vous a bousculé(e), vous a demandé quelque chose...*
- décrire votre portefeuille : *sa forme, sa taille, sa couleur, ce qu'il contenait (papiers d'identité, carte de crédit, permis de conduire, argent – combien ? – photos...).*

Observez le début et la fin du dialogue suivant. Complétez-le.

POLICIER : Bonjour, vous désirez ?

VOUS : Je voudrais ________________ pour le vol de ________________________

POLICIER : Vous pensez que c'est un vol ? Vous êtes sûr de ne pas l'avoir perdu ?

VOUS : ____

POLICIER : Bien. Venez avec moi. Je vais prendre votre déposition Tenez, asseyez-vous. Vous êtes... ?

VOUS : ____

POLICIER : Vous pouvez me dire ce qui s'est passé ?

VOUS : ____

POLICIER : Et il était comment, votre portefeuille ? Vous pouvez me le décrire ?

VOUS : ____

POLICIER : Mais attendez, ce ne serait pas celui-là ? Tout concorde ! Et rien ne manque !
Vous avez vraiment de la chance... Un jeune homme vient de l'apporter. Il l'a trouvé par terre, devant le kiosque à journaux.

VOUS : ________________ Merci bien monsieur !

7 ■ INTERVIEWER ET ÊTRE INTERVIEWÉ

66 Vous êtes souffrant(e) : vous avez très mal à la gorge. Vous vous rendez chez le médecin. C'est la première fois que vous le rencontrez.

a) Imaginez ce que va faire le médecin, ce qu'il va vous demander de faire.
Classez chronologiquement les opérations suivantes.

Le médecin va :

1. vous ausculter	❏	**2.** vous demander de vous présenter	❏
3. vous peser	❏	**4.** vous demander de vous déshabiller	❏
5. vous prescrire une ordonnance	❏	**6.** demander de quoi vous souffrez	❏
7. vous demander d'ouvrir la bouche	❏	**8.** vous dire de vous rhabiller	❏
9. prendre votre tension artérielle	❏	**10.** vous expliquer ce qu'il faut faire	❏

11. vous demander depuis combien de temps vous souffrez ❏

b) **Imaginez maintenant quelles seront les questions du médecin :**

• **Sur votre identité :** *âge, nationalité (le médecin connaît peut-être votre pays ?), votre situation familiale, si vous êtes de passage ou non, si vous avez une assurance maladie.*

• **Sur votre état :** *ce qui vous fait souffrir, depuis combien de temps, si vous avez de la fièvre, si vous avez souvent mal à la gorge, si vous suivez un traitement, lequel, s'il y a des médicaments que vous ne pouvez pas prendre.*

c) Imaginez enfin comment vous faire comprendre ou demander des explications quand vous n'êtes pas sûr(e) d'avoir compris.
• **Pour vérifier que vous avez compris, vous pouvez :** demander de répéter, répéter vous même l'objet de la question, répondre et demander si c'est bien la question, la reformuler, demander d'expliquer.
• **Pour être sûr(e) de vous faire comprendre :** vous pouvez aussi reformuler vos réponses, utiliser des synonymes, demander au médecin si ce que vous dites est clair (*Vous comprenez ? Je me fais bien comprendre ? Vous me suivez ?...*).

Dans un cas comme dans l'autre : dans le cabinet du médecin, plus que partout ailleurs sans doute, pensez à utiliser les gestes et les mimiques en complément de vos paroles !

67 Étudiant en gestion d'entreprises, vous avez demandé à une société de pouvoir faire un stage dans son service commercial.
Vous êtes convoqué pour un entretien avec le directeur des relations humaines.
Vous préparez votre entretien.

a) Avant l'entretien, vous devez vous renseigner très précisément sur les activités de l'entreprise, sur son impact dans la région.
Au moment de l'entretien vous devez, bien sûr, être à l'heure et avoir une tenue correcte.
Pendant l'entretien, vous devez vous montrer attentif à ce qui vous est dit, faire preuve d'assurance, donner envie qu'on vous accepte.

b) Préparez-vous à répondre à des questions sur votre parcours d'études, vos projets, les raisons professionnelles pour lesquelles vous sollicitez ce stage, mais aussi à des questions pour évaluer votre connaissance de l'entreprise.

c) Vous devrez à votre tour demander quel type de stage on vous propose, quelle(s) tâche(s) il est prévu de vous confier, sous le contrôle de qui ou en collaboration avec quelle(s) personne(s), pour quelle durée, à quel moment. Il vous faudra également aborder avec tact la question d'une rétribution éventuelle et de son montant.

⚠ **Attention !** Ce sont surtout vos qualités et vos références professionnelles qui vous permettront d'obtenir le stage, mais aussi votre connaissance du français. L'essentiel est de vous exprimer sans avoir peur de faire éventuellement quelques fautes, de répéter et/ou corriger ce que vous pensez avoir mal dit. Vous devez prouver que sur le plan professionnel et linguistique vous êtes en mesure de réaliser ce stage.

68 **Reportez-vous à l'activité 42.**

Le champion français, ami de votre camarade, est venu vous voir dans votre club. Pour la page des sports du journal de votre ville, le rédacteur vous demande d'écrire un article sur lui. Vous demandez à ce champion de bien vouloir vous accorder une interview.

Préparez votre entretien. Vous pouvez, par exemple :

- tout d'abord, vous présenter, lui dire qui vous êtes et dans quel but vous l'interviewez ;
- lui souhaiter ensuite la bienvenue dans votre club et votre ville et le remercier de bien vouloir répondre à vos questions ;
- consacrer vos premières questions à sa carrière sportive : ses derniers titres, ses projets, ses ambitions ;
- l'interroger sur les raisons pour lesquelles il a choisi de pratiquer ce sport, comment il en est venu à le pratiquer et lui demander s'il pratique un autre ou d'autres sports ;
- terminer votre interview par des questions plus personnelles.
- le remercier, lui demander s'il accepte d'être photographié, lui promettre de lui faire parvenir le journal avec votre article.

Pendant l'interview, adoptez un ton amical, n'hésitez pas à répéter éventuellement vos questions (votre accent peut le gêner ?), lui demander de répéter ou d'expliquer ses réponses, si nécessaire.

69 **Reportez-vous à l'activité 6.**

Une famille d'accueil est intéressée par le dossier de Karen.
Ils la contactent mais elle est absente ; ils lui laissent un message sur son répondeur téléphonique.
Avant de les appeler, Karen fait la liste des points qu'elle veut aborder et note les informations importantes qu'elle ne veut pas oublier de mentionner :

- Région : grande ville, montagne à proximité ?
- Distance, mode de transport → la ville la plus proche ?
- Travail à partir de quand ? Attention : pas disponible du 1er au 15 juillet (mariage de ma sœur au Danemark) ;
- Nombre d'enfants ? Garçons ? Filles ? Âges ?
- Quelles tâches ? Faire les chambres, passer l'aspirateur, faire du repassage ?
- Temps libre ? Quel jour ?
- Argent de poche ?
- Demander confirmation pour la protection sociale : *les jeunes étrangers au pair sont déclarés et immatriculés à la Sécurité sociale. Les cotisations sont exclusivement à la charge de la famille d'accueil.* C'est correct ?
- Cours de français : où ? Combien d'heures par semaine ? Quel niveau ?
- Possible recevoir des amis ?
- Régime : végétarienne = problème ?
- J'ai le permis de conduire.

a) **Triez :** les informations qu'elle donne / les informations qu'elle aimerait avoir.

b) **Classez-les ensuite par ordre d'importance pour elle.**

c) **À votre avis, par quoi va-t-elle commencer ?**

d) **Elle téléphone : que dit-elle ?**

ÉCRIT - SOMMAIRE

☐ COMPRÉHENSION ÉCRITE

☐ PRODUCTION ÉCRITE

☐ INTERACTION ÉCRITE

En situation de compréhension écrite, c'est-à-dire en situation de lecture, en langue étrangère comme dans sa langue maternelle,
– on lit avec un objectif: pour repérer une information précise ou pour comprendre globalement de quoi il s'agit. On ne veut pas obligatoirement tout lire et tout comprendre et ce n'est pas toujours nécessaire;
– on lit des documents différents: des publicités, des modes d'emploi, des programmes, des articles de journaux, des lettres…
– on adapte sa lecture à son objectif et au document.

Comprendre un texte en langue étrangère semble difficile, mais…
– on connaît déjà dans sa langue maternelle les mêmes types de documents et de sujets, les thèmes qu'ils présentent;
– on sait qu'il existe des textes de types différents: descriptif, explicatif, narratif, argumentatif;
– on peut aussi connaître certains mots et en deviner d'autres.

Les stratégies utilisées en compréhension écrite et en compréhension orale sont peu différentes, mais en compréhension écrite on a d'autres avantages: la présentation même du texte qui permet de l'identifier et qu'**on peut relire**.

En situation d'apprentissage, pour développer sa compétence de lecture, on doit:
- accepter de ne pas tout comprendre,
- ne pas se précipiter sur son dictionnaire,
- s'aider de ses connaissances sur le sujet et des ressources du document (les illustrations, la source, l'auteur…) pour anticiper, faire des hypothèses sur ce qu'on va lire,
- utiliser le contexte, les mots qu'on connaît pour deviner, comprendre plus,
- repérer des mots qui aident à comprendre l'organisation du texte: les connecteurs, les mots de reprise, les indicateurs de temps, de chronologie.

Dans une activité de compréhension, il faut aussi bien lire les questions parce qu'elles donnent des objectifs de lecture et aident à repérer les points importants.

Les activités qui suivent ou les pistes suggérées dans les encadrés ◎ permettent de développer ces stratégies.

1. Compréhension générale

70 L'école se mobilise contre l'absentéisme

ÉDUCATION. La Seine-Saint-Denis lance ce matin un « Guide pour l'assiduité scolaire », une initiative inédite. Un peu partout en France, la mobilisation est décrétée contre le fléau de l'absentéisme : 275 000 élèves sèchent régulièrement…

C'est à partir d'aujourd'hui qu'un « Guide mode d'emploi pour l'assiduité scolaire », inédit en France, est diffusé à plus de 10 000 exemplaires dans tous les établissements scolaires et les administrations de Seine-Saint-Denis. Destiné à tous – parents, élèves, profs… – ce livret d'une vingtaine de pages dit tout sur les textes de loi en vigueur et la meilleure façon de combattre l'absentéisme au quotidien. Des élèves, « sécheurs » repentis, vont même toute cette semaine porter la bonne parole dans un collège de Sevran.

Dans ce département ce n'est pas une mince affaire puisque 7 % des élèves du second degré sont concernés. Dans certaines filières professionnelles, on trouve des classes carrément exsangues avec 30 % d'élèves manquant à l'appel ! Le neuf-trois n'est pas le seul touché. Selon une récente étude du ministère de l'Education nationale – première véritable évaluation statistique du phénomène –, 5 % des collégiens et lycéens du secteur public sèchent régulièrement les cours sans autre excuse valable que la simple paresse ou – surtout – le désœuvrement. Soit quelque 275 000 élèves. Jamais l'institution n'avait, auparavant, admis un tel chiffre. « L'absentéisme est d'abord un symptôme de grandes souffrances, mais aussi parfois une première étape vers la violence ou la délinquance », analyse Dominique Raynaud, chef de bureau à la direction de l'enseignement scolaire.

Histoire d'alerter les jeunes consciences, une affiche trône désormais en majesté sur les murs de tous les collèges et lycées du 93, avec un slogan qui claque : « Si tu ne veux pas voir ta vie gâchée… arrête de sécher ! » Il faudra évidemment bien plus que ce type d'action pour espérer endiguer le fléau. Une mobilisation générale, alors ? C'est ce que décrétera ce matin Jean-Charles Ringard, l'inspecteur d'académie du neuf-trois, qui présentera le guide à Livry-Gargan, avant de signer le 7 avril prochain une convention de lutte contre l'absentéisme, la première du genre en France.

« On prend le problème à bras-le-corps »

Présidée par le préfet, elle réunira une fois par mois autour d'une même table les représentants de tous les services de l'Etat (école, police, justice, action sociale), des collectivités locales et d'associations familiales. Pour les cas les plus lourds, elle mettra en route un contrat éducatif individuel signé par l'adolescent et sa famille. « Pour la première fois, on prend le problème à bras-le-corps en reconnaissant que l'absentéisme a de multiples causes. L'école seule ne peut pas tout : la preuve, on ne s'en sortait pas. Maintenant on a les moyens pour s'en sortir. « Depuis un an jour pour jour en effet, un décret précise les modalités de lutte contre l'école buissonnière. Le texte manie la carotte et le bâton. D'un côté, des sanctions pénales avec des amendes pouvant aller jusqu'à 750 € pour les familles les plus récalcitrantes. De l'autre, une véritable aide aux parents qui ne savent plus comment faire : dès qu'un élève déserte la classe, les chefs d'établissements doivent les avertir par tous les moyens : téléphone, SMS, courriers, et même à pied s'il le faut », détaille Dominique Raynaud.

En Seine-Saint-Denis, là encore, une demi-douzaine de familles ont bénéficié de ces stages qui dispensent un accompagnement psychologique et social. « On a testé deux fois ce dispositif avec un certain succès puisque les enfants ont depuis repris le chemin de l'école », poursuit Jean-Charles Ringard, qui espère faire tomber de 7 à 4 % la moyenne des jeunes « déserteurs » d'ici à deux ans. « D'abord on cherche à comprendre, à faire prendre conscience aux familles de la gravité de la situation. Après, s'il faut jouer au Père Fouettard*, on le fera. » Ceux qui sèchent sont prévenus.

Charles de Saint-Sauveur,
Aujourd'hui en France, 30 mars 2005.

* Le Père Fouettard accompagne Saint Nicolas dans tous ses voyages. Il est chargé de punir les enfants qui ne sont pas sages.

> Lire un texte, c'est d'abord percevoir son « image », c'est-à-dire les éléments qui le constituent et leur disposition.

a) Observez le texte ci-contre. Cochez les propositions exactes.

Ce texte comporte :

un surtitre	☐	un titre	☒	un chapeau	☒	des intertitres	☒
un schéma	☐	des paragraphes	☒	des citations	☒	un dessin humoristique	☒
des noms propres	☒	des chiffres	☒	sa source	☒	le nom de son auteur	☒

différents types de caractères ☒

b) Comment comprenez-vous le titre ? **Cochez la phrase qui convient.**

1. L'école n'est pas assez présente dans le monde actuel. ☐
2. Les enseignants se plaignent des absences des élèves. ☐
3. Quelques enseignants luttent contre les absences des élèves. ☐
4. Le monde éducatif s'unit pour combattre les absences des élèves. ☒

c) Lisez le chapeau.

1. Quelles précisions apporte-t-il sur :
   - le phénomène de l'absentéisme ?
     - Qui concerne-t-il ? ______
     - Où se manifeste-t-il ? partout en France
   - la mobilisation ?
     - Où a-t-elle lieu ? Un peu partout en France
     - Comment s'exprime-t-elle ? Avec un niveau initiative

2. Quel est, selon vous, le sens de l'expression « sécher régulièrement » ?

manquer les cours à plusieurs répétitions

d) Repérez les citations du texte. Qui sont leurs auteurs ? Quelle est la fonction de chacun ?

Dominique Raynaud, chef de bureau à la direction de l'enseignement scolaire
Jean-Charles Ringard, inspecteur d'académie (93)

e) Lisez rapidement le texte. À quel contenu – voir les phrases de l'article – correspond chaque paragraphe ? **Notez le numéro correspondant.**

- le 1er paragraphe (De *C'est à partir* à *Sevran.*) : diffusion du guide
- le 2e paragraphe (jusqu'à *l'enseignement scolaire*) : situation actuelle en France, raisons
- le 3e paragraphe (jusqu'à *en France*) : mobilisation générale possible
- le 4e paragraphe (jusqu'à *Dominique Raynaud*) : actions
- le dernier paragraphe : raisonnance, succès, objectifs

③ 1. Pour stopper le développement de l'absentéisme, des actions multiples sont engagées.

⑤ 2. Les premières actions entreprises ont déjà donné de bons résultats.

① 3. Un guide est proposé pour lutter contre l'absentéisme.

② 4. Ce phénomène, aux causes multiples et de grande ampleur, se manifeste dans toute la France.

④ 5. Les modalités de lutte prévoient, selon les cas, d'utiliser la manière douce ou la manière forte.

f) Relevez les chiffres cités dans le texte.

1. À quoi correspondent-ils ?

Ex. 93 = le numéro du département de la Seine-Saint-Denis.

10 000 exemplaires – nombre de guides diffusés

7% → 4%   750€ sanction pénale

30%   demi douzaine famille

5% → 275 000 élèves : public sèchent

2. Replacez ces chiffres dans le résumé ci-dessous.

On estime qu'en France 275 000 élèves sèchent régulièrement les cours. En Seine-Saint-Denis, dans le second degré, 7% des élèves ne viennent pas assidûment en classe, et dans le secteur public, 5% d'entre eux n'ont aucune bonne raison pour s'absenter. Ce taux peut atteindre les 30% dans certaines sections professionnelles. Pour combattre ce phénomène, les responsables de l'Éducation nationale ont rédigé un « Guide pour l'assiduité scolaire », distribué à 10 000 exemplaires en Seine-Saint-Denis. Ils ont également décidé de signer, le 7 avril, une convention de lutte contre l'absentéisme. Celle-ci prévoit des interventions auprès des familles, qui, si elles ne font pas preuve d'une réelle collaboration, seront condamnées à des amendes pouvant atteindre 750€.
Les enseignants espèrent ainsi faire baisser le nombre des absents dans les classes de 7% à 4%.

71

> La compréhension d'un texte se trouve facilitée par l'emploi des mots qui se « répondent », c'est-à-dire des mots qui :
> - s'expliquent les uns les autres,
> - sont synonymes (ont presque le même sens) ou antonymes (ont un sens contraire),
> - font référence à la même idée.

a) Lisez de nouveau le chapeau du texte « L'école se mobilise contre l'absentéisme ».

- Quel(s) mot(s) ou expressions reprennent l'idée que « l'école se mobilise » ?

lancer une initiative

la mobilisation est décrétée

• Quel(s) mot(s) ou expressions reprennent l'idée de « l'absentéisme » ? 275 élèves sèchent réguilièrement

b) Deux mots s'opposent dans le chapeau.

• Quels sont ces mots ? absentéisme & assiduité

• Pouvez-vous les définir ? :

✔ ________ = ________

✔ ________ = ________

c) Relevez dans le texte tous les mots ou expressions en relation avec l'absentéisme.

d) 1. Relevez dans le texte tous les mots ou expressions en relation avec la mobilisation.

2. Quelles sont les personnes concernées ?

3. Quels sont les moyens employés ?

e) Quel sens donnez-vous aux expressions :

• « Manier la carotte et le bâton » ?

• « Faire l'école buissonnière » ? aller se promener pendant les h de cours

Comme souvent, le contexte peut vous aider à deviner.

Existe-t-il dans votre langue, pour exprimer le fait de ne pas aller en classe, des images semblables aux expressions « sécher les cours » ou « faire l'école buissonnière » ?

72 Chrysanthème, la fleur d'or des morts

En France, son sort et son essor sont liés à la Toussaint. Ailleurs, ce n'est pas le cas.

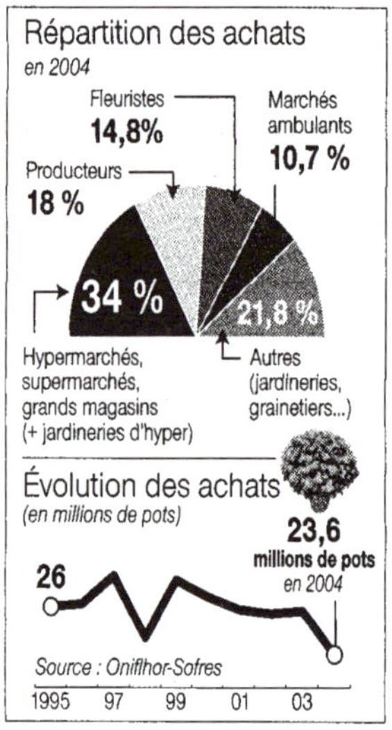

Le chrysanthème est la fleur de Toussaint par excellence, loin devant les cyclamens et autres bruyères.

Son nom ne fait pas rêver. Il est, pour les Français, le symbole des cimetières. Une plante des jours d'automne. Et pourtant, s'il jouit d'une bien triste réputation, le chrysanthème est une fleur extraordinaire, gaie, aux couleurs subtiles et délicates. Loin des clichés vieillots qui lui collent au pot, des passionnés luttent pour sa « réhabilitation ». Sur 23,6 millions vendus l'an passé dans un marché évalué à 177 millions d'€, 97,4 % des *dendranthema* (son nom savant) l'ont été à la Toussaint. Curieux pour une plante mal aimée. « **Certes, la connotation est tenace mais les choses commencent à évoluer. Il revient fort dans les jardins** », lance Marie-Hélène Durand, responsable du Conservatoire national du chrysanthème à Saint-Jean-de-Braye, près d'Orléans. « **Chrysanthème est issu des mots grecs *Khrusos* qui signifie or et *anthémon*, fleur. Parler de fleur d'or, c'est tout de même plus joli.** » Selon l'Oniflhor, (Office national interprofessionnel des fruits, des légumes et de l'horticulture), c'est la plante fleurie la plus achetée avec près de 28 % des volumes. Elle doit son essor aux heurts de l'Histoire. « **À la fin de la Première Guerre mondiale, il fallait bien fleurir les milliers de nouvelles tombes. Cette plante est la seule à être en fleurs en cette période. Elle résiste au froid et au gel. Elle était toute trouvée pour assumer son rôle.** « Ce lien chrysanthème-pierre tombale n'existe nulle part ailleurs en Europe même si l'Italie lui voue aussi un intérêt particulier. Il orne de plus en plus les gazons anglais. Aux Pays-Bas, on le met dans les bouquets de mariage. Il est de toutes les fêtes au même titre que la rose. Chez nous, qui oserait offrir un bouquet de chrysanthèmes ? Plante originaire de Corée, cultivée 900 ans avant Jésus-Christ, elle est arrivée en Chine puis au Japon. La légende veut qu'elle prolonge la vie. « **Le chrysanthème devient alors la fleur impériale, symbole de prospérité.** » Importé en France par le capitaine Pierre-Louis Blancard, le premier pied débarque à Marseille en 1789. C'est un pourpre magnifique envoyé aux jardiniers du Roi. Le chrysanthème traverse alors le siècle des Lumières en portant toute la magie de l'Orient. Nobles et bourgeois, épris de botanique, le copient à l'envi. Des centaines de variétés voient le jour. « **On est aujourd'hui à plus de 10 000 créées par la main de l'homme.** » Depuis des décennies, les horticulteurs Français retravaillent ses couleurs et ses formes. Comme la maison Challet-Hérault dans le Maine-et-Loire, haut lieu de production avec l'Ille-et-Vilaine et plus largement la Bretagne. Quelle tête aura le chrysanthème de demain ? « **Diversité et originalité sont les axes majeurs de nos recherches**, souligne Jean-Pierre Challet, le directeur. **On développe aujourd'hui des assortiments de variétés mixées dans le même pot. À l'avenir, on ira aussi vers des teintes bi ou tricolores.** » Du bleu-blanc-rouge, un jour ? « **Non, le bleu est très difficile à obtenir et je ne suis pas sûr que ce serait joli.** »

Pierre Cavret,
Ouest-France, 30/10/05.

a) Observez le titre, la date de parution de l'article, la photo et sa légende, les schémas.
Quel est le sujet de l'article ? ______________________________

____

b) Est-ce que le mot *Toussaint* évoque quelque chose pour vous, dans votre culture ?

oui ❑ non ❑

Si oui, qu'évoque-t-il ?

une fête nationale ❑ une tradition ❑ une fête religieuse ❑ une réunion familiale ❑
le mois de novembre ❑ le culte des morts ❑ une soirée déguisée ❑ un jour férié ❑

c) Lisez maintenant le chapeau.

Quel nouvel élément d'information apporte-t-il sur le contenu de l'article ?

d) À ce moment de la lecture, reformulez brièvement ce que vous avez compris.

e) Le mot « Ailleurs » est-il repris, explicité dans l'article ? Si oui, dans quelle partie ? Que désigne-t-il ?

f) À quoi correspondent les phrases notées en caractères gras dans le texte ?

g) Vrai ou faux ? Cochez la bonne réponse; justifiez.

	VRAI	FAUX
Toutes les informations données dans les schémas sont reprises dans le texte. Justification :	○	○
Les informations données dans les schémas sont très exactement reprises dans le texte. Justification :	○	○

73 a) Lisez l'ensemble de l'article.

Retrouvez l'histoire du chrysanthème depuis sa naissance jusqu'à aujourd'hui. Réécrivez-la.

Vous pouvez, d'abord, parler de l'origine de son nom, de ses caractéristiques, puis de son parcours et enfin de sa place dans la société européenne.

b) « **Certes, la connotation est tenace mais les choses commencent à évoluer...** »

La connotation d'un mot, c'est l'idée, l'image à laquelle on associe automatiquement ce mot.

1. De quelle connotation s'agit-il ici ?

2. Plus loin dans le texte, un autre mot reprend cette idée de *connotation*. Pouvez-vous le trouver ?

3. Relevez toutes les expressions qui évoquent l'image que les Français ont du chrysanthème.

c) Pourquoi faut-il « **lutter pour sa réhabilitation** » ?

d) « **Le chrysantème devient alors la fleur impériale, symbole de prospérité.** » (Paragraphe 4.) Quel est le sens du mot « alors » dans cette phrase ?

74

FÊTE DE LA MUSIQUE

Eric Mandel

5 millions de Français jouent d'un instrument

A

Enfin, tendance lourde de ces vingt dernières années, l'intérêt croissant des Français pour les pratiques collectives. Le chant choral continue de séduire de plus en plus d'adeptes, auprès des adultes comme des jeunes retraités. En effet, 27 % d'amateurs chantent dans une chorale, ou un ensemble vocal (soit 4 millions de pratiquants au sein de 8 000 chorales). « Un engouement largement antérieur au succès des Choristes », comme le rappelle Guillaume Deslandres, directeur de l'Institut français d'art choral. En revanche, l'irruption des programmes de téléréalités musicales semble avoir un effet direct sur la multiplication des vocations de chanteurs en herbe. « Les écoles de chant ont doublé à Paris, confirme Richard Cross, ancien coach vocal de stars (de Zazie à Sardou) et directeur d'une école pour jeunes professionnels, avec une classe réservée pour les amateurs. Beaucoup intègrent une école avec l'unique ambition d'accéder à une célébrité éclair, sans véritablement nourrir de passion pour la musique. »

B

Ils sont ainsi 5 millions à faire de la musique leur premier loisir devant la danse, le dessin ou le théâtre… Un Français sur deux de plus de 15 ans a pratiqué une fois dans sa vie une forme musicale. Les femmes sont plus concernées que les hommes (65 %). Elles s'orientent plutôt vers le chant, alors que ces derniers préfèrent les instruments (piano et guitare en tête). Fait notable, deux fois plus d'adolescents pratiquent aujourd'hui la musique que les générations nées avant les années 1960. Pour une majorité d'amateurs mélomanes (59 %), la pratique musicale reste une activité scolaire, pratiquée à la maison et 8 % appartiennent à une harmonie ou à une fanfare, 5 % à une formation ou un groupe de rock.

C

Reste que pour former les musiciens amateurs de demain, un travail de sensibilisation en amont, dès le plus jeune âge, s'impose. Ainsi, la Cité de la musique propose des ateliers d'éveil à la musique pour les enfants (dès 3 ans). Une manière de rendre les pratiques amateurs pérennes (la moitié des praticiens abandonnent entre 15 et 24 ans) et d'assurer le succès des Fêtes de la musique de demain.

D

FIDÈLE à sa vocation initiale, la Fête de la musique sera cette année dédiée à la pratique amateur des Français… À la maison ou dans la rue, au sein d'une fanfare, d'une chorale ou d'un groupe rock, les Français sont de plus en plus nombreux à chanter, jouer d'un instrument, pour le simple plaisir.

Journal du Dimanche, 19 juin 2005.

a) 1. **Retrouvez l'ordre logique des quatre paragraphes qui composent cet article.**
2. **Notez le mot, l'expression, l'élément qui justifie votre réponse.**

1	....	Justification : ______
2	....	Justification : ______
3	....	Justification : ______
4	....	Justification : ______

b) Quel est le thème de l'article ? ______

c) D'après l'article, pourquoi la Fête de la musique a-t-elle été créée ? ______

d) **Cochez la bonne réponse.**

	Vrai	Faux	On ne sait pas
Les Français pratiquent plus la musique que les autres formes d'expression artistique.	○	○	○
Les hommes préfèrent le chant aux instruments.	○	○	○
Le nombre de jeunes qui pratiquent la musique a doublé depuis les années 1960.	○	○	○
On retrouve plus de la moitié des musiciens amateurs dans des formations musicales.	○	○	○
Le film *Les Choristes* a fait découvrir le chant choral aux Français.	○	○	○
Le métier de chanteur séduit de plus en plus de jeunes.	○	○	○
Les jeunes cessent l'apprentissage de la musique lorsqu'ils entrent à l'université.	○	○	○

e) Qu'est-ce qui explique l'intérêt des jeunes pour le métier de chanteur ? ______

f) **Dans le paragraphe A, relevez deux phrases reliées entre elles par :**
- un terme qui sert à expliciter, justifier une affirmation : ______
- un terme qui exprime l'opposition : ______

g) Que signifie *ainsi* dans la phrase « **Ainsi**, la Cité de la musique propose des ateliers d'éveil à la musique pour les enfants » ?

Mais ❒ Par exemple ❒ De plus ❒ Enfin ❒

75

Musée de La Poste

La lettre, à pied, à cheval, en voiture...

La saga de l'aventure postale de l'Antiquité à nos jours.

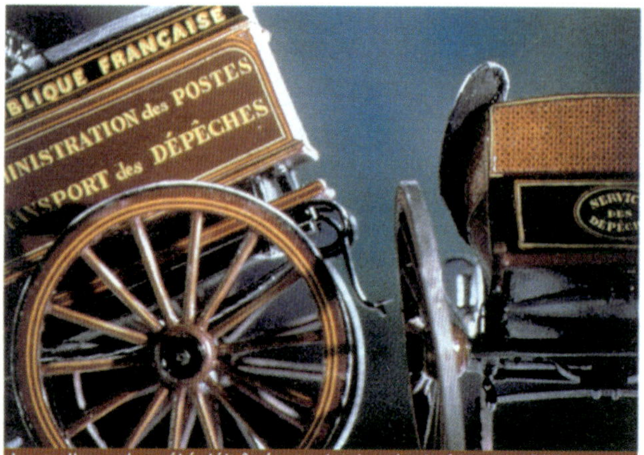
Musée de La Poste

La malle-poste a été détrônée par le chemin de fer vers 1850.

« *La Poste doit aller toujours plus vite, plus loin. Le cheval précède le chemin de fer qui précède l'avion.* » Pascal Roman, l'un des deux conservateurs du Musée de La Poste chargé des collections historiques, résume bien la volonté des pères fondateurs du lieu qui, en 1947, ont voulu raconter aux jeunes, et aux moins jeunes, l'histoire mal connue d'un geste aussi simple que de « mettre une lettre à la poste ».

Inventions insolites. Depuis que l'homme écrit, il a cherché à transmettre sa prose aux autres. Mais c'est en 1477 que Louis XI comprend l'intérêt politique de contrôler l'envoi et le contenu. C'est à cette date que La Poste devient une réelle institution. Dès 1632, une carte en fait foi, Louis XIII peut se vanter de couvrir l'essentiel du territoire par des messageries à cheval et des relais distant de sept lieues soit 28 km. La Poste aux chevaux est la seule autorisée à lancer ses montures au galop et à voyager jour et nuit.

En 1760, Piarron de Chamousset a l'idée de faire porter les lettres par un facteur qui agite une crécelle, donne le pli et parfois attend la réponse.

La Poste vit avec son temps et profite de tous les progrès de la science. En 1793, les Frères Chappe montent un système complexe de lunette et de bras qui sera l'ancêtre du télégraphe. Dans tout le pays, sur les églises, les bâtiments publics, on monte des « tours Chappe » qui permettent de transmettre, par exemple, une information entre Paris et Lille en 22 minutes.

Au XIXe siècle, pendant cinquante ans environ, la malle-poste modernise la transmission des courriers. Priorité aux lettres et s'il reste un peu de place, on prend des voyageurs. Le confort est précaire mais la malle-poste va plus vite que les diligences.

En 1849, avec l'apparition du timbre, et à l'initiative d'Etienne Arago, le frère de François, le savant, ce n'est plus celui qui reçoit le courrier qui paie mais celui qui l'envoie. « *Sans doute un signe de fiabilité et de confiance puisque l'on paie pour un service avant que celui-ci ne soit rendu* », fait remarquer Pascal Roman.

Pendant le siège de Paris en 1870, le courrier est envoyé par ballon ou grâce au service des 600 pigeons voyageurs qui parviennent tout de même à livrer plus de 3 millions de messages.

Une salle du musée évoque évidemment le chemin de fer et les premiers wagons de « l'administration des postes » qui date des années 1847-1849 avec les premiers ambulants qui déjà effectuaient le tri à bord. Un peu plus tard, vers 1866, apparaît le pneumatique. Ce système a fonctionné jusqu'en 1984. « *C'est le fax qui l'a tué* », précise Pascal Roman.

A toute vapeur. Pour acheminer le courrier, on fait de plus en plus loin et vite. Le bateau poste n'est pas ignoré. Le paquet-boat convoyait les lettres à l'autre bout du monde et donnera son nom par déformation au paquebot. Puis, au début du XXe siècle commencent les temps héroïques de l'aviation postale, des Mermoz, Saint-Ex et Guillaumet... Une salle du musée leur rend un hommage émouvant avec les objets des uns et des autres.

Enfin, la visite s'achève par une salle qui fera frémir d'envie les philatélistes et passionnera les historiens. Tous les timbres français depuis 1849 sont exposés par période et par thème. Environ 3500 timbres qui retracent l'histoire de France, de Louis Napoléon à nos jours en passant par Vichy et la France libre, les artistes, les sportifs ou les écrivains d'hier et d'aujourd'hui.

Un musée vivant doté d'une scénographie dynamique, au cœur de Montparnasse, à Paris. Une belle idée de visite pour tous.

Henri Israël

En savoir plus

Le Musée de La Poste est situé au 34 boulevard de Vaugirard à Paris 15e dans un immeuble moderne. Il est gratuit pour les moins de 18 ans et les salariés de La Poste. L'entrée coûte 5 €. Pour les groupes, les classes, on peut bénéficier d'un tarif gratuit et d'une visite guidée. Tél : 01 42 79 24 24. Outre l'exposition permanente, cinq salles sont réservées pour des expos temporaires. A venir, une sur « les explorateurs de Christophe Colomb à Paul-Emile Victor », une au printemps 2006 sur le peintre Gaston Chaissac et enfin une autre sur la correspondance privée et professionnelle de Françoise Dolto.

a) **Observez le titre, le surtitre et le sous-titre de l'article ci-contre.** Ce texte parle :
- d'un lieu. Lequel ?
- de l'histoire d'une institution. Laquelle ?

Vous allez donc trouver dans l'article : - des informations sur le lieu,
- les étapes d'une évolution.

Regardez rapidement le texte ; dites dans quelle partie (colonne, paragraphe ou encadré) il est question : - du lieu lui-même : ....

- de l'histoire de « l'aventure postale » : ....

b) **Parcourez de nouveau le texte :** vous constatez qu'il y a de nombreuses dates.
Relevez toutes celles qui concernent l'évolution de la Poste en France.
Comme dans l'exemple, **notez** à quoi elles correspondent.

.... : ________________

dès 1632 : l'essentiel du territoire est couvert par des messageries à cheval et des relais.

.... : ________________

.... : ________________

.... : ________________

.... : ________________

.... : ________________

.... : ________________

.... : ________________

.... : ________________

À quoi correspond la première date mentionnée dans le texte (dans le 1er paragraphe) ?

____

c) « **La lettre, à pied, à cheval, en voiture...** », dit le titre. Pouvez-vous retrouver :

1. les différents moyens utilisés pour acheminer les lettres ?

____

____

2. un autre mode de communication que la lettre ?

____

d) Rassemblez toutes les informations sur le musée.

- Date de création : ________________
- Situation : ________________
- Tarif d'entrée : ________________
- À voir en particulier : ________________
- Jugement global sur le musée : ________________

76

Réchauffement climatique : les menaces en France

Le niveau des mers monte

Le niveau moyen des océans de la planète s'est élevé de 10 à 20 cm au long du XXe siècle. Les experts pensent qu'une montée du niveau des mers de 50 cm est possible. Le littoral est donc directement menacé, notamment dans des régions comme la Camargue. Les scientifiques ont étudié l'évolution des poissons. La girelle-paon est présente sur les bords de la Côte d'Azur alors que ce poisson était inconnu sur les côtes françaises il y a dix ans. Dans l'Atlantique, deux espèces de poissons de la famille des saint-pierre ont progressé au cours des 30 dernières années d'une quinzaine de degrés de latitude, depuis le sud du Portugal jusqu'aux côtes de l'Irlande. Le réchauffement climatique risque de bouleverser les courants océaniques. Ainsi, le *Gulf Stream*, ce courant qui garantit la douceur du climat de l'Europe occidentale, pourrait être déplacé, ce qui, paradoxalement, entraînerait un refroidissement de l'Europe de l'Ouest.

Des espèces en danger

La France se situe au quatrième rang mondial pour le nombre d'espèces animales menacées et au neuvième pour la flore. 19 % des vertébrés et 8 % des végétaux pourraient disparaître en métropole. D'autres espèces vont s'adapter en se déplaçant pour trouver des conditions de vie plus favorables. On observe déjà des floraisons plus précoces chez certaines plantes et on constate l'avancée des dates de migrations chez les oiseaux. Certains animaux ne trouvent plus de nourriture pour leur petits nés en avance.

Un nouveau paysage forestier

Le visage de la forêt française pourrait complètement changer d'ici à 2100, selon une étude menée par l'Institut National de la Recherche Agronomique (INRA) et Météo France. Les espèces méditerranéennes (olivier, chêne vert, pin) représentent aujourd'hui 9 % de la forêt française. Si la température moyenne augmentait de 2°C, cette surface passerait à 28 %. Le pin maritime. des Landes et quelques essences du Sud-Ouest et du littoral breton (comme le chêne tauzin) connaîtraient le développement le plus spectaculaire. En revanche, les surfaces de pin sylvestre, essentiellement présent dans le nord de l'hexagone, diminueraient nettement dès 2030. Les boisements artificiels composés d'une seule espèce disparaîtraient. Les spécialistes prévoient un allongement de la période de croissance des arbres (elle a augmenté d'une dizaine de jours depuis 1960). Les chênes ont gagné 8 à 10 mètres dans les régions Centre et Pays de la Loire ; les pins d'Alep et les pins Laricio ont gagné 4 mètres en 100 ans en Provence. Le réchauffement favoriserait les feux de forêts et le développement de certains insectes ravageurs.

La disparition progressive des glaciers

95 % des glaciers alpins pourraient disparaître au cours des cent prochaines années ! On constate déjà la réduction de la couverture neigeuse et le recul des glaciers. Entre 1850 et 1980, ces derniers ont perdu un tiers de leur surface. Et depuis, ça ne s'arrange pas : depuis 1980, près de 30 % de la glace restante a disparu. Dans le massif du Mont-Blanc, la célèbre mer de Glace est particulièrement menacée : les images satellites montrent qu'en dessous de 2 100 mètres d'altitude, elle a perdu 1 mètre par an en épaisseur entre 1979 et 1994 et 4,1 mètres par an entre 2000 et 2003 ! Dans les Pyrénées, la surface glacée était de 45 km^2 en 1870, elle est tombée en 2000 à... 5 km^2. Quand la glace et la neige fondent, cela donne de l'eau douce. La disparition des glaciers fait donc peser une menace sur la ressource en eau.

Ouest-France, 30 octobre 2005.

a) Cet article présente les conséquences du réchauffement climatique pour la France. Chaque paragraphe concerne un aspect différent de l'environnement.

1. **Regardez les titres.** Quels sont les quatre aspects considérés ?

____

2. À partir de chaque titre, on peut se poser les questions suivantes :
   A. **Le niveau des mers monte.** De combien monte-t-il ? Quelles régions sont menacées par la montée des eaux ?
   B. **Des espèces en danger.** Lesquelles ou combien ?
   C. **Un nouveau paysage forestier.** En quoi consistera la nouveauté ?
   D. **La disparition progressive des glaciers.** Où ? En combien de temps ?

Quelles réponses apporte chaque paragraphe ?

A ____

____

B ____

____

C ____

____

D ____

____

b) Lisez plus précisément l'article.

1. Dites si les phénomènes liés au réchauffement climatique :
   - sont déjà en cours, en train de se produire,
   - ou s'ils sont seulement possibles (mais non certains) dans le futur.

	Phénomène	En cours	Possible
Paragraphe 1	1. Élévation de 50 cm du niveau des océans		
	2. Migration de certaines espèces de poissons		
	3. Déplacement des courants marins		
	4. Refroidissement de l'Europe de l'Ouest		
Paragraphe 2	5. Disparition d'un pourcentage élevé d'espèces animales et végétales		
	6. Adaptation de certaines espèces aux nouvelles conditions climatiques		
Paragraphe 3	7. Transformation complète de la forêt française		
	8. Développement très important des espèces méditerranéennes		
	9. Allongement de la période de croissance des arbres		
Paragraphe 4	10. Recul spectaculaire des glaciers français		

2. Justifiez maintenant vos réponses.

Pour cela, comme dans l'exemple (phrase 3) :
- relevez la phrase du texte qui correspond ;
- lorsque vous avez choisi « Possible », **soulignez les mots qui, selon vous, le prouvent.**

1. ______________________________

2. ______________________________

3. « Le réchauffement climatique risque de bouleverser les courants océaniques. Ainsi, le *Gulf Stream* pourrait être déplacé. »

4. ______________________________

5. ______________________________

6. ______________________________

7. ______________________________

8. ______________________________

9. ______________________________

10. ______________________________

3. En conclusion, qu'est-ce qui permet, d'après vos observations, de repérer qu'un fait est présenté comme seulement possible ?

L'emploi de certains mots ? Lesquels ? ______________________________

Le choix du temps du verbe ? Lequel ? ______________________________

Quoi d'autre ? ______________________________

77 Les Français et leurs portables : une histoire intime

Les Français tiennent un discours ambivalent sur leur téléphone mobile dont ils disent se méfier et qu'ils critiquent volontiers, mais se révèlent bien plus « proches » qu'ils ne l'avouent de cet objet qui a investi leur vie quotidienne, selon une étude réalisée à la demande de l'Association française des opérateurs mobiles (AFOM).

De prime abord ils déclarent le portable bien utile pour le travail ou pour joindre rapidement un interlocuteur mais que c'est un objet contraignant, asservissant, voire angoissant, selon cette étude réalisée par dix chercheurs pour le Groupe de recherche interdisciplinaire sur les processus d'information et de communication (Gripic).

Or, ce discours est contredit dans la réalité. Les utilisateurs de portable révèlent une relation bien plus intime qu'ils ne veulent l'admettre avec cet appareil mais aussi une maîtrise de ses possibilités et de ses contraintes, affirment ces chercheurs dans un rapport que l'AFOM doit diffuser au mois de mai. « *Chacun se souvient de quand il a acheté son premier portable, quand il l'a perdu ou quand on le lui a volé. On le manipule sans cesse même quand on ne téléphone pas. Personne ne jette son vieux portable, qui est remisé dans un tiroir ou donné aux enfants pour qu'ils jouent avec* », affirme Joëlle Menrath, chercheuse en sciences de l'information et de la communication. Et surtout, ajoute-t-elle, personne ne le prête « *même chez les adolescents, car c'est un outil qu'on peut entièrement configurer : on y met ses contacts, les SMS intimes qu'on n'arrive pas à effacer, la photo de son enfant pour illustrer l'écran...* ».

Les gens critiquent volontiers la fonction « appel », dont ils disent qu'elle détruit le lien social car chacun est dans sa bulle, l'oreille collée à son mobile et pas à l'écoute de son entourage, qu'elle gêne les autres (dans les transports en commun ou au restaurant par exemple), qu'elle crée agacement et tension.

Tolérance généralisée

Or, affirme cette étude, sur le terrain ces scènes d'agacement sont inexistantes notamment parce que près de 80 % de la population a un portable et que chacun se met à la place de celui qui téléphone ou reçoit un appel. « *L'observation montre une harmonie sociale, une tolérance généralisée. Celui qui appelle développe aussi des gestes "réparateurs" : il parle bas et le dit à son interlocuteur pour que son voisin l'entende, il fait des clins d'œil, des sourires... Autant de gestes qui constituent des liens avec son entourage, des liens qui n'existaient pas forcément auparavant* », juge Mme Menrath.

Le téléphone, comme la cigarette à une époque, permet aussi de prendre la pose, d'assumer son apparence, de signifier « *je ne suis pas seul, j'ai des amis* », ajoute la chercheuse.

Enfin, pour ce qui est d'être aliénant – être sans cesse joignable, notamment par son employeur – les utilisateurs de mobile ont su développer des stratégies pour être joignables seulement quand ils le souhaitent et pour que le téléphone ne leur dicte pas sa loi. « *On négocie avec soi ou les autres notre temps, nos priorités. On devient arbitre de sa propre liberté, ce qui peut être très douloureux* », explique Mme Menrath, qui admet que tout le monde n'a pas cette possibilité de refuser d'être joignable à certains moments.

Cette étude a été menée pendant six mois à Paris et en Bretagne. Elle est constituée d'entretiens mais aussi d'observations sur le terrain (gares, train, bus, restaurants, bars...) par le panel de dix chercheurs du Gripic, dont un en philosophie et un autre en ethnologie.

www.lemonde.fr, 22/04/2005.

a) Lisez le titre. Quelle partie du texte explicite l'expression « une histoire intime » ?

____

b) « Les Français tiennent un discours ambivalent sur leur téléphone ». **Lisez le paragraphe 1.**

1. Selon vous, après cette lecture, un discours ambivalent est :
   confus ❒ à double sens ❒ très positif ❒ critique ❒
2. **Relevez les parties de phrase qui justifient votre réponse.**

____

____

c) Lisez les paragraphes 2, 3 et 4. Quelle(s) autre(s) manifestation(s) de l'ambivalence pouvez-vous relever ?

____

____

d) Lisez les paragraphes 5 et 6. Présentent-ils un autre aspect de l'ambivalence ?

____

____

e) Lisez la fin du texte.

- Quel(s) avantage(s) offre le portable ? ____
- Quel(s) inconvénient(s) peut-il présenter ? ____

Si vous deviez résumer ce texte dans votre langue pour une personne ne parlant pas ou parlant mal le français, sur quel(s) aspect(s) insisteriez-vous ?

78 a) 1. Quels mots évitent de répéter le mot « portable » dans le texte ?

Ex. « objet » (*cet objet*), « ses » (*ses possibilités*), « y » (*on y met ses contacts*), ou encore « dont » (*dont ils disent se méfier*) sont quatre mots différents qui désignent le portable.

2. Pouvez-vous les classer ? Comment ?

b) Relevez deux termes différents qui désignent Joëlle Menrath dans le texte.

c) À quoi fait référence l'expression : « *Autant de gestes qui…* » dans le 5ᵉ paragraphe ?

d) À votre avis, qu'est-ce qui peut motiver le besoin de développer des gestes « réparateurs » ?

e) Dans la phrase : « *Celui qui appelle développe aussi des gestes "réparateurs" : il parle bas et le dit à son interlocuteur pour que son voisin l'entende, il fait des clins d'œil, des sourires* », qui ou que représentent les mots soulignés ?

f) Dans l'article, deux mots de liaison, d'articulation, permettent au journaliste de souligner, de mettre en relief, l'ambivalence du comportement des Français.

Quels sont ces mots ?

g) Observez les mots soulignés dans le texte : *voire*, *surtout* **et** *notamment*.

Quel mot :

- permet d'attirer l'attention sur un exemple ou un fait précis ?
- marque une gradation ?
- permet d'insister, de souligner ?

2 ▪ Comprendre la correspondance

▪ 1. Lettres de voyageurs ▪

Trois voyageurs célèbres écrivent à leur famille : ***Antoine de Saint-Exupéry*** *(1900-1944), pilote et écrivain, l'auteur du* Petit Prince *;* ***Arthur Rimbaud*** *(1854-1891), poète précoce et révolutionnaire qui, à 21 ans, renonce à la poésie pour une vie d'aventures et de voyages ;* ***Alexandra David-Néel*** *(1868-1969), infatigable et audacieuse voyageuse-exploratrice, orientaliste, première Occidentale à être entrée à Lhassa, au Tibet, dans les années vingt.*

LETTRE 1

Ma petite maman,

Voyage bien paisible. On joue aux charades avec de petites jeunes filles, on se déguise, on invente de petits papiers. Hier, on jouait à colin-maillard et au chat perché. Je me retrouve à l'âge de quinze ans.

Il faut beaucoup d'imagination pour se croire sur un bateau. Aucun bruit, une mer d'huile. C'est à peine si l'on entend le souffle de ventilateurs immenses qui nous tournent sans fin sur le front.

Il commence à faire chaud. Nous faisons escale pour cinq heures à Dakar. Vieux souvenirs. Ma lettre vous arrivera ainsi en trois ou quatre jours par avion.

Ma petite maman, comme le monde est petit. À Dakar, il me semble encore être en France. C'est peut-être parce que je connais rocher par rocher, arbre par arbre, dune par dune l'avenue qui va de Toulouse au Sénégal. Pas une pierre de ce chemin que je ne reconnaîtrais.

Nous venons de toucher le port de Dakar et l'on m'y remet votre lettre. Ça m'émeut, et puis je me demande comment vous avez eu cette bonne idée. Vous êtes une mère inventive.

Je ne me sens encore ni triste, ni loin, ni même absent. On ne peut pas dire que l'on voyage. Pas un mouvement, pas un son et ces charades dans le salon devant les mères de famille assises en cercle ! Rien de tout cela n'est bien exotique ni bien colonial. Sinon ce vent chaud et épais de Dakar. Mais on pourrait se croire à Saint-Maurice par un jour sans air.

Poissons volants et requins donnent des exhibitions en cours de route. Les petites jeunes filles poussent des cris. Puis on fait une charade sur un poisson et un portrait sur un requin.

Je vais descendre à terre mettre cette lettre à la poste. Je vous embrasse tous bien tendrement. Je vous emmène un peu tous avec moi.

Maintenant vous aurez une lettre d'Amérique du Sud dans pas trop longtemps. Ma petite maman cette terre est toute petite : on n'est jamais bien loin. Je vous embrasse comme je vous aime,

Antoine

Antoine de Saint-Exupéry, *Lettres à sa mère*, Gallimard.

N.B. Cette lettre date de 1929.

Lettre 2

Mont-Troodos (Chypre), dimanche 23 mai 1880.

Excusez-moi de n'avoir pas écrit plus tôt. Vous avez peut-être eu besoin de savoir où j'étais; mais jusqu'ici j'ai réellement été dans l'impossibilité de vous faire parvenir de mes nouvelles.

Je n'ai rien trouvé à faire en Égypte et je suis parti pour Chypre il y a presque un mois. En arrivant, j'ai trouvé mes anciens patrons en faillite. Au bout d'une semaine, j'ai cependant trouvé l'emploi que j'occupe à présent. Je suis surveillant au palais que l'on bâtit pour le gouverneur général, au sommet du Troodos, la plus haute montagne de Chypre [2100 mètres].

Jusqu'ici j'étais seul avec l'ingénieur, dans une des baraques en bois qui forment le camp. Hier sont arrivés une cinquantaine d'ouvriers et l'ouvrage va marcher. Je suis seul surveillant, jusqu'ici je n'ai que deux cents francs par mois. Voici quinze jours que je suis payé, mais je fais beaucoup de frais: il faut toujours voyager à cheval; les transports sont excessivement difficiles, les villages très loin, la nourriture très chère. De plus, tandis qu'on a très chaud dans les plaines, à cette hauteur-ci il fait, et fera encore pendant un mois, un froid désagréable; il pleut, grêle, vente à vous renverser. Il a fallu que je m'achète matelas, couvertures, paletot, bottes, etc., etc.

Il y a au sommet de la montagne un camp où les troupes anglaises arriveront dans quelques semaines, dès qu'il fera trop chaud dans la plaine et moins froid sur la montagne. Alors le service des provisions sera assuré.

Je suis donc, à présent, au service de l'administration anglaise: je compte être augmenté prochainement et rester employé jusqu'à la fin de ce travail, qui se finira probablement vers septembre. Ainsi, je pourrais gagner un bon certificat, pour être employé dans d'autres travaux qui vont probablement suivre, et mettre de côté quelque cents francs.

Je me porte mal; j'ai des battements de cœur qui m'ennuient fort. Mais il vaut mieux que je n'y pense pas. D'ailleurs qu'y faire? Cependant l'air est très sain ici. Il n'y a sur la montagne que des sapins et des fougères.

Je fais cette lettre aujourd'hui dimanche; mais il faut que je la mette à la poste à dix lieues d'ici, dans un port nommé Limassol, et je ne sais quand je trouverai l'occasion d'y aller ou d'y envoyer. Probablement pas avant huitaine. [...]

Jusqu'ici je n'ai encore parlé que de moi. Pardonnez-moi. C'est que je pensais que vous devez vous trouver en bonne santé, et au mieux pour le reste. Vous avez bien sûr plus chaud que moi. Et donnez-moi bien des nouvelles du petit train. Et le père Michel? et Cotaîche?

Je vais tâcher de vous faire prochainement un petit envoi du fameux vin de la Commanderie.

Je me recommande à votre souvenir.

À vous.

Arthur Rimbaud.
Poste restante, Limassol (Chypre)

LETTRE 3

Rikyoku an, Tofoku-ji, Kyoto, 9 mai 1917

[...] L'été est venu et les quelques jours qui nous séparent de la saison des pluies sont agréables. Des cigales se sont mises à chanter me rappelant celles des basses vallées himalayennes et spécialement un endroit : Dikshu, où j'ai passé des heures paisibles à regarder le feu d'artifice des mouches lumineuses. Lors de mon premier voyage au Sikkim je me rappelle t'avoir écrit de là mon rêve d'une demeure dans ces parages avec un jardin fleuri d'hortensias bleus. Je me souviens que je te disais : s'arrêter là dans une paisible maisonnette, ce serait sans doute la sagesse. Plus tard, je l'ai eue, la maison himalayenne, non pas dans la douceur du climat de Dikshu, mais sur les cimes froides, plus altière et moins stable que celle de mon premier rêve qui s'entourait simplement d'hortensias couleur de ciel. Envolé tout cela, pour ne revenir jamais ! En risquant ce voyage au Tibet je me suis fermé le Sikkim, je m'en doutais avant de partir. Mais quoi, les êtres vont où le vent de l'esprit les pousse et je ne regrette pas les jours de Shigatze et les jours de voyage et les horizons de Phu-bra. Quel que soit le prix à payer, il vaut la peine d'avoir hanté l'étrange pays de là-haut. Comment aurais-je pu m'asseoir à la frontière et résister à la curiosité de voir le pays qui s'étendait devant moi, si étrange, si différent de tout.
Mon petit, vois-tu, j'en ai le pressentiment, je ne me réhabituerai pas à d'autres paysages. Maintenant, dans l'ombre de ma maison japonaise, passent des visions de monts géants, des processions de yacks s'en allant, graves, vers les lointains. Mon cœur se serre, je ne me guérirai pas de ma nostalgie, ou, peut-être, il me faudra partir pour la Mongolie retrouver un reflet du Désert. [...]

Alexandra DAVID-NÉEL, *Correspondance avec son mari*, Plon.

Alexandra David-Néel est allée une première fois au Sikkim, un petit État de l'Himalaya en 1912. Elle y est retournée en 1913 pour se former à la sagesse bouddhiste et, de 1914 à 1916, elle a vécu dans une modeste maison auprès d'un monastère, à plus de 4 000 m d'altitude. Mais, en 1916, elle s'est rendue sans autorisation au Tibet, dans la ville de Shigatze, et elle a, pour cette raison, été expulsée du Sikkim par l'administration anglaise.

79 a) Faites la liste des sujets qui, à votre avis, sont abordés dans une lettre de voyage.

Ex. On décrit l'endroit où on se trouve ; on raconte ce qu'on fait...

Continuez la liste.

b) **Lisez les trois lettres. Cherchez dans ces lettres les réponses aux questions. Complétez le tableau.**

	Saint-Exupéry	Rimbaud	David-Néel
Où se trouve-t-il/elle exactement ?			
Quel temps fait-il ?			
Comment se sent-il/elle moralement ou physiquement ?			
- Est-il/elle déjà venu(e) là ? - Évoque-t-il/elle des voyages précédents ? Si oui, dans quels pays ?			
Quelles sont ses occupations actuelles ?			
Que va-t-il/elle faire ensuite ?			

c) **Retrouvez à quelle lettre correspond chacune des phrases suivantes :**

L'auteur de la lettre	1	2	3
. a des problèmes d'argent.			
. évoque un voyage qui l'a marqué pour toujours.			
. décrit avec amusement ses propres activités.			
. minimise l'éloignement.			
. se plaint des conditions de vie.			
. craint de ne pas se réadapter à une autre vie.			

d) Que pouvez-vous dire des relations entre l'auteur de la lettre et la (les) personne(s) à qui il écrit ? Vous semblent-elles affectueuses ou distantes ? Est-ce que ses proches lui manquent ? **Justifiez vos réponses.**

- Lettre 1 : ______________________________

____

- Lettre 2 : ______________________________

____

- Lettre 3 : ______________________________

____

e) De quelle lettre s'agit-il ?

- C'est une lettre nostalgique et poétique qui exprime la passion de son auteur pour un pays, des paysages différents, mystérieux. ....
- C'est une lettre humoristique et légère, affectueuse. ....
- C'est une lettre très réaliste, « terre à terre », qui donne des détails sur les conditions de vie matérielles de son auteur. ....

■ 2. Lettres entre mères et filles ■

• Lettre de Sido à Colette •

Auteure de la première moitié du XXe siècle (1873-1954), Colette (de son vrai nom Gabrielle Colette) est une des femmes de lettres françaises les plus connues, pour la beauté de son style comme pour sa liberté d'esprit (qui la rapproche d'ailleurs de George Sand). Sa mère, Sidonie, dite Sido, a, dans cette œuvre, une place privilégiée. Colette lui a consacré un de ses livres les plus connus. Mère et fille ont échangé une abondante correspondance. Il ne reste aujourd'hui que les lettres de Sido, celles de Colette à sa mère ont été détruites.

20 mai 1907

Minet chéri,

Reçu les cent francs. Non, mon toutou blanc, je n'ai pas besoin d'argent en ce moment; tu es trop gentille, vois-tu. [. . .]
Je ne vois pas avec plaisir l'achat d'une auto. C'est terrible! Il faut un chauffeur et confier sa vie à un étranger n'est pas raisonnable et que d'argent pour l'entretien! Vous ne vous en faites pas idée! L'accident du pauvre Clément devrait vous faire réfléchir si tu viens me voir, je préfère de beaucoup que tu prennes le train. Mais quand te verrai-je?
Je suis très sollicitée par mes belles-sœurs, nièces et neveux pour aller passer quelques semaines près d'eux. Je ne sais pas encore ce que je ferai, mais si je me décide, je m'arrêterai un peu à Paris.
Que je n'oublie pas de te dire que je déménage (hélas!). Je quitte ma Petite-maison que j'ai remplie de verdure et de fleurs. Achille et Jane le désiraient vivement, mais je ne prends pas la maison de la veuve Auroux – elle me dégoûtait! Je vais aller demeurer, voyons, comment t'expliquer cela, pour que tu comprennes et que tu voies? C'est en face de l'hôtel de ville, une petite maison faisant partie des maisons qu'on longe à sa droite, comme pour aller chez les Mayet. Vois-tu? Oui, c'est presque au coin en tournant, quand on vient de la place du Marché au Beurre. Je serai bien plus près d'Achille.*

La maison n'a qu'une fenêtre de façade, mais derrière, elle a une grande cour pavée et... un puits! C'est rare à Châtillon. Comme voisins, j'ai les Taupin-Pellas, fabricants de chaussures et, de l'autre côté, une famille de trois personnes. Tu sais que ça me va d'avoir des voisins?
Dans cette maison, il y a deux chambres en haut, dont une très grande, celle qui donne sur la rue et qui sera ma chambre à coucher; une autre, donnant sur la cour, et qui sera la tienne; en bas, une chambre qui sera la salle à manger, et une petite cuisine.

Ce déménagement m'épouvante mais, puisque je dois continuer à aller tous les jours chez Achille et que le froid humide m'est fatal, il faut bien que je me décide.
Les personnes qui habitent ma future demeure ne la quittent que parce que la famille est trop nombreuse pour une si petite maison : elle va demeurer un peu plus loin, chez les Mayet.
Léo est ici depuis lundi soir. Il est toujours le même, un assemblage au moral de bons sens et de « déplafonnage »**, mais tous mes enfants ont un peu ce caractère. Je ne veux tout de même pas avouer que c'est de moi seule qu'ils tiennent ce caractère, non. Je t'en excepte, ô mon toutou chéri !*
*Aujourd'hui, c'est mon jour de tristesse. Pourquoi ? Je ne sais pas. Ou c'est pour mille détails : le froid et puis, et puis, peut-être, la vieillesse, et aussi, que je voudrais que tout soit pour le mieux, mais hélas ! Je suis impuissante à tout arranger comme je le voudrais, et comme il faudrait que tout fût.****
Je ne t'envoie pas de muguet, parce qu'il faudrait le mettre loin de toi et que tu ne l'aurais pas sous les yeux. Mais, si tu le désires, je t'en enverrai.
Au revoir, trésor chéri.
Amitiés à Missy et à la famille da Costa.

Ta mère.

Colette-Sido, Lettres, Éditions des Femmes.

* Sido a quatre enfants : deux d'un premier mariage (Achille et Madeleine) et deux du second (Léo et Gabrielle-Colette).

** Ce mot n'existe pas, c'est Sido qui le crée ! On devine ce qu'il signifie pour elle parce qu'elle l'oppose au bon sens : elle juge que ses enfants sont à la fois raisonnables et un peu fous, qu'ils se comportent tantôt de manière sage, raisonnable et tantôt de manière insensée, déraisonnable.

*** On peut dire aussi « et comme il faudrait que tout soit ».

80 a) Lisez la lettre de Sido à sa fille Colette.
Dites si les affirmations suivantes sont vraies ou fausses.

Colette a envoyé de l'argent à sa mère. vrai ✓
Colette envisage l'achat d'une voiture. ~~non~~ faux elle l'a déjà vrai
Quelqu'un de leur entourage a eu un accident de voiture. vrai ✓
Sido a décidé d'aller voir sa fille. faux ✓
Elle est heureuse de déménager. faux ✓
Son fils Achille habite dans la même ville qu'elle. vrai ✓
Colette connaît bien la ville où habite sa mère. vrai ✓
Sido n'aime pas avoir des voisins. faux ✓
Elle déménage parce que sa maison est trop petite. faux ✓
Elle pense que tous ses enfants ont le même caractère qu'elle. faux ✓

b) Relisez la lettre pour compléter les phrases suivantes.

Sido refuse ____________________

Elle désapprouve ____________ parce que ____________ et que ____________

Elle se demande ____________________

Elle hésite à ____________________

Elle annonce ____________________

Elle explique ____________________

Elle décrit ____________________

Elle explique aussi ____________________

Elle ne veut pas reconnaître que ____________________

Elle se plaint de ____________________

c) Le ton de Sido est très affectueux. **Relevez les différentes marques d'affection que vous trouvez dans la lettre.**

____

____

____

d) Quels sont les autres sentiments exprimés par Sido ?
Cochez dans la liste suivante les propositions qui conviennent.

Espoir	○	Regret	○
Satisfaction	○	Tristesse	☒
Joie	○	Inquiétude	☒
Reconnaissance	☒	Jalousie	○
Admiration	○	Résignation	☒
Soulagement	○	Mécontentement	☒
Fierté	○	Agacement	○

Justifiez vos choix par des passages de la lettre.

____

____

____

____

e) Le ton de la lettre est aussi très familier, très proche : on dirait que Sido parle à sa fille.
Relevez quelques preuves de ce style parlé.

____

____

• Lettres de George Sand à sa mère •

LETTRE 1

Paris, 21 janvier 1831

L'ami Pierret m'a lu ce matin le passage de votre lettre qui me concerne. Je vous remercie, ma chère petite maman, du désir que vous témoignez de me voir. Il est bien réciproque et j'espère bien qu'il sera satisfait. Je compte rester ici deux mois au moins, ainsi je ne puis manquer de vous embrasser cette année. Je n'oserais pas vous prier d'avancer pour moi votre retour. Je craindrais trop de causer du chagrin à Caroline qui est heureuse de vous avoir près d'elle et qui me reprocherait peut-être de vous enlever à elle. Ne croyez point que j'éprouve aucun sentiment de jalousie envers ma sœur. Ce serait un sentiment bien bas et que je ne voudrais pas éprouver quand même il s'agirait d'une personne indifférente, à plus forte raison à son égard.

Vous demandez ce que je viens faire à Paris. Ce que tout le monde y vient faire, je pense, me distraire, m'amuser, m'occuper des arts qu'on ne voit que là dans tout leur éclat. Je cours les musées, je vais quelquefois au spectacle, je prends des leçons de dessin et tout cela m'occupe tellement que je ne vois presque personne. [...] Je n'ai pas le temps et puis il faut faire des toilettes et un peu de cérémonie et cela m'ennuie. Je veux un peu vivre pour moi, il en est temps.

Je reçois souvent des lettres de mon petit Maurice. Il se porte bien, ainsi que sa sœur que j'ai laissée bien belle et bien grosse. Maurice a un très bon instituteur que j'ai fixé près de lui pour deux ans au moins, c'est ce qui me donne un peu plus de liberté, je compte venir plus souvent à Paris que je n'ai fait jusqu'ici, à moins que je ne m'y ennuie, ce qui pourrait bien m'arriver. Jusqu'à présent, je n'en ai pas eu le temps et si je continue à m'y trouver bien je ne retournerai chez moi qu'au commencement d'avril.

Vous voyez, ma chère maman, que je ne puis manquer de vous embrasser cet hiver ; car je ne pense pas que vous restiez tout ce temps-là loin de Paris.

George SAND, *Correspondance (1812-1831).*

La personnalité de George Sand (1804-1876) est caractérisée par sa constante recherche de la liberté. Aurore Dupin (c'est son vrai nom) a pris un pseudonyme masculin pour être publiée plus librement. C'est en 1832 qu'elle publie son premier roman *Indiana* (écrit donc à peu près à l'époque de ces lettres) qui est un vif plaidoyer féministe. Libre dans son écriture, elle l'a été aussi dans sa vie, en particulier dans sa vie sentimentale, sans craindre le scandale. Parmi ses amants, on compte des artistes de premier plan : le poète Musset, le musicien Chopin.

81 **Lisez cette lettre.**

a) Notez toutes les informations que vous y trouvez sur son auteur :

Qu'apprenez-vous sur sa famille ? soeur Caroline (jalousie), mère, 2 enfants, Maurice + soeur

Habite-t-elle habituellement à Paris ? non

Quelles sont ses activités préférées ? arts (musée, dessin, spectacles)

Quels sont ses projets ? vivre pour elle, aller à Paris plus souvent

D'après cette lettre, quel âge (approximatif) lui donnez-vous ? 25/30 ans

b) Dans la première phrase, George Sand fait référence à une lettre de sa mère (adressée à un ami) qui la concerne. l'ami Pierret

- D'après la lettre de George Sand, pouvez-vous imaginer ce que sa mère a écrit ?

– manque, désir de se revoir, – questions : ce qu'elle fait à Paris

- Où se trouve la mère au moment de cette lettre ?

chez Caroline, la soeur de G. Sand

c) Quels sentiments George Sand exprime-t-elle dans sa lettre ?

Répondez *oui* ou *non* (en cochant) aux propositions suivantes.

Justifiez chaque fois votre réponse par un passage de la lettre.

Sentiments exprimés	Oui	Non	Justification
Jalousie envers sa sœur	✓	✓	ne veut pas sembler indifférente
Désir de voir sa mère le plus vite possible	✓	✓	j'espère que ce désir sera satisfait cette année
Satisfaction d'être à Paris	✓		
Plaisir de rencontrer des gens		X	
Inquiétude au sujet de ses enfants		X	Maurice → très bon instituteur fille → belle et grosse

Lettre 2

Nohant, 31 mai 1831

Vous me connaissez fort peu j'ose le dire, ma chère maman, il y a bien des années que nous n'avons vécu ensemble et souvent vous oubliez que j'ai 27 ans et que mon caractère a dû subir bien des changements depuis ma première jeunesse. Vous me supposez surtout un amour du plaisir, un besoin d'amusement et de distraction que je suis loin d'avoir. Ce n'est pas du monde, du bruit, des spectacles, de la parure qu'il me faut, c'est de la liberté d'être toute seule dans la rue et me dire à moi-même « Je dînerai à quatre heures ou à sept suivant mon bon plaisir, je passerai par le Luxembourg pour aller aux Tuileries, au lieu de passer par les Champs-Elysées, si tel est mon caprice », voilà de quoi m'amuser davantage que les fadeurs des hommes et la raideur des salons. Et puis quand je rencontre des cœurs qui ne me comprennent pas du tout, qui prennent mes innocentes fantaisies pour des vices hypocrites, je ne sais pas me donner la peine de les dissuader. Je sens que ces gens-là m'ennuient, me méconnaissent et m'outragent. Alors je ne réponds rien et je les plante là. Suis-je bien coupable? [...]

Mon Dieu! Quelle rage avons-nous donc ici-bas de nous tourmenter mutuellement, de nous reprocher aigrement nos défauts, de condamner sans pitié tout ce qui n'est pas taillé sur notre patron? Vous, ma chère maman, dans votre vie vous avez souffert de l'intolérance, des fausses vertus, des gens à grands principes. Votre beauté, votre jeunesse, votre indépendance, votre caractère heureux et facile, combien ne les a-t-on pas noircis! et quelles amertumes ne sont pas venues empoisonner votre brillante destinée! [...]

On vous a dit que je portais la culotte, on vous a bien trompée; si vous passiez vingt-quatre heures ici, vous verriez bien que non. Mais en revanche, je ne veux point qu'un mari porte mes jupes. Chacun son vêtement, chacun sa liberté. J'ai des défauts, mon mari en a aussi, et si je vous disais que notre ménage est le modèle des ménages, qu'il n'y a jamais eu un nuage entre nous, vous ne le croiriez pas. [...] Du reste, il est bien juste que cette liberté dont jouit mon mari soit réciproque; sans cela, il deviendrait à moi comme à tout le monde odieux et méprisable; c'est ce qu'il ne veut point être. Je suis donc entièrement indépendante; je me couche quand il se lève, je vais à La Châtre ou à Rome, je rentre à minuit ou à 6 h., tout cela c'est mon affaire. Ceux qui ne le trouveraient pas bon et qui vous feraient des propos sur mon compte, jugez-les avec votre raison et avec votre cœur de mère; l'un et l'autre doivent être pour moi.

Adieu, chère petite maman; mes enfants se portent bien, ma fille est belle et mauvaise. Maurice est maigre et bon. Je suis contente de son caractère et de son travail. Je gâte un peu ma grosse fille, l'exemple de Maurice qui est devenu si doux me rassure pour l'avenir. Écrivez-moi, chère maman; je vous embrasse de toute mon âme.

George Sand, *Correspondance (1812-1831)*.

82 **Lisez la seconde lettre de George Sand.**

a) Quelles phrases de la lettre correspondent aux reformulations proposées ?

- J'ai beaucoup changé depuis mon enfance. → ______________________
- Vous me voyez très différente de ce que je suis en réalité. → ______________________
- Ce qui est le plus important pour moi, c'est la liberté. → ______________________
- Je ne veux pas discuter avec ceux qui me jugent sans me comprendre.
→ ______________________
- Les hommes sont intolérants, ils condamnent tout ce qui est différent d'eux.
→ ______________________
- Vous aussi, on vous a mal jugée. → ______________________
- On m'accuse de me comporter comme un homme, de diriger la maison à la place de mon mari mais ce n'est pas vrai.
→ ______________________
- Dans notre couple, nous sommes aussi libres l'un que l'autre. C'est normal. → ______________________
- Soyez de mon côté et non avec ceux qui me critiquent.
→ ______________________

b) Complétez avec cette lettre le portrait de George Sand.

- Aviez-vous deviné son âge à la lecture de la lettre précédente ? ______________________
- Quel est son caractère ? ______________________

c) George Sand affirme avec force son indépendance. Comment essaie-t-elle de mettre sa mère de son côté ?

____

■ 3. Deux lettres célèbres ■

• Lettre de Camus à la réception du prix Nobel •

Albert Camus (1913-1960), l'auteur notamment de « L'Étranger » et de « La Peste », a reçu le prix Nobel de littérature en 1956.

19 novembre 1957

Cher Monsieur Germain,

J'ai laissé s'éteindre un peu le bruit qui m'a entouré tous ces jours-ci avant de venir vous parler de tout mon cœur. On vient de me faire un bien trop grand honneur, que je n'ai ni recherché ni sollicité. Mais quand j'en ai appris la nouvelle, ma première pensée, après ma mère, a été pour vous. Sans vous, sans cette main affectueuse que vous avez tendue au petit enfant pauvre que j'étais, sans votre enseignement, et votre exemple, rien de tout cela ne serait arrivé. Je ne me fais pas un monde de cette sorte d'honneur. Mais celui-là est du moins une occasion pour vous dire ce que vous avez été, et êtes toujours pour moi, et pour vous assurer que vos efforts, votre travail et le cœur généreux que vous y mettiez sont toujours vivants chez un de vos petits écoliers qui, malgré l'âge, n'a pas cessé d'être votre reconnaissant élève. Je vous embrasse de toutes mes forces.

C. Thélot, *Les Écrivains français racontent l'école*, Delagrave-Maisonneuve et Larose.

83 **Lisez attentivement la lettre. Répondez aux questions suivantes.**

a) Qui est « Monsieur Germain », le destinataire de cette lettre ? un maître professeur

b) Pourquoi Camus lui écrit-il ? pour le remercier, pour lui dire à quel point il l'a influencé / motivé (quel rôle il a joué)

c) Quels sentiments exprime-t-il ? reconnaissance, respect, amour

d) Quelle autre personne évoque-t-il ? sa mère

e) Qu'apprend-on sur l'enfance de Camus ? qu'elle était pauvre & difficile

f) Que pense-t-il du prix qu'il vient de recevoir ? que c'est un honneur mais qu'il n'a été ni cherché ni sollicité

• Lettre d'André Gide à Marcel Proust •

« Du côté de chez Swann », le premier volume de « À la recherche du temps perdu », vient de paraître chez l'éditeur Bernard Grasset. L'auteur, Marcel Proust, avait d'abord envoyé son manuscrit à la célèbre revue littéraire NRF – « la Nouvelle Revue Française » –, éditée par Gallimard. Il avait même proposé de payer lui-même les frais d'édition. Mais la NRF avait refusé son livre.
André Gide, écrivain lui aussi, avait beaucoup d'influence à la NRF car il en était un des fondateurs.

11 janvier 14

Mon cher Proust,

Depuis quelques jours je ne quitte plus votre livre*. Hélas ! Pourquoi faut-il qu'il me soit si douloureux de tant l'aimer ?...
Le refus de ce livre restera la plus grave erreur de la NRF, et (car j'ai cette honte d'en être beaucoup responsable) l'un des regrets, des remords, les plus cuisants de ma vie. Sans doute je crois qu'il faut voir là un fatum[1] implacable, car c'est bien insuffisamment expliquer mon erreur, que de dire que je m'étais fait de vous une image d'après quelques rencontres dans « le monde » qui remontent à près de vingt ans. Pour moi vous étiez resté celui qui fréquente chez Mme X ou Y, et celui qui écrit dans le *Figaro*. Je vous croyais, vous l'avouerai-je, du côté de chez Verdurin ![2] un snob, un mondain amateur, – quelque chose d'on ne peut plus fâcheux[3] pour notre revue. Et le geste, que je m'explique si bien aujourd'hui, de nous aider pour la publication de ce gros livre – et que j'aurais trouvé charmant si je me l'étais mieux expliqué, n'a fait hélas ! que m'enfoncer dans cette erreur...
Et maintenant que je vous lis, il ne me suffit pas d'aimer ce livre ; je sens que je m'éprends, pour lui et pour vous, d'une sorte d'affection, d'admiration, de prédilection[4] singulières...
Je ne puis continuer... j'ai trop de regrets, trop de peine – et surtout à penser que peut-être quelque chose vous sera revenu de mon absurde premier déni[5] – qu'il vous aura peiné peut-être... Croyez bien qu'aujourd'hui ma peine est bien plus forte que celle que j'aurais pu vous causer – Ce déni, je ne me le pardonnerai pas ; et c'est seulement pour alléger un peu cette peine que je me confesse à vous ce matin, vous suppliant d'être pour moi plus indulgent que je ne suis aujourd'hui pour moi-même.

André Gide

* Du côté de chez Swann

Marcel Proust, *Lettres (1879-1922)*, Plon.

1. un destin, une fatalité à laquelle on ne peut échapper. - 2. Dans « Du côté de chez Swann », Proust fait la peinture satirique d'un couple de riches bourgeois, les Verdurin, qui, par snobisme, prétendent accueillir dans leur salon des artistes à la mode. - 3. déplaisant, ennuyeux, qui ne convient pas du tout. - 4. préférence. - 5. refus injuste.

84 **Lisez la lettre. Lisez aussi la note qui la précède et précise son contexte.**

a) Quelle est l'intention principale de cette lettre ? excuse

b) André Gide indique lui-même les différents sentiments qu'il éprouve. **Relevez-les. Quels mots, quelles expressions de la lettre peut-on associer à ces sentiments ?** douleur, honte + admiration

c) Gide cherche-t-il à minimiser, diminuer son rôle dans le refus subi par Proust ?
Quel passage de la lettre justifie votre réponse ? non, honte d'en être responsable

d) Comment explique-t-il son erreur ? fausse image de M. Proust
Cette explication lui semble-t-elle suffisante ? Non (*)

e) Qu'est-ce qui aggrave sa peine ? la peine qu'il a causé à Pr.

3 ■ LIRE POUR S'ORIENTER

■ 1. Dans un prospectus ■

85

Plein tarif : 7,5 €
Tarif réduit : 6 €
(-13 ans, + 60 ans, étudiants, sans emploi, familles nombreuses)
Sauf le vendredi soir, samedi et dimanche

cinéma ÉLYSÉE PALACE VICHY

Carte d'abonnement : 5 places = 26 €
Carte d'abonnement : 5 places = 26 € (Carte valable 3 mois, 2 places maxi par séance)
Comité d'entreprise carnet de 10 tickets : 55 €

LA LEGENDE DE ZORRO
Sortie Nationale
2h10, Film d'aventure américain de Martin CAMPBELL
avec Antonio BANDERAS et Catherine ZETA-JONES
En 1850, la Californie aspire à devenir le 31e Etat de l'Union, mais les membres de la mystérieuse confrérie médiévale sont décidés à l'en empêcher par tous les moyens... Les paysans doivent aussi se défendre contre Jacob McGivens, qui s'empare de leurs terres par la force. Seul Zorro pourrait intervenir, mais Elena, sa femme, voudrait qu'Alejandro abandonne ses activités de justicier pour se consacrer enfin à sa famille. Lorsque face à l'urgence, il décide néanmoins d'enfiler le légendaire masque de Zorro, Elena se sent trahie et demande le divorce.

OLIVER TWIST
2h05, Film d'aventures français de Roman POLANSKI
avec Barney CLARCK et Ben KINGSLEY
Dans un orphelinat de l'Angleterre victorienne, Oliver endure tout, jusqu'au jour où une provocation de trop le pousse à s'enfuir vers Londres. Épuisé, affamé, il est recueilli par une bande de jeunes voleurs qui travaillent pour le vieux Fagin. Oliver découvre un monde cruel où seules comptent la ruse et la force. Arrêté pour une tentative de vol qu'il n'a pas commis sur la personne de Mr. Brownlow, Oliver ne trahit pas sa bande et s'attire la bienveillance du brave homme. Mais Fagin ne tarde pas à remettre la main sur lui et l'oblige à participer au cambriolage de la demeure de son bienfaiteur...

SAINT-JACQUES... LA MECQUE
1h52, Comédie française de Coline SERREAU
avec Muriel ROBIN, Artus de PENGUEM
Au décès de leur mère, deux frères et une soeur apprennent qu'ils ne toucheront leur héritage que s'ils font ensemble, à pied, la marche du Puy-en-Velay à Saint-Jacques-de-Compostelle. Mais ils se détestent autant qu'ils détestent la marche. Ils se mettent pourtant en route, mus par l'appât du gain. Ils rejoignent leur guide au Puy et découvrent qu'ils marcheront avec un groupe de six autres personnes, dont un jeune beur qui fait croire à son cousin un peu naïf qu'il l'emmène à La Mecque, alors qu'il poursuit une jeune pèlerine.

ZAINA, CAVALIERE DE L'ATLAS
Sortie Nationale
1h40, Comédie dramatique de Bourlem GUERDJOU
avec Aziza NADIR, Sami BOUAJILA
Pour échapper au puissant Omar, Zaïna décide de suivre son père qui mène les pur-sang de sa tribu à la grande course de l'Agdal. Durant ce long et périlleux voyage au coeur des montagnes de l'Atlas, père et fille vont apprendre à se connaître et à s'aimer.

LES NOCES FUNEBRES
1h15, Film d'animation de Tim BURTON et Mike JOHNSON
avec Johnny DEPP et Helena BONHAM CARTER
Victor, un jeune homme, découvre le monde de l'au-delà après avoir épousé, sans le vouloir, le cadavre d'une mystérieuse mariée. Pendant son voyage, sa promise, Victoria l'attend désespérément dans le monde des vivants. Bien que la vie au Royaume des Morts s'avère beaucoup plus colorée et joyeuse que sa véritable existence, Victor apprend que rien au monde, pas même la mort, ne pourra briser son amour pour sa femme.

IL ETAIT UNE FOIS DANS L'OUED
1h37, Comédie française de Djamel BENSALAH
avec Julien COURBEY et Marilou BERRY
En 1988, alors que tout le monde rêvait d'aller faire fortune en Amérique, Johnny Leclerc, lui, ne rêvait que de devenir petit épicier en Algérie. Voici l'histoire de sa réussite !

L'ENFANT
Palme d'Or au Festival de Cannes FESTIVAL DE CANNES
1h40, Comédie dramatique française des frères DARDENNE
avec Jérémie RENIER
Bruno, 20 ans, et Sonia, 18 ans, vivent de l'allocation perçue par Sonia et des vols commis par Bruno et les gamins de sa bande. Sonia vient de donner naissance à Jimmy, leur enfant. Comment Bruno peut-il en devenir le père, lui qui est si léger, et qui vit dans l'instant, préoccupé uniquement par l'argent de ses trafics ?

RÉPONDEUR PROGRAMME 08 92 68 13 28*
*0,34 € la minute
Administration, réservations scolaires **04 70 30 18 90**

a) **Observez ce programme de cinéma.**

1. Quelles informations sont données en caractères gras sous le titre ?

____

2. Que signifie à votre avis « Sortie Nationale » ? _______________

3. Si vous voulez rire, quel film allez-vous voir : une comédie dramatique ou une comédie ?

____

b) Pour choisir un film, vous avez besoin d'en savoir un peu plus.
Lisez maintenant les synopsis, c'est-à-dire les petits textes de présentation de chaque film.

Quel(s) film(s) conseillez-vous à :

- Françoise : elle aime les films psychologiques et réalistes. ____________
- Laurence : elle a envie de se détendre et elle aime bien les films qui font rire en se moquant de certains comportements. ____________
- Agnès : elle n'a pas le moral et voudrait voir un film positif, gai, qui finit bien. ____________
- Alex et Annie : ils ont promis à leurs deux fils (11 et 13 ans) une soirée ciné et voudraient leur faire découvrir une œuvre classique. ____________
- Paule : elle voudrait du dépaysement et de beaux paysages, de l'action mais aussi des personnages avec une certaine profondeur psychologique. ____________
- Gilles : il est amateur de films fantastiques et de technique soignée. ____________
- Bernard : ce soir, il veut un film d'action simple, avec des « bons » et des « méchants ». ____________

c) Pouvez-vous repérer pour certains films le (ou les) lieu(x) et l'époque de l'action ?

Film	Lieu(x)	Époque
LA LÉGENDE DE ZORRO		
ZAINA, CAVALIÈRE DE L'ATLAS		
OLIVER TWIST		
LES NOCES FUNÈBRES		
IL ÉTAIT UNE FOIS DANS L'OUED		
L'ENFANT		
SAINT-JACQUES… LA MECQUE		

d) Retrouvez dans quels films

- on raconte un voyage : ______________________________

- certains personnages sont des voleurs : ______________________________

e) Plusieurs films mettent en scène des relations familiales : de quels films s'agit-il ? Quelles sont ces relations ?

Film	Relations entre

86 Nous sommes en juillet 2005. Vous passez vos vacances en Alsace.
À l'hôtel, parmi d'autres documents, vous découvrez le prospectus ci-dessous.

recto

Les Musées de Strasbourg

TRÉSORS MÉROVINGIENS D'ALSACE

La nécropole d'Erstein (6e - 7e siècle après J.-C.)

22 OCTOBRE 2004 | 31 AOÛT 2005

Musée Archéologique

Palais Rohan | 2, place du Château | 67000 Strasbourg
tél. 03 88 52 50 00 | www.musees-strasbourg.org
ouvert tous les jours de 10 à 18 h | fermeture le mardi

Strasbourg · CONSEIL GÉNÉRAL DU BAS-RHIN · E.LECLERC

FOUILLES RÉCENTES

verso

Les Musées de Strasbourg

TRÉSORS MÉROVINGIENS D'ALSACE

La nécropole d'Erstein (6e - 7e siècle après J.-C.)

La nécropole fouillée de 1999 à 2003 à Erstein a livré plus de 300 tombes, dont certaines sont pourvues d'un mobilier funéraire d'une très grande richesse : armes, bijoux et objets de parure, céramiques, verreries... Elle représente, à ce jour, le plus vaste ensemble de l'époque mérovingienne (5e au 7e siècle après J.-C.) exploré en Alsace.

L'exposition dresse un premier bilan de cette importante fouille archéologique et présente pour la première fois au grand public – après restauration – une sélection des ensembles les plus représentatifs de la nécropole. La grande variété du mobilier mis au jour nous fournit de précieuses informations sur de nombreux aspects de la vie à l'époque mérovingienne : mode, costume et parure, armement, alimentation, techniques artisanales, pratiques funéraires...

Mais au-delà des rites et des croyances, l'archéologie nous livre aussi des indices nouveaux sur le peuplement de l'Alsace et sur les influences culturelles diverses (alamane, franque, thuringienne) qui se mêlent dans la région d'Erstein à l'aube du Moyen Âge.

HEURES D'OUVERTURE
Ouvert tous les jours de 10 à 18 h, fermeture le mardi.
Fermé le 1er janvier, Vendredi Saint, 1er mai, 1er et 11 novembre et le 25 décembre.

VISITES COMMENTÉES
Deuxième samedi de chaque mois à 15 h (sauf en juillet et en août)

POUR LE JEUNE PUBLIC ET LES GROUPES
Réservations auprès du Service Éducatif des Musées.

2 place du Château
67000 Strasbourg
Tél. 03 88 52 50 04

www.musees-strasbourg.org

a) Quel est ce document ?
Observez son recto.

1. Il comporte quatre parties. Numérotez-les dans l'ordre du document.

- des dates : ....
- une illustration : ....
- un lieu et une adresse : ....
- un « titre » et un « sous-titre » : ....

2. La lecture progressive de ces quatre éléments vous informe sur la nature du document. Il s'agit d'une publicité pour :

un concert ❑ un spectacle ❑ une exposition ❑

3. Observez les deux premières parties du document.

- L'illustration est la reproduction :

d'une publicité ❑ d'une gravure ancienne ❑ d'une photo ancienne ❑

- Qui sont les personnages représentés ?
- À quelle époque vivaient-ils ? ____________________

4. Observez les deux dernières parties. ____________________

- Quand a lieu cette manifestation ? ____________________
- Où a-t-elle lieu ? ____________________

5. Complétez le petit texte suivant.

Il s'agit d'une publicité pour .... sur .... qui a lieu du .... au ...., au .... de la ville de ...., en ....

b) Vous décidez de vous rendre à cette manifestation.
Lisez maintenant le verso du document et répondez aux questions.

1. • Quel(s) jour(s) ne pourrez-vous pas y aller ? ____________________
   • À quelle(s) heure(s) les visites ont-elles lieu ? ____________________
   • Pourrez-vous suivre une visite commentée ? Pourquoi ? ____________________

____

2. • Qu'est-ce que vous pourrez voir ? ____________________

____

   • Où ces objets ont-ils été trouvés ? ____________________
   • Qu'est-ce qu'une nécropole ? ____________________

c) Observez de nouveau plus attentivement l'illustration du prospectus.

- À votre avis, que représente-t-elle ? ____________________
- Pourquoi ? ____________________

____

■ 2. Dans un document officiel ■

87 Vous avez décidé de passer des vacances en France.
Si vous ne logez pas à l'hôtel et si vous préférez louer un appartement ou une maison, vous devez signer un contrat de location.

Les principales clauses d'un contrat de location saisonnière

Lorsque vous signez un contrat de location saisonnière, vous devez veiller à ce qu'il contienne toutes les modalités de location et le descriptif du lieu.

Par le présent contrat, M (***nom, prénom, adresse du locataire***), dit le locataire, s'engage à louer à M (***nom, prénom, adresse du propriétaire***), dit le propriétaire, une maison un appartement (***rayer la mention inutile***) sise (***adresse***) durant la période du (***date***) au (***date***) au prix de (***prix***) dont (***montant***) payable ce jour au titre d'acompte d'arrhes (***rayez la mention inutile***), le solde payable le (***date***).

Le locataire remet ce jour un chèque de garantie au propriétaire aux fins de couvrir les frais éventuellement occasionnés par les dégradations des biens loués dues à la faute du locataire ou des personnes invitées par lui durant la période objet du contrat. Ce chèque sera encaissé le (***date***) et son montant sera restitué, en totalité ou partiellement, selon les dégradations commises, au plus tard le (***date, par exemple 2 mois après la fin de la location***).

La taxe de séjour exigée par la commune est de (***montant et barème***).

Descriptif des lieux loués :

Surface du logement
Nombre de pièces
Nombre de places de couchage

Le logement est une construction classique ❑ un préfabriqué ❑

Le locataire peut-il utiliser un jardin ❑? Une terrasse ❑? Un parking privatif ❑?

Les lieux sont-ils partagés avec d'autres occupants tiers au présent contrat? ❑ oui ❑ non
Lesquels?

Environnement :
À quelle distance se trouve le logement:
- de la mer?
- du supermarché le plus proche?
- de la gare?
- du centre-ville?

Subissez-vous des nuisances (bruits, odeurs) à proximité?

Équipement intérieur :

Téléphone	❑ oui	❑ non	Machine à laver le linge	❑ oui	❑ non
Télévision	❑ oui	❑ non	Machine à laver la vaisselle	❑ oui	❑ non, etc.

a) **Observez le document ci-dessus.** Il s'agit d'un modèle de contrat de location.
Certains mots ou expressions de type administratif rendent difficile sa compréhension.

Quelle explication correspond à chaque mot ou expression ?

1. Une clause	a. Une partie de la somme à payer, que l'on donne d'avance. Si finalement on ne loue pas, on doit payer le loyer complet.
2. Une location saisonnière	b. Rendre
3. Une modalité	c. Ce qui reste à payer
4. Une mention inutile	d. Des détériorations : on détériore quelque chose quand on l'abîme, quand on le casse.
5. Sis(e)	e. Une location de brève durée
6. Un acompte	f. Une brève note qui ne correspond pas à la situation.
7. Des arrhes	g. Une condition particulière d'un contrat
8. Le solde	h. Une circonstance, une manière
9. Des dégradations	i. Situé(e)
10. Restituer	j. La somme versée à la réservation de la location. Si finalement on ne loue pas, on perd cette somme mais on ne paie pas le loyer.

1 : .... 2 : .... 3 : .... 4 : .... 5 : .... 6 : a 7 : .... 8 : .... 9 : .... 10 : ....

b) Dites si les affirmations suivantes sont vraies (V) ou fausses (F).

Sur un contrat de location on peut lire :

1. seulement les noms et prénoms du locataire. ....
2. les noms et prénoms du propriétaire et son adresse. ....
3. une clause concernant les dégradations. ....
4. seulement le montant total de la location. ....
5. les dates de la location. ....
6. les noms des commerces proches du logement. ....
7. le nombre de lits. ....
8. une description détaillée des meubles. ....

c) La famille de Monsieur Helmut Renner veut louer, pour la période du 2 au 20 août 2007, une maison appartenant à Monsieur Jean Dupré, située au 28 avenue de la Plage à Saint-Cyprien (66 750). Pour des raisons familiales, ils ne sont pas encore sûrs de pouvoir partir en vacances mais ils doivent réserver leur logement.

Observez les deux documents suivants. Quel est le début du contrat signé par Monsieur Renner?

Par le présent contrat, M. Helmut Renner, Grazer Str. 4, Bad Ischl (A-4820), dit le locataire, s'engage à louer à M. Jean Dupré, dit le propriétaire, une maison ~~un appartement~~ sise 28 avenue de la Plage à Saint-Cyprien (66 750), durant la période du 2 au 20 août 2007 au prix de 1200 € dont 200 € payables ce jour au titre d'acompte ~~d'arrhes~~, le solde payable le 2 août 2007.

Par le présent contrat, M. Helmut Renner, Grazer Str. 4, Bad Ischl (A-4820), dit le locataire, s'engage à louer à M. Jean Dupré, 14 Bd Clemenceau, Saint-Cyprien (66 750), dit le propriétaire, une maison ~~un appartement~~ sise 28 avenue de la Plage à Saint-Cyprien (66 750), durant la période du 2 au 20 août 2007 au prix de 1200 € dont 200 € payables ce jour au titre ~~d'acompte~~ d'arrhes, le solde payable le 2 août 2007.

88

A

DOSSIER VERT
A

République Française

Ministère de l'Education nationale, de l'Enseignement supérieur et de la Recherche

cerfa
n° 11126*08

DEMANDE D'ADMISSION PREALABLE A L'INSCRIPTION EN PREMIERE (OU DEUXIEME) ANNEE DE LICENCE DANS UNE UNIVERSITE FRANÇAISE POUR L'ANNEE UNIVERSITAIRE 2006-2007
(candidats n'appartenant pas à l'Union européenne et résidant en France)

(Décret n° 71-376 du 13 mai 1971 modifié)

Vous habitez en France et vous n'avez pas ou ne préparez pas le baccalauréat français ; vous devez donc utiliser obligatoirement ce formulaire pour déposer votre candidature.

Vous ne pouvez déposer qu'un seul dossier. Vous avez le choix entre trois universités et trois seulement.

Ce dossier doit obligatoirement être rapporté ou envoyé, avant le 31 janvier, par courrier recommandé, à l'université.

Attention !

- avant de remplir ce dossier, lisez attentivement les recommandations qui s'y trouvent ainsi que la notice d'information.
- vérifiez bien que les formations que vous voulez suivre existent dans les universités que vous demandez.
- remplissez soigneusement la partie "motivations" de ce formulaire (page 5).
- les pièces justificatives à fournir au moment où vous remettez ce dossier dépendent de votre situation scolaire ou universitaire ; repérez bien quelle situation est la vôtre actuellement.
- compte tenu des capacités d'accueil limitées dans les universités des académies de Paris, Créteil et Versailles, il est vivement conseillé de faire porter au moins l'un de vos trois choix hors de ces trois académies (voir notice page 16).

Attention ! Sauf dispense, vous devrez passer un test linguistique payant (60 euros) : voir détails page 4 de la notice qui accompagne ce formulaire.

B

cerfa
n° 11131*08

H

Dossier n° |_|_|_|_|

EPREUVES DE VERIFICATION LINGUISTIQUE
(Si vous avez déjà passé ce test depuis moins de 2 ans exactement)

VOUS MUNIR D'UNE PIECE D'IDENTITE AVEC PHOTOGRAPHIE ET DE LA CONVOCATION CI-DESSOUS POUR VOUS PRESENTER A CETTE EPREUVE

L'université à laquelle vous avez envoyé ou remis votre dossier doit, de son côté, vous remettre ou vous adresser cette convocation avec le lieu et la date de passation du test.

a) Lisez le document A.

1. De quoi s'agit-il ? Cochez la (les) proposition(s) exacte(s).

Une fiche d'identité. ❑ Un formulaire d'inscription à l'université. ❑
Une attestation. ❑ Un formulaire de pré-inscription à l'université. ☒ ✓
Un texte de loi. ❑ Un document de l'Éducation nationale. ☒ ✓

2. À qui s'adresse ce document ? candidats non européen résidants en France

Dans quel but ? inscription ✓

3. **Lisez de nouveau le document.** Cochez les affirmations exactes.

Les étrangers qui ont le bac n'ont pas besoin de ce document. ☒ ✓
Les candidats peuvent déposer trois dossiers par université. ❑
Les candidats doivent choisir seulement trois universités. ☒ ✓
Ils peuvent choisir trois universités de la région parisienne. ☒ mais ce n'est pas conseillé
Ils peuvent choisir au maximum deux universités dans les académies de Paris, Créteil ou Versailles. ☒
Le candidat doit vérifier que les universités choisies proposent la formation souhaitée. ☒ ✓
La date limite d'envoi ou de dépôt du dossier est le 31 janvier. ☒ ✓
Le dossier peut être envoyé par simple courrier. ❑
Les candidats doivent joindre certains documents. ☒ ✓
Presque tous les candidats doivent passer un test de connaissance du français. ☒ ✓
Les candidats doivent expliquer pourquoi ils souhaitent s'inscrire à l'université. ☒ ✓

b) Observez les documents A et B.

1. Quel est le prix du test linguistique ? 60 € ✓
2. Pour se présenter à ce test :

- Quel document le candidat reçoit-il de l'université où il est inscrit ? convocation ✓
- Qu'est-ce qui est indiqué sur ce document ? le lieu & la date du test ✓
- Qu'est-ce que le candidat doit avoir pour prouver son identité ? pièce d'identité avec photographie ✓

3. Lisez attentivement les reformulations suivantes.
À quels mots ou quelles expressions du texte correspondent-elles ? ≙ chercher syn.

- présenter votre candidature : faire une demande d'admission
- les documents qui prouvent votre situation : les pièces justificatives
- excepté autorisation spéciale de ne pas faire ce qui est normalement demandé : sauf dispense
- avoir avec soi une pièce d'identité : [illegible] pièce d'identité
- un examen de langue : [illegible] test linguistique
- la partie où vous expliquez pourquoi vous voulez vous inscrire : [illegible] motivation
- complétez avec attention : remplissez soigneusement

89 Conseils

ÉTUDIANTS EN EUROPE

Bons plans pour se loger

Les étudiants français sont de plus en plus nombreux à partir dans les universités du monde entier, profitant des nombreux accords d'échanges internationaux mis en place. Avant de partir loin du cocon familial, il est utile de se renseigner sur les conditions d'hébergement du pays d'accueil...

BERLIN

Il faut se renseigner le plut tôt possible auprès du bureau des étudiants étrangers de l'université ou « Akademisches Auslandsamt » afin d'obtenir une chambre sur le campus. Les étudiants sont en effet très demandeurs de ces chambres aux tarifs attractifs (entre 125 et 300 € par mois) situées au centre du campus.

S'étendant sur 800 km^2 Berlin est la ville dont la densité de population est la plus faible d'Allemagne. Elle compte 3,5 millions d'habitants pour 1,8 million de logements, la plupart en location. Vous n'aurez donc aucun mal à trouver une location à un prix intéressant: les loyers sont deux fois moins chers qu'à Paris. Les étudiants au budget serré orienteront leurs recherches d'appartement à l'est de Berlin, ceux qui recherchent un quartier résidentiel agréable et animé à Charlottenburg, les plus branchés à Prenzlauer Berg où il faut compter environ 250 € par mois pour un studio de 25 m^2. Vous pouvez aussi vous adresser aux « Mitwohnzentral » qui proposent des locations à durée déterminée. Vérifiez que le loyer indiqué est charges comprises ou « warm ». La caution correspond à 2 voire 3 loyers.

Enfin, comme un grand nombre d'étudiants allemands, vous pouvez vivre en colocation ou « wohngemeinschaft ». Pour environ 250 € par mois, vous serez logé dans un appartement confortable.

MILAN

Les prix des chambres universitaires sont très intéressants (environ 200 € par mois). Malheureusement, il y a peu de chambres universitaires à Milan.

Dans la capitale de la mode et de la finance italienne, les loyers sont prohibitifs: un studio se négocie autour de 600 € par mois. Les agences immobilières ou « agenzia immobiliare » sont nombreuses. Leur commission varie entre 10 et 20 % du loyer annuel. Il faut prévoir une caution de trois mois de loyer. Le paiement anticipé des trois premiers mois de loyer est souvent réclamé. Le paiement du loyer s'effectue par trimestre. Les journaux et les annonces affichées dans les universités constituent également un bon outil de recherche. Attention, les surfaces des appartements annoncées comprennent les murs – qui peuvent être épais –, les balcons et parfois des parties communes. Vous trouverez de nombreuses annonces de locations et colocations sur les sites www.secondmano.it, www.attico.it, et www. piucase.it ainsi que dans le journal *Porta Portese*. La colocation ou « co-inquilini » est une formule avantageuse. Pour environ 300 € par mois, il est possible de partager un appartement équipé dans le centre ville.

STOCKHOLM

Stockholm est une ville très dynamique, que ce soit sur plan économique ou culturel. Les Suédois vous y accueilleront très chaleureusement et vous feront oublier l'hiver particulièrement dur de leur pays. Avant de partir, il faut savoir que le coût de la vie est un peu supérieur à celui de la France.

Les universités suédoises hébergent la plupart de leurs étudiants sur leur campus, y compris les étudiants étrangers. Le bureau international aide généralement les étudiants étrangers à trouver une chambre sur le campus. Lorsque ce n'est pas le cas ou qu'il n'y a plus de chambres disponibles, vous pouvez vous adresser directement à l'organisme qui gère la majorité des résidences étudiantes de Stockholm: le Stiftelsen Stockhomls Studentbostäder (SSSB) vous proposera un large choix de chambres et d'appartements. Il possède aussi un site internet très fourni: www.sssb.se.

Le loyer d'une chambre sur un campus suédois oscille entre 2 500 et 3 000 SEK (couronnes suédoises) ou 280 et 300 € par mois charges comprises. Ne soyez pas surpris lorsque vous emménagez ou quittez la chambre: l'intégralité du loyer mensuel peut être réclamée quand vous n'occupez pas la chambre un mois entier. Les chambres disposent généralement d'une salle de bains de toilettes et d'une connexion internet individuelles. En revanche, il faut le plus souvent partager une grande cuisine avec les occupants des chambres voisines.

La colocation est moins développée qu'à New York ou à Londres. Vous pouvez néanmoins consulter les annonces de colocations sur le site se.easyroommate. com.

À Stockholm, une chambre dans un appartement en colocation revient en moyenne à 300 € par mois. Enfin, le loyer mensuel d'un studio négocié avec une agence ou un particulier est légèrement plus élevé que celui pratiqué dans les résidences étudiantes. En attendant de trouver un logement sur place, il est possible de résider dans l'une des cinq auberges de jeunesse où « vandrarhen » de Stockholm pour environ 20 € par jour.

Frédéric Bonnet, *L'Adresse*.

a) Lisez le titre, le chapeau du document ainsi que le nom de la rubrique sous laquelle il apparaît dans le magazine *L'Adresse*.

À qui s'adresse ce texte ? ______________________________

____

Quel type d'informations donne-t-il ? ______________________________

b) Lisez le texte. Complétez le tableau ci-dessous.
Attention, il n'est pas possible de remplir toutes les cases.

	Berlin	Milan	Stockholm
Prix d'une chambre sur le campus			
Prix d'un studio en ville			
Prix d'un appartement en colocation			
Montant de la caution pour une location			
Commission de l'agence immobilière			

Quelle est la ville européenne qui semble la moins intéressante sur le plan financier ?
Justifiez brièvement votre réponse.

____

____

c) Retrouvez dans quelle ville :

- les étudiants étrangers sont très bien accueillis : ______________________________
- les loyers coûtent 50 % moins cher qu'à Paris : ______________________________
- en général, il faut payer son loyer tous les trois mois : ______________________________
- les chambres universitaires ne sont pas équipées d'un coin cuisine : ______________________________
- on peut loger dans une auberge de jeunesse : ______________________________

d) Le texte avertit les étudiants de certaines pratiques de façon à leur éviter toute mauvaise surprise dans le pays d'accueil.

1. Retrouvez à quoi doit s'attendre ou doit particulièrement faire attention un(e) étudiant(e) qui souhaiterait se loger à :

- Berlin : ______________________________

____

- Milan : ______________________________

____

- Stockholm : ______________________________

____

2. Relevez les mots ou expressions utilisées dans le texte pour attirer l'attention du lecteur :

______________ / ______________ / ______________

90

Cuisine culturelle

NOTRE ASSIETTE PARLE DE NOUS…

Au-delà de l'aliment, la cuisine est un véritable patrimoine culturel qui répond à une architecture et à des règles bien précises. Les aliments utilisés, leur mode de préparation et leurs indices sensoriels, établissent de véritables cartes « géographico-culinaires »

Notre manière de manger fait partie de notre identité culturelle. La base de cette culture alimentaire est familiale puisque l'enfant apprend d'abord les goûts et les habitudes alimentaires en regardant et imitant ses parents et son entourage. Le second apprentissage se fait à l'école où l'enfant est confronté à d'autres modèles adultes et à d'autres enfants de son âge.

ASSIETTE CULTURELLE

L'utilisation de tel ou tel ingrédient ou aliment dépeint parfois de grandes différences de mode de vie. Ainsi, en France, par exemple, les matières grasses sont des marqueurs régionaux : le beurre au Nord et l'huile au Sud. Le célèbre régime méditerranéen riche en huiles végétales ainsi qu'en fruits et légumes - commun à tout le pourtour de la Méditerranée-s'oppose aux régimes du Nord de l'Europe, plus sucrés et plus riches en protéines et graisses animales.

Mais l'aspect culturel de l'alimentation s'exprime également au travers des rites et interdits qui l'entourent. Ainsi, considéré comme aliment initiatique, le piment n'est autorisé qu'à l'âge adulte dans certaines sociétés. Dans de nombreux pays, certains aliments porteurs d'une connotation virile sont réservés aux hommes, comme l'est le serpent en Asie. Dans nos sociétés occidentales contemporaines, c'est surtout l'alcool dont la première consommation marque le passage de l'enfance à l'adolescence.

CHACUN SES GOÛTS…

Si notre alimentation en dit long sur notre appartenance à un groupe, c'est aussi à une société que l'alimentation nous identifie fortement. Nous en prenons conscience en franchissant nos frontières et en étant confrontés à d'autres nourritures. Les plaisirs alimentaires, comme les dégoûts, s'ancrent dans un cadre culturel pour la vie. Ainsi nous adorons le lapin à la moutarde ou les cuisses de grenouille au grand dam de nos voisins anglo-saxons, mais nous sommes dégoûtés à l'idée de manger du chien, plat cuisiné de façon savante par les Chinois et les Vietnamiens. Est-ce parce que le chien est pour nous le meilleur ami de l'homme ? Pourtant nous mangeons du cheval, ce qui est un sacrilège pour les Anglais … Ce qui est aliment ici ne l'est pas ailleurs, ce qui est consommable pour les uns ne l'est pas pour les autres…

En plus des croyances et prescriptions religieuses (l'interdiction de manger du porc chez les Musulmans, par exemple), l'aliment est un facteur d'identité culturelle profondément ancrée. Ceci est plus ou moins vrai d'un pays à l'autre, mais il est très difficile de changer d'habitudes alimentaires culturelles à l'âge adulte : les Asiatiques continuent à manger du riz tous les jours après des années passées en France ; les Italiens expatriés peuvent difficilement se passer de pâtes plusieurs jours de suite ; quant aux Français, c'est souvent du manque de saucisson, de fromage, de pain et de vin dont ils souffrent à l'étranger…

US ET COUTUMES

Ce que nous mangeons, mais aussi comment nous mangeons, témoignent de notre identité et de notre appartenance sociale et surtout culturelle : en France finir son assiette prouve que vous avez apprécié le plat, tandis que dans beaucoup de pays, la politesse veut, au contraire, que l'on y laisse toujours quelque chose, une assiette vide signifiant que vous n'avez pas assez mangé ! De même faire du bruit en mangeant et roter à la fin du repas, est le signe de plaisir et de satisfaction en Asie, alors que ces comportements sont très grossiers chez nous, sauf pour le nourrisson, chez lequel on surveille le rot post-biberon, signe de satisfaction et de bonne digestion…

Virginie Brun

Nantes Madame, n°134.

a) Lisez le surtitre et le titre du texte ci-contre.

À votre avis, en quoi une cuisine peut-elle être culturelle, c'est-à-dire comment notre assiette peut-elle parler de nous, renseigner sur notre identité ?

1. Cochez les propositions qui vous semblent convenir.

« Notre assiette peut parler de nous » en fonction :

A. de sa forme, sa taille, sa couleur, ☐
B. des aliments qu'elle contient, ☒
C. de la préparation de ces aliments, ☒
D. des ingrédients nécessaires à leur préparation, ☒
E. du moment de sa consommation, ☒
F. de la façon de la consommer (fourchette...). ☒

2. Justifiez vos réponses, éventuellement avec des exemples.

A. ____________________
B. ____________________
C. ____________________
D. ____________________
E. ____________________
F. ____________________

b) Lisez le chapeau du texte.

1. Quel(s) mot(s) et/ou expression(s) apporte(nt) une réponse à la question précédente ?

____

2. Cochez la (les) phrase(s) qui correspond(ent) le mieux à ce qui est dit dans le chapeau.

Une cuisine est culturelle :

A. pas seulement par les aliments qu'elle utilise. ☐
B. surtout par les aliments qu'elle utilise. ☒
C. en tant qu'élément, à part entière, de culture. ☒
D. comme tout aspect du patrimoine d'un pays. ☐
E. car elle a sa propre structure, ses règles. ☒
F. car elle est libre de toute règle. ☐
G. car chaque pays a ses spécialités. ☒
H. car elle correspond aux goûts des gens d'un pays. ☒

c) « La cuisine est un véritable patrimoine culturel. »
Lisez le 1er paragraphe du texte. Retrouvez les deux origines de notre culture alimentaire.

1. ____________________
2. ____________________

d) Lisez les deux paragraphes suivants.

Qu'est-ce qui, à l'intérieur même d'un pays, peut expliquer des comportements alimentaires différents ?

____

e) Lisez les 4e et 5e paragraphes.

« C'est aussi à une société que l'alimentation nous identifie fortement. »

Recherchez et relevez dans le texte les mots ou expressions qui reprennent cette idée, ainsi que les exemples qui l'illustrent.

f) « Notre manière de manger », c'est-à-dire notre savoir vivre à table, révèle aussi notre identité culturelle. Dans le dernier paragraphe, selon les pays cités, quels sont :

- les exemples d'interdits ?

- Et les exemples de bonnes manières ?

91 A.

En avance, en retard, ou juste à l'heure ?

Pas toujours évidente, notre relation au temps. La vie professionnelle ou personnelle est souvent une course éperdue.

Franck, 32 ans, photographe à Nantes

« Dans le cadre de mon travail, je préfère une heure d'avance à cinq minutes de retard. Il y a des photos qui ne peuvent pas être récupérées. Alors, j'anticipe sur les ennuis qui peuvent survenir sur la route : pneu crevé, embouteillage. Je suis ponctuel par politesse et par habitude. J'ai toujours respecté les horaires : à l'école, au lycée. J'avais peur d'être en retard et de me faire remarquer. Mais ça ne me gêne pas d'attendre les autres, la patience fait partie du métier. Je prends un café, je lis le journal, je prends mes marques. Dans ma vie personnelle, j'arrive à l'heure, sans plus. Ma compagne a tendance à traîner, je suis la locomotive et nous arrivons à temps. »

Patricia, 48 ans, cadre dans la métallurgie, à Caen

« J'arrive toujours en avance, parfois une heure. Je ne veux pas stresser à cause d'un problème de voiture ou d'itinéraire… Être la première, c'est stratégique, cela donne une position de force, quelle que soit la négociation. Je n'aime pas les retardataires, surtout quand ils me donnent des fausses raisons, genre le bouchon dont on n'a pas entendu parler à la radio locale. Quand je connais le défaut de mon interlocuteur, je lui téléphone quelques heures avant le rendez-vous pour lui rappeler son engagement. Je travaille essentiellement avec des hommes et je sais maintenant que le retard n'est pas spécialement féminin. »

Pascale, 38 ans, négociatrice dans l'immobilier, à La Roche-sur-Yon

« Le retard, c'est mon plus gros défaut. Au travail, c'est quinze minutes, le "quart d'heure vendéen". J'ai toujours choisi des métiers qui permettent une certaine souplesse. Je préfère me faire désirer, me faire attendre plutôt qu'attendre. Je suis en retard parce que j'ai voulu faire une dernière chose au dernier moment. Parce que je flâne, parce que je suis à l'écoute des autres, j'ai toujours quelques minutes pour discuter. Le décalage s'installe vite… Je téléphone toujours pour prévenir. Et je rattrape la situation. Évidemment, quand je tombe vraiment en panne, on ne me croit pas. Mais, en général, on ne m'en veut pas. Même en famille où mon retard peut atteindre une heure. Mes enfants s'impatientent, mon mari râle parfois. En cas de sortie collective, on me cadre pour que tout le monde arrive à l'heure. C'est une attitude un peu égoïste, mais moi, je reste cool, je ne fais pas de remarques aux autres sur leurs défauts. Et ceux qui arrivent en avance manquent souvent de fantaisie. Il faut laisser un peu d'aventure entrer dans le quotidien. Je fais confiance au hasard. »

Alice, 44 ans, styliste à Rennes

« Je crois au hasard. Vivre sans l'angoisse de la montre et du calendrier permet des aventures quotidiennes. Je tardais à me décider à accepter un emploi. Finalement, quelqu'un a pris la place et j'ai eu un meilleur job plus tard. Une autre fois, en arrivant en retard, j'ai rencontré mon mari, alors que je n'aurais pas dû être présente à cet endroit-là, à ce moment-là. Je cours toujours et je travaille mieux dans l'urgence. J'attends les rappels pour régler les factures ; les impôts, c'est mon mari qui s'en occupe. Quand j'arrive en retard, souvent je ne rate pas grand-chose : une réunion qui ne démarre pas à l'heure, un apéro qui traîne… Voler un peu de temps au temps, c'est amusant. C'est aussi une façon ludique de vivre, il faut être joueur et parier sur la chance. C'est fatigant, ça donne le vertige, mais j'aime ça. »

a) Lisez les quatre témoignages précédents. Complétez le tableau. Pour les deux premières colonnes, cochez simplement celle qui convient. Pour les autres, relevez la réponse donnée dans le témoignage.

Attention, tous les témoignages ne permettent pas de compléter les deux dernières colonnes.

	Est généralement en retard.	Est généralement en avance ou à l'heure.	Pourquoi ?	Réaction par rapport au comportement des autres.	Réaction des autres par rapport à son comportement.
Franck					
Patricia					
Pascale					
Alice					

b) Les personnes interviewées évoquent-elles une différence de comportement entre leur vie professionnelle et leur vie personnelle ? Si oui, précisez laquelle.

c) Alice donne deux exemples de « retards réussis ». Retrouvez-les.

B. *« C'est une affaire de personnalité. »*

Jean-Louis Servan-Schreiber, directeur de la rédaction de *Psychologie Magazine*, a écrit *Le Nouvel Art du temps*, chez Albin Michel.

Arrive-t-on en retard en France ?

– Quatre Français sur cinq s'estiment ponctuels et il est vrai qu'on attend moins aujourd'hui qu'il y a deux générations. Peut-être sous l'influence de la culture anglo-saxonne ou des exigences du secteur privé.

Pourquoi certains arrivent-ils chroniquement en retard ?

– C'est une affaire de personnalité. On peut suspecter les retardataires chroniques de souffrir de quelque trouble psychologique. Ils appartiennent à deux principales catégories : les narcissiques et les atermoyeurs.

Que ressentent les narcissiques ?

– Pour eux, se faire attendre, c'est se faire désirer. Celles qui se pomponnent ou ceux qui ne parviennent qu'à travailler dans l'urgence. Tendance fréquente chez les créatifs, à qui le travail du dernier moment donne un sentiment de quasi-ivresse. Sans oublier que le retard imposé aux autres est un moyen de marquer son pouvoir sur eux. [...]

De quoi souffrent les « atermoyeurs » ?

– Ils souffrent d'une grande difficulté à prendre une décision. Le mot vient du latin où il signifie « remettre indéfiniment à plus tard ». Cela s'apparente à la névrose obsessionnelle. En mineur, ça donne une difficulté à choisir un vêtement ou un plat au restaurant. En majeur, les décisions clés sont remises constamment à plus tard. [...]

« Le retardataire préfère se faire désirer. »

Didier Lauru est psychanalyste.

En avance, pile à l'heure : que révèlent nos tendances ?

– La personne en avance est très anxieuse. Celle qui arrive pile à l'heure est obsessionnelle. Elle met un point d'honneur à arriver à la seconde près. Elle fait beaucoup d'efforts pour y parvenir.

Et les retardataires ?

– Lorsque le retard est occasionnel, c'est un acte manqué. Un manque d'envie d'aller où on est attendu. Chez les retardataires systématiques, il y a celui qui angoisse à l'idée qu'il pourrait attendre. Il ne supporte pas de patienter, il préfère se faire désirer. Il y a celui qui veut montrer aux autres qu'il est sur-occupé, il veut donner l'impression que ses activités sont plus importantes, son temps plus précieux. Le retard n'est pas spécialement féminin.

D'où viennent ces tendances ?

– L'éducation compte, mais ça dépend surtout de la personnalité de chacun. Même si les parents ont donné l'exemple, l'enfant devenu adulte ne sera pas automatiquement ponctuel. En général, on est à l'heure en tout. Certains sont seulement en retard dans les rapports humains.

Quand faut-il se soigner ?

– Quand on souffre ou quand l'entourage souffre. Dans ces cas-là, il y a un problème plus profond à dénouer.

Fabienne MARAIS, *Ouest-France*, 30 octobre 2005.

d) Lisez maintenant les interviews des deux « spécialistes ».

D'après ces interviews :

- dans quelle catégorie rangez-vous chacun des quatre témoins ? Pourquoi ?

- leur conseilleriez-vous de « se faire soigner », c'est-à-dire de consulter un psychologue ? Pourquoi ?

e) Un des témoins et un des spécialistes donnent une même information qui va contre une idée courante. Laquelle ?

f) Relevez dans les différents textes tous les mots liés au thème de la relation au temps. Classez-les. Séparez, par exemple, ceux qui correspondent à « être à l'heure » et ceux qui sont associés à « être en retard ».

Dans votre culture, votre langue, qu'entendez-vous par « être à l'heure » ? Avez-vous une expression semblable au « quart d'heure vendéen » qui d'ailleurs change suivant les régions et peut devenir par exemple « bourbonnais » ou « gascon » ?

92 ▶ Les usagers des transports parisiens se jettent sur cette presse. Impressions sur une nouvelle habitude.

La ruée vers les gratuits du petit matin

« R*end service », « Va à l'essentiel », « Rapide à lire »* : les arguments fusent alors que les usagers du métro, comme tous les matins, se ruent sur la pile des quotidiens *Métro* ou *20 minutes*, gracieusement distribués depuis février 2002. Argument principal de cette forme de presse : *« Rapport qualité prix, il n'y a rien à dire ! »*, lance un lecteur de *Métro*.

Cette presse gratuite remplace-t-elle pour autant les quotidiens payants aux yeux de ses lecteurs ? L'enquête menée dans les sous-sols parisiens, à l'heure où les quais ne désemplissent pas, apporte une réponse mitigée. Nombreux sont les jeunes pour qui ce type de presse est devenu une occasion de lire un quotidien, eux dont la principale source d'information demeure la télévision ou la radio.

En revanche, pour ceux qui ont pris l'habitude de consulter la presse depuis un certain nombre d'années, le petit gratuit constitue un complément distrayant, facile à lire le temps du trajet. Ainsi cet homme à la retraite, abonné au *Monde* et au *Figaro*, lit le gratuit *« pour comparer »* : *« C'est un journal rigolo. »* Un jeune cadre renchérit : *« C'est divertissant, mais ça ne remplace pas la vraie presse. »*

« S'il y a un événement exceptionnel, on achète le journal… »

Une « vraie presse » et une « sous-presse » ? Parmi les « lecteurs réguliers » de quotidiens, tous ne sont pas du même avis. Pour beaucoup d'acheteurs occasionnels, la presse gratuite a remplacé la lecture des quotidiens payants. *« Les gratuits ne remplacent pas un journal payant qui présente des articles de fond. Mais ils se parcourent plus facilement. »* Solution de facilité ? Oui, avoue cette enseignante pour qui le gratuit s'est substitué à l'achat d'un quotidien. *« J'ai un peu honte de ne plus lire de vrais journaux. »* Les quotidiens sont-ils trop longs ? *« Oui, beaucoup de quantité pour peu de qualité »*, estime un déçu. *« Mal écrit pour mal écrit, autant que ça ne coûte rien »*, entend-on aussi.

Même si on reproche aux gratuits d'être *« un peu trop rapides parfois »*, nombreux sont ceux qui en sont devenus de fervents lecteurs : *« On y parle de la vie au quotidien. Les autres journaux se noient dans les grandes informations qui nous touchent moins. »* Infos pratiques, format « sympa », le concept d'une lecture synthétique, autant de critères qui séduisent les lecteurs. Beaucoup concluent cependant, comme un aveu : *« Mais s'il y a un événement exceptionnel, on achète le journal… »*

AGATHE CHAPELLIER,
La Croix, 21 septembre 2004.

a) Lisez le sur-titre et le titre.

Qu'est-ce que les « gratuits du petit matin » ?

b) Parcourez l'article.

- À quoi correspondent les parties en italique ?
- Quel mot du sur-titre développent-elles ?
- Que sous-entend l'intertitre ? Cochez la ou les proposition(s) envisageable(s).

  On achète rarement le journal. ❐
  On n'achète jamais le journal, on se contente du gratuit. ❐
  En temps normal, on n'achète pas le journal, on se contente du gratuit. ❐

c) Lisez l'article.

Relevez la phrase du premier paragraphe qui reprend l'idée du titre.

d) L'article distingue différentes catégories de lecteurs de la presse gratuite. Lesquelles ?

e) D'après l'article, qu'est-ce que la presse gratuite apporte aux jeunes ?

f) Retrouvez les aspects positifs de la presse gratuite.

g) Relevez deux exemples d'opinion nuancée.

h) Comment comprenez-vous :

- « Rapport qualité prix, il n'y a rien à dire ! » ?
- « Mal écrit pour mal écrit, autant que ça ne coûte rien » ?

93 Le débat sur l'interdiction de fumer dans les lieux publics est lancé

Une proposition de loi visant à interdire totalement le tabac dans les lieux publics est déposée cet après-midi à l'Assemblée nationale.

La cigarette sera-t-elle, demain, totalement bannie des bars et des restaurants ? Les « espaces fumeurs » dans les entreprises vont-ils être supprimés ? Tel est en tous cas l'objectif d'une proposition de loi que doit déposer aujourd'hui à l'Assemblée nationale Yves Bur, député UMP du Bas-Rhin. Inlassable défenseur des intérêts de la santé publique, ce député, vice-président de l'Assemblée nationale, a rédigé un texte qui vise à interdire de fumer dans tous les lieux publics. Pour l'instant, nul ne sait le sort qui sera réservé à cette proposition de loi. *« Yves Bur va la déposer à titre individuel puis appeler ses collègues députés à la cosigner. Ensuite, l'ordre du jour de l'Assemblée dépend de la conférence des présidents ou du gouvernement »*, indique-t-on dans l'entourage du député.

Ce texte, s'il est un jour adopté, permettra à la France de se doter d'un arsenal antitabac largement plus contraignant que la loi Évin votée en 1991. Défendue par Claude Évin, alors ministre socialiste des Affaires sociales, cette loi avait fait, lors de son adoption, l'effet d'une petite révolution en posant clairement le principe de l'interdiction de fumer dans les locaux à usage collectif et en instituant un droit des non-fumeurs à la protection de leur santé. La loi Évin interdit donc la consommation du tabac dans les lieux de travail, d'enseignement ou de loisirs ainsi que dans les transports en commun sauf, et c'est important, dans des emplacements expressément

réservés à cet effet. À l'époque, dans un souci d'apaisement, les défenseurs du texte avaient en effet consenti à autoriser par exemple les restaurants à mettre en place des zones « fumeurs et non-fumeurs » et les entreprises des « espaces fumeurs ». Mais, pour de nombreux responsables de santé publique, il convient désormais d'aller plus loin.

« Ces espaces fumeurs ont créé des ambiguïtés autour de la loi et ont largement entravé son application. Pour qu'une loi s'applique, il faut qu'elle soit claire, nette et précise », estime le professeur Bertrand Dautzenberg, président de l'Office français de prévention du tabagisme (OFT) et pneumologue à l'hôpital de la Pitié-Salpêtrière à Paris. *« Dans les entreprises, on se rend compte que cela se passe mieux lorsqu'on prononce l'interdiction totale que lorsque l'on crée des exceptions. Dans le premier cas, cela râle un peu pendant un mois et puis c'est fini tandis que lorsqu'on fait des concessions, cela suscite des discussions à n'en plus finir. Même les fumeurs, au bout du compte, sont majoritairement satisfaits car l'interdiction totale sur leur lieu de travail leur permet de réduire leur consommation. C'est pareil pour les trains ou les cinémas. L'interdiction du tabac y est totale et c'est complètement entré dans les mœurs. Plus personne ne songe à fumer dans ces deux endroits »*, ajoute ce médecin.

Très critiquée par les débitants de tabac, l'initiative d'Yves Bur est en revanche applaudie par de nombreux médecins, pour lesquels l'interdiction totale du tabac dans les lieux publics permettra de renforcer sensiblement la protection des non-fumeurs contre le tabagisme passif. Au cours des dernières années, plusieurs rapports ont mis en évidence les risques, longtemps ignorés, de l'exposition à la fumée des autres. *« On estime que le tabagisme passif est à l'origine d'environ 3 000 décès par an en France »*, souligne le professeur Dautzenberg. Le risque d'avoir un accident cardiaque ou de développer un cancer du poumon est par exemple augmenté de 25 % chez un non-fumeur qui vit avec un fumeur.

Les spécialistes rappellent aussi que la fumée de tabac contient plus de 60 cancérogènes et plus de 4 000 substances chimiques parmi lesquelles la nicotine, des irritants et divers produits toxiques, dont le monoxyde de carbone. *« Une cigarette fumée dans une pièce, c'est cinq milliards de particules qui restent trois heures dans cette pièce avant de s'éliminer »*, souligne le professeur Dautzenberg.

PIERRE BIENVAULT,
La Croix, 2 novembre 2005.

a) Lisez le titre et le chapeau du texte.
Comment comprenez-vous le mot « totalement » ?

Sans lire le texte, cochez la proposition qui vous semble exacte.

1. Il n'existait pas de loi jusqu'à présent. Cette loi serait appliquée à tous les lieux publics sans exception. ❑
2. Il n'existait pas de loi jusqu'à présent. Cette loi ne tolérerait aucune exception à l'intérieur des lieux publics. ❑
3. Il existait déjà une loi, mais elle ne concernait pas tous les lieux publics. ❑
4. Il existait déjà une loi, mais elle tolérait des exceptions à l'intérieur des lieux publics. ❑

b) Lisez les deux premiers paragraphes du texte.

1. Quelle relation établissez-vous entre le premier paragraphe et le chapeau ?

2. Le deuxième paragraphe confirme-t-il ou non votre compréhension du mot « totalement » ?

Pourquoi ?

c) Lisez les paragraphes suivants.
Qui juge cette nouvelle loi nécessaire ?

Pour quelles raisons ?

d) Qui sont les différents opposants à cette loi ?

Leur « opposition » a-t-elle les mêmes causes ? Quelles sont-elles ?

Leur « opposition » serait-elle durable ou non ? Pourquoi ?

e) Qu'est-ce qui motive cette loi ?

Qui protégerait-elle donc désormais ?

Relevez les arguments avancés.

Un lieu public est « un endroit où le public peut accéder ».
Cette expression a-t-elle le même sens dans votre langue ?
Considérez-vous qu'il y a des lieux plus « publics » que d'autres ?

94 Elle est la **première femme africaine** à avoir reçu le **prix Nobel de la paix**, en **2004**. Un an après, le **professeur** Wangari Maathai **fait** le **bilan** des **changements** que le **titre** prestigieux a **apporté** à son **association, Green Belt Movement** (GBM).

Wangari Maathai L'arbre à paix

GREEN BELT MOVEMENT
La ceinture qui sert

En 1977, sous les auspices du National Council of Women of Kenya, Wangari Maathai lance le Green Belt Movement. Elle réagit ainsi aux besoins exprimés par les femmes pauvres des zones rurales: manque de bois de chauffage, d'eau potable, de régimes alimentaires équilibrés, de revenus... Cause de ces problèmes majeurs, la déforestation a conduit, en Afrique, à la désertification, tout comme elle menace d'autres régions du monde. Protéger les forêts et donner vie à de nouveaux arbres devient le but du GBM. Les plantations de semis en rangée d'au moins un millier, de manière à former des « ceintures vertes » (*green belts*) sont célébrées par de véritables cérémonies où se pressent en grand nombre les membres des communautés concernées. Ces ceintures végétales fournissent de l'ombre et protègent du vent, facilitent la préservation du sol, accroissent la beauté du paysage et procurent des habitats aux oiseaux et autres petits animaux. En près de trente ans au sein du GBM, cent mille femmes de treize pays ont planté trente millions d'arbres issus de 5 000 fermes arboricoles, fournissant combustible, nourriture, bois de construction et revenus pour assurer l'éducation des enfants et les besoins domestiques. Une telle activité crée des emplois en sus d'améliorer les sols et les réserves d'eau. Les arbres sont parfois plantés en expression d'une contestation politique. L'approche de l'association combine la science, l'engagement social et la politique active. Sa stratégie, sans se contenter de simplement protéger l'environnement, consiste à assurer et renforcer les fondements mêmes d'un développement durable. Par l'éducation au travers de réunions suivies, le planning familial, la recherche d'une alimentation saine et la lutte contre la corruption, le GBM a ouvert la voie au développement du Kenya et d'autres pays d'Afrique.

Comment le prix Nobel a-t-il changé votre quotidien et celui de votre mouvement, le Green Belt Movement (GBM) ?

W. M. : Imaginez que vous appuyez sur la pédale de l'accélérateur à fond ! Tel a été l'effet Nobel. À partir de son annonce, j'ai été amenée à voyager dans le monde entier, pour visiter des projets similaires au GBM, rencontrer des êtres engagés dans ce type de démarches, leur expliquer notre travail. Le prix Nobel a donné naissance à une immense vague de questions de la part d'individus et d'organismes qui désiraient comprendre mieux le mouvement, souvent dans l'optique de travailler avec lui. [...]

Votre travail crée un lien solide entre les idées de paix, de démocratie et d'environnement...
W. M. : Si, au départ, les plantations d'arbres du GBM ne prenaient pas en compte les questions de la démocratie et de la paix, il est devenu clair que la gestion responsable de l'environnement était impossible sans espace démocratique. L'arbre est devenu le symbole de la lutte pour la démocratie au Kenya. Par exemple, des arbres ont été plantés pour exiger la libération de prisonniers de conscience, ainsi qu'une transition pacifique vers la démocratie. [...] Avec le temps l'arbre est aussi devenu un symbole de paix et de résolution des conflits, surtout au cours des affrontements interethniques dans le pays, quand le GBM a recouru aux arbres de la paix pour réconcilier les communautés en désaccord. [...] D'ailleurs, c'était là une manière de reprendre une tradition africaine très répandue.

Accor Magazine, octobre 2005.

a) Lisez le chapeau de l'article.

Qui est Wangari Maathai ?______

b) Lisez l'article à côté de la photo.

1. Répondez aux questions.

- En quelle année est né le GBM ? ______
- Quel était son objectif ?______
- Quels problèmes sont à l'origine de sa création ?______
- Quels résultats a-t-il obtenus ? ______
- Sur qui repose le mouvement ?______
- Quels sont les avantages des « ceintures vertes »

- pour l'environnement ?______

- pour la vie des populations ?______

- Quels sont les « effets secondaires » du GBM ?______

______

2. Le journal appelle le mouvement « la ceinture qui sert ».

- Est-ce justifié ? Pourquoi ? ______
- Il y a dans cette expression un jeu de mots qui repose sur le verbe. Pour le retrouver, voici deux indices : - un autre verbe se prononce de la même façon,

  - normalement une ceinture .... la taille.

c) Lisez les trois extraits de l'interview de Wangari Maathai.

La réponse de Wangari Maathai à la deuxième question reprend et développe une phrase du paragraphe sur le GBM. Laquelle ?

______

Pouvez-vous maintenant expliquer le titre de l'article : « L'arbre à paix » ?

______

95

« J'y suis, j'y vote ! »

AHMAD SALAMATIAN

Iranien, il est né à Ispahan en 1944 et vit à Paris depuis 1981, après un premier séjour de 1965 à 1978. Libraire.

« La citoyenneté, c'est avoir le droit plein et entier de participer à la vie en société. Être citoyen, ce n'est pas seulement payer des impôts et respecter des règles. C'est aussi avoir des droits. Demander le droit de vote aux élections locales, ce n'est pas réclamer un privilège, c'est montrer que l'on souhaite participer davantage à la vie de la cité. Dans un monde globalisé, nomade, cosmopolite, c'est une véritable nécessité. Aujourd'hui, un individu qui n'a pas le droit de vote n'est rien. Il faut donner le droit de vote aux étrangers. C'est le seul moyen pour nous de nous faire entendre. Cela fait trente-six ans que je vis en France, je me considère comme un citoyen français. Bien sûr, on peut me rétorquer que je n'ai qu'à acquérir la nationalité française. Mais je n'ai jamais ressenti le besoin de la demander. J'aime l'Iran comme ma mère et la France comme une amante. Vouloir régler le problème du droit de vote par la nationalité, c'est choisir la solution de facilité. La France doit accepter ses étrangers en tant que tels. »

TINGXIAO AN

Chinoise, elle est née dans le Hebei en 1978 et vit en France depuis six ans. Doctorante à l'Institut français du pétrole.

« Ma prise de conscience de la question de la citoyenneté et de ses implications date de ma participation au conseil de quartier du 18e puis du 20e arrondissement de Paris. Cela m'a permis de mieux comprendre la société française et de me sentir plus impliquée dans la vie locale. Je pense que la citoyenneté ne se réduit pas au vote. C'est également partager des valeurs et un espace social communs. Pourtant le vote en est bien une composante essentielle. J'aimerais beaucoup avoir la possibilité de voter aux élections municipales. Je suis mariée à un Français, j'ai une fille française, je pourrais obtenir la nationalité sans problème. Mais je ne me sens pas prête à en faire la demande. Si je deviens française, je perds ma nationalité chinoise. Or je travaille avec la Chine et j'ai besoin d'y aller souvent. »

ROGER YOBA

Camerounais, il est né à Yaoundé en 1953 et vit à Paris depuis vingt-sept ans. Intermittent du spectacle.

« Pour moi, la citoyenneté a beaucoup plus d'importance que la nationalité. Dans la Déclaration des droits de l'homme et du citoyen de 1789, il est dit que toute personne ayant contribué à l'édification de la France peut être considérée comme citoyen français. Moi, je me sens français. J'adhère totalement aux valeurs de la République. La citoyenneté, c'est à mon avis revenir au politique tel qu'on l'entendait dans la Grèce antique : s'impliquer dans la vie de la cité. Personnellement, je m'investis beaucoup en participant à la vie locale. Mais je ne peux pas voter. Qu'on me dise au nom de quoi un Lithuanien peut être conseiller municipal au bout de six mois de résidence en France, même s'il ne parle pas la langue française, alors que moi qui connais la vie de mon arrondissement, qui parle couramment le français, on ne me donne pas la parole ! »

NASSIMA YOUYOU

Algérienne, elle est née à Alger en 1969 et vit en France depuis 1998. Agent d'accueil au musée du Louvre.

« La citoyenneté n'est pas synonyme de nationalité. Dès l'instant qu'une personne respecte les lois, paie des impôts, s'intéresse à ce qui se passe dans son quartier, sa ville, son pays, elle est citoyenne. Moi, j'ai l'impression qu'on me met à la marge puisqu'on ne me donne pas la parole. Pourtant, j'ai un comportement citoyen : je suis intégrée, je milite dans une association socioculturelle. Nous donner le droit de vote serait une manière de nous renvoyer l'ascenseur. Quelle meilleure preuve d'intégration que de voter comme tous nos concitoyens ? Lorsqu'on nous envoie notre feuille d'impôts, on ne nous demande jamais si on est naturalisé ou pas. En France, on réduit la citoyenneté à la nationalité, à un bout de papier. La seule solution, c'est de devenir français. »

Le Monde 2, n° 95, 10 au 16 décembre 2005.

En France, il faut avoir la nationalité française pour pouvoir voter. Les étrangers n'ont donc pas le droit de vote. Pourtant, depuis 1992, les ressortissants d'un des pays de l'Union européenne peuvent voter pour les élections locales : ils élisent les conseillers municipaux. Faut-il accorder le même droit à tous les étrangers ? La question était toujours en débat à la fin 2005.

Quatre personnes de nationalité différentes, vivant toutes les quatre à Paris, plaident pour le droit de vote aux étrangers.
Lisez les textes ci-contre.

a) Retrouvez par qui sont donnés les arguments suivants (plusieurs personnes peuvent bien sûr donner le même argument).

- « Nous avons des devoirs, nous payons des impôts, il est normal que nous ayons aussi des droits. »

- « Être citoyen, c'est s'intéresser à la vie de la cité, y participer. C'est ce que je fais déjà. Mais le vote est un outil essentiel pour participer pleinement. »

- « Quand on partage les valeurs du pays où on vit, on est citoyen de ce pays. On doit donc pouvoir voter. »

- « Il n'est pas juste que certains étrangers seulement (pourtant parfois beaucoup moins intégrés) puissent voter et pas nous. »

- « Donner le droit de vote aux étrangers, c'est favoriser leur intégration. »

b) Les opposants au droit de vote des étrangers ont un argument principal.
Retrouvez-le dans les paroles d'Ahmad.

Que répond-il à cet argument?

Laquelle des trois autres personnes dit à peu près la même chose? Relevez la phrase exacte.

c) Nassima et Roger comparent citoyenneté et nationalité.

1. Quelle différence font-ils entre les deux?

2. D'après leurs paroles, donnez une définition de la citoyenneté.

Comment traduisez-vous dans votre langue les mots « nationalité » et « citoyenneté »? « Citoyen » est-il aussi un adjectif dans votre langue? Si oui, a-t-il la même valeur positive qu'en français: une attitude citoyenne, c'est une attitude qui manifeste une conscience de ses devoirs en tant que membre d'une société démocratique.

96

Éditorial

Jean-Michel THÉNARD

MIRAGE. Qui ne veut pas de la gratuité? Il faut être sacrément rabat-joie pour plaider contre.

Les Français, comme tout le monde, l'adorent. Si on leur tend un journal gratuit à l'entrée du métro, ils le prennent. Si on leur ouvre gratuitement les portes d'un musée, ils y vont plus facilement que si le prix du ticket d'entrée est prohibitif, c'est une évidence. Si les musées veulent jouer leur rôle d'éducateur, il est bien normal qu'avant de songer à faire des profits ils songent à supprimer les barrières tarifaires pour favoriser l'accès de leurs biens au plus grand nombre.

Dans une société marchande où tout se paie, la gratuité finit d'ailleurs par avoir des allures d'oasis. Enfin, un échange qui échappe au rapport monétaire, enfin un objet qui se donne à tous sans distinction, un lieu où l'on ne pratique pas la ségrégation sociale à l'entrée. Et quel plaisir de pouvoir aller flâner devant une œuvre quand bon vous plaît sans s'encombrer de savoir si on en aura pour son argent...

La gratuité a des allures d'oasis, mais elle peut être aussi un mirage. Car elle coûte cher. Si ce n'est pas le visiteur qui paie, c'est quelqu'un d'autre. En l'occurrence, le contribuable pour les musées nationaux ou municipaux. Lui revient-il de subvenir seul à l'entretien et à l'enrichissement d'un patrimoine toujours en mouvement ? La question mérite d'être posée quand l'opinion réclame des baisses d'impôt qui menacent de paupériser nombre d'institutions. Car baisse d'impôt et gratuité ne vont pas ensemble, même si tout le monde rêve des deux. Alors, il faut trancher.

Offrir la gratuité aux plus démunis, à tous ceux qu'il faut aider à accéder à la culture est un minimum, cela existe déjà. L'étendre reste un idéal. Mais à condition de ne pas croire que la gratuité résout à elle seule le problème de l'accession de tous à la consommation culturelle.

Il ne suffit pas d'ouvrir les portes des richesses nationales pour que chacun s'y rende. Il faut aussi donner à chacun au préalable le goût du plaisir de voir.

Libération, 29 et 30 janvier 2005.

a) Lisez le titre du texte.

Qu'est-ce qu'un mirage ?

À quel mot l'associez-vous ? *idéal - miroir - illusion - magie - espoir* ____________________

b) Lisez rapidement le texte.

1. Quel en est le sujet principal ?

La gratuité en général. ❑ La gratuité des musées. ❑ La baisse des impôts. ❑

2. Le titre est repris dans une phrase du texte.

Laquelle ? ______________________________

____

c) Cette phrase divise le texte en deux parties.

1. Lisez la 1re partie (c'est-à-dire tout ce qui précède cette phrase).

- Pourquoi les musées veulent-ils ouvrir gratuitement leurs portes ?

____

____

- Quels sont les arguments pour l'accès gratuit des musées ?

____

____

2. Lisez la 2e partie du texte (à partir de « La gratuité a des allures d'oasis »).

- La première phrase conclut la 1re partie et annonce ce qui suit. L'opposition entre les deux parties est soulignée par l'emploi de deux images et d'un mot d'articulation.

  Lesquels ? ______________________________

____

- Pourquoi la gratuité des musées est-elle un mirage ?

  Complétez l'argumentation suivante :

La gratuité est un mirage parce qu'elle .... particulièrement au

.... Mais celui-ci souhaite par ailleurs ....

..................., ce qui signifie moins d'argent pour ....

Donc, baisse d'impôts et gratuité pour tous ....

Il faut réserver la gratuité ...., ce qui est déjà la réalité.

D'autre part, la gratuité n'est pas suffisante pour permettre à tout le monde ....

.... parce que ....

- En résumé, quelle est la position de l'éditorialiste sur la gratuité des musées ? Est-il pour ou contre ?

Justifiez votre réponse.

____

____

____

97

Un message de Jean-François KAHN, fondateur de « Marianne »

Chère Madame, Cher Monsieur,

D'abord, soyons directs et francs : si vous voulez lire un journal avec lequel vous êtes sûr d'être toujours et complètement d'accord, autrement dit qui ne vous « dérange » jamais, *Marianne* n'est pas pour vous et d'ailleurs nous vous conseillons de ne jamais vous abonner à un tel journal.

Si vous demandez à un journal de ne jamais remettre en cause, soit les dogmes de droite, soit les dogmes de gauche; si le monde comme il va, la société comme elle fonctionne, vous conviennent parfaitement; si vous estimez qu'on ne peut ni changer le monde, ni rendre la société plus juste, *Marianne* n'est pas fait pour vous !

Si vous êtes totalement satisfait de l'information ou des magazines télévisés, si vous vous retrouvez à 100 % dans *Le Monde, Libé, Paris Match, Le Figaro* ou dans votre journal régional, si les « newsmagazines » classiques à l'américaine, remplis de publicité et publiant trois fois par an un « spécial immobilier », vous ravissent, pas besoin de *Marianne* !

Si vous ne vous abonnez à un hebdo que pour recevoir le « cadeau » en prime, exit *Marianne* ! (la démarche ne nous paraissant pas intellectuellement correcte).

Mais, si vous voulez entendre un autre son de cloche, un discours différent en rupture avec la pensée unique, être confronté à une approche moins conformiste, moins systématiquement « bien pensante » de l'actualité, si vous êtes a priori intéressé par un journal libre, totalement indépendant des pouvoirs politiques et économiques, des coteries parisiennes et des castes dominantes, mais qui est aujourd'hui le 1er « newsmagazine » par la vente au numéro, si vous voulez redevenir un citoyen actif, alors ce courrier vous concerne.

Découvrez et essayez *Marianne*...

Marianne

J F Kahn

Marianne - Service Abonnements - 18-24 quai de la Marne - 75164 PARIS CEDEX 19 - tél. : 01 44 84 85 20 ou 22 - fax : 01 42 00 56 92

Exit est un mot latin qui signifie « il sort ». L'expression *Exit quelqu'un* ou *quelque chose* signifie « quelqu'un ou quelque chose disparaît ».

a) Observez le titre, la source, l'en-tête et la fin de la lettre.

1. De quel type de lettre s'agit-il ? ______

2. Qu'est-ce que *Marianne* ? ______

b) À votre avis, que représente l'illustration dans la marge ? ______

Est-ce qu'elle évoque quelque chose pour vous ? ______

Si oui, quoi ? ______

Savez-vous ce que symbolise, en France, le prénom Marianne ? ______

c) Parcourez rapidement le texte : lisez le début et la fin des cinq paragraphes qui le constituent.

1. Chaque paragraphe est construit sur le même modèle, reprend la même structure. Laquelle ?

______

2. Relevez la conclusion de chacun des quatre premiers paragraphes.

- 1er paragraphe : ______
- 2e paragraphe : ______
- 3e paragraphe : ______
- 4e paragraphe : ______

Par quel mot s'ouvre le dernier paragraphe ? ______

Quelle est cette fois la conclusion ? ______

d) Lisez maintenant le 5e paragraphe. Relevez deux ou trois adjectifs qui expriment la qualité principale de *Marianne* selon J.-F. Kahn. ______

e) Lisez les quatre premiers paragraphes.

1. Chacun vante d'une manière détournée, indirecte, une qualité de *Marianne*. **Retrouvez laquelle.**

- 1er paragraphe : ______
- 3e paragraphe : ______
- 2e paragraphe : ______
- 4e paragraphe : ______

2. Quelles critiques sont faites aux autres journaux ?

______

3. Pourquoi *Marianne* n'offre-t-il pas de cadeau en prime à l'abonnement ?

______

f) En résumé, d'après cette lettre, *Marianne* ne s'adresse pas aux lecteurs ......
Pour compléter cette phrase, choisissez l'adjectif qui vous paraît le mieux convenir parmi les propositions suivantes : *curieux, ouverts, conformistes, indépendants, actifs, exigeants.*

g) Quelle relation voyez-vous entre les caractéristiques du journal mises en avant dans cette lettre, son nom et l'illustration choisie ?

______

______

5. Lire des instructions

98 Lisez le texte suivant.

La déferlante Sudoku

Créé en 1979 par Howard Garns, ce jeu est d'abord apparu aux États-Unis avant d'être introduit au Japon en 1984 où il a pris le nom sous lequel il est dorénavant connu, sudoku, et que l'on peut traduire par « le chiffre vient une seule fois ».
En juillet 2005 le sudoku arrive en France... et devient très vite le jeu à la mode. On en trouve des grilles dans la plupart des quotidiens, hebdomadaires ou magazines... et les fabricants de jeux électroniques en proposent déjà à la vente ! Une nouvelle version du sudoku, le mojidoku où neuf lettres différentes remplacent les neuf chiffres, se développe aussi peu à peu. Dans ce cas, les lettres forment un mot à la première ligne de la grille.

Règle du jeu

La règle est très simple : il s'agit de remplir les cases vides de la grille à l'aide des chiffres de 1 à 9. À partir des chiffres qui figurent déjà dans la grille, le joueur doit trouver les chiffres qui manquent.
Une grille de sudoku comporte 9 colonnes, 9 lignes et 9 carrés appelés « régions ». Chaque colonne, ligne ou région se compose de 9 cases. Un même chiffre apparaît une seule fois dans chaque colonne, chaque ligne ou chaque région.
Plus il y a de chiffres sur la grille, plus celle-ci est facile à résoudre.

Méthode de résolution

Quand on commence, il faut bien choisir où placer le premier chiffre. Pour cela il existe différentes tactiques. La plus simple consiste à choisir un groupe de trois régions verticales ou horizontales dans lesquelles un même chiffre apparaît deux fois.
Dans l'exemple ci-dessous, les trois régions horizontales du centre ont été retenues car deux d'entre elles contiennent le chiffre 5. Il faut donc le placer dans la troisième, celle de droite.
Comme le chiffre 5 se trouve dans la ligne 4 et la ligne 5, il ne peut être qu'à la ligne 6. Or il n'y a qu'une seule place libre, entre les chiffres 3 et 2.

Conseils

▶ **Le crayon et la gomme sont les deux outils du joueur :** il n'est pas facile de trouver les bonnes cases du premier coup ! Il faut essayer, gommer, essayer encore sans se décourager, car les erreurs sont fréquentes au début ! Avec un peu de pratique, les résultats sont vite meilleurs !

▶ **Avant de commencer il faut prendre le temps de bien observer la grille :** cela permet d'en avoir une vue générale. Il faut ensuite repérer avec attention les emplacements d'un même chiffre. Il faut enfin procéder par élimination pour découvrir les régions, les lignes ou les colonnes où il est absent.

▶ **L'essentiel est de vérifier à tout moment que les 9 chiffres**, ou les 9 lettres dans le cas du mojidoku, sont bien présent(e)s dans chaque ligne, chaque colonne ou chaque région. Attention : un même chiffre ou une même lettre figure donc 9 fois seulement dans la grille.

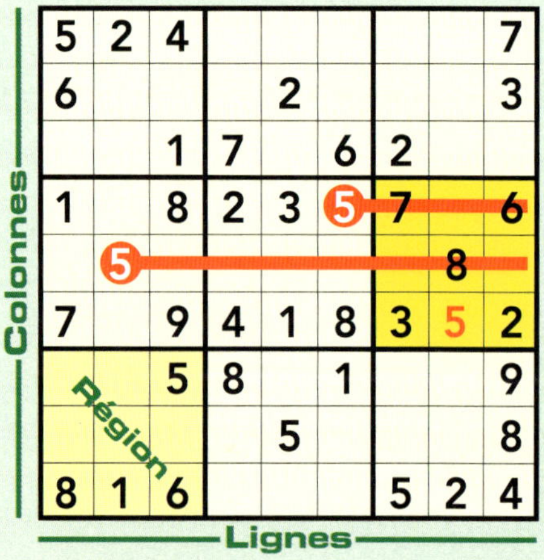

a) Avez-vous bien compris ?
Cochez les affirmations justes.

Règle du jeu

1. La grille se compose de 81 cases. ❑
2. Seulement 9 chiffres sont placés. ❑
3. Plus il y a de chiffres, plus c'est facile. ❑
4. Le 9 se trouve plusieurs fois sur une même ligne. ❑

Technique de résolution

1. Il faut observer trois régions en même temps. ❑
2. Le même chiffre est toujours sur la même ligne. ❑
3. Sur une ligne, à chaque chiffre correspond une seule place. ❑

Conseils

1. Il est recommandé de bien observer la grille. ❑
2. La réflexion aide à trouver la place des chiffres. ❑
3. Au début, il est nécessaire d'effacer souvent. ❑
4. Chaque chiffre est répété neuf fois dans la grille. ❑

**b) À votre tour, cherchez la solution du mojidoku suivant.
Identifiez d'abord les neuf lettres.**

		G		M		N	T	
		U			S			E
S	E		G	T	R			
	S					T	A	U
	U	T	R		A		N	G
N		A						R
G			S		N		U	
M			A			S		
	A			E		R		N

99 « Le guide du sauveteur » de la Croix-Rouge Française présente et explique les gestes qui sauvent. Les connaissez-vous ?

Que faites-vous dans les situations suivantes ?
Choisissez le(s) bon(s) conseil(s).

Si un(e) de vos ami(e)s...
... se brûle,
1. passez la plaie sous l'eau pendant 5 minutes. ☒
2. mettez du gras sur la brûlure. ❑

... perd connaissance,
1. donnez-lui des gifles. ❑
2. mettez-le (la) sur le côté et basculez sa tête en arrière. ❑
3. basculez sa tête en arrière et mettez-le (la) sur le côté. ☒

... a un accident de voiture,
1. en France, appelez le 18 pour alerter les secours. ☒
2. en Europe, appelez le 112 pour alerter les secours. ☒

... avale un produit toxique,
1. faites-le (la) vomir, appelez le 15 ou le 112 et suivez les conseils donnés. ❑
2. faites-le (la) boire, appelez le 15 ou le 112 et suivez les conseils donnés. ❑

... s'étouffe en mangeant,
1. relevez-lui la tête et faites-le (la) boire. ❑
2. donnez-lui cinq claques dans le dos avec la main ouverte. ☒

...se fait mordre par un serpent,

1. sucez la plaie et laissez-le (la) immobile en attendant les secours. ❑
2. lavez la plaie, désinfectez-la et amenez votre ami(e) à l'hôpital. ☒
3. courez à l'hôpital le plus proche avec votre ami(e). ❑

100

SAVOIR S'ORGANISER

Les bibliothèques s'écroulent? Le linge s'entasse dans le panier, les placards débordent, le frigo est toujours vide? Il est peut-être temps de se rappeler quelques principes de base.

Pourquoi il vaut mieux ranger :
- pour retrouver ce dont on a besoin,
- pour dégager de l'espace,
- pour pouvoir déléguer (il est plus facile de demander au petit dernier de prendre lui-même son bol si celui-ci est toujours à la même place).

Instaurer des règles simples... et s'y tenir :

- .... le beau ou l'utile.

- .... (et jeter en partie) les objets, jouets, journaux et photos.

- .... dans les espaces dévolus au rangement.

- .... ce dont on se sert souvent (le nombre de mouvements nécessaires à la prise et à la remise en place d'un objet détermine la probabilité qu'il soit correctement rangé).

- .... le repérage des boîtes, cartons et bocaux.

- .... à sa manière de vivre (si votre enfant fait de la pâte à modeler dans la cuisine, pourquoi ne pas lui réserver un tiroir?).

- .... chaque objet le moins possible (tout ce qu'on pose « là pour l'instant » est un début de fouillis).

- .... le bazar comme pense-bête (« je place ces chaussures dans l'entrée pour penser à les emporter cher le cordonnier »).

- .... enfin qu'un rangement n'est jamais définitif... !

Le Monde, 18 janvier 2006.

a) Parcourez rapidement le texte.

Quel est son objectif? ______________________________

Quel espace, quel(s) lieu(x) concerne-t-il? ______________________________

____

b) Retrouvez les « règles simples » de rangement; pour cela, placez à l'endroit qui convient les verbes suivants : *adapter ses rangements - prévoir large - ne garder que - faciliter - ne pas utiliser - manipuler - se souvenir - garder à portée de la main - trier régulièrement.*

c) Choisissez les trois règles les plus importantes pour vous :

1. ______________________________
2. ______________________________
3. ______________________________

En situation de production écrite, on doit écrire un texte : cela signifie construire des phrases mais aussi les assembler pour construire le texte. Pour cela, on doit :

– regrouper les informations, les idées qui vont ensemble,
– éviter les répétitions,
– marquer explicitement les relations entre les idées, leur enchaînement,
– faire attention à la ponctuation, aux paragraphes qui rendent le texte plus lisible.

Les textes sont différents : quand on raconte un événement, quand on décrit une situation ou quand on donne son opinion, on n'organise pas son texte de la même manière.
Il faut réfléchir à cela avant de commencer à écrire : justement, à l'écrit, on a la possibilité de se préparer. Par la suite, on peut aussi se relire, vérifier si le texte est cohérent, éviter les répétitions, les ruptures, se corriger.
Les activités qui suivent ou les pistes suggérées pour les réaliser permettent de développer ces stratégies.

1 ■ PRODUCTION GÉNÉRALE

■ 1. La ponctuation ■

, La virgule fait une pause
; Le point virgule se repose
. Le point s'arrête
: Les deux points sont à la fenêtre
- Le tiret unit
' L'apostrophe sourit à la voyelle tombée
... Les points de suspension cachent un secret
M La majuscule est un signe de respect
« » Les guillemets annoncent qu'on va parler
? Le point d'interrogation pose une question
! Le point d'exclamation dit : attention
Voilà le poème de la ponctuation.

E. MINENI, *Ensemble 2*, Le Monnier.

101 La ponctuation permet de comprendre un texte mais aussi de le dire avec les pauses et l'intonation qui conviennent.

Écoutez cet extrait des *Souvenirs* d'Ernest Lavisse (1842-1922) dans lequel l'auteur évoque son professeur, Monsieur Leleu, très préoccupé de la ponctuation.
Faites bien attention à l'intonation !
Observez la transcription ci-dessous.

Lepoint disaitil fermelesens Jemappliquais enécrivantsousladictée àdéterminer lemoment oùlesensétaitfermé Depuis ohlapuissancedesmaîtres jesuisrestéhanté parlacraintedemalponctuer Àchaquenouvelleépreuvedimprimerie etilmefaut beaucoupdenouvellesépreuves jechangelaponctuationdelaprécédente Jevoudrais écriresurlamatièreuntraité oùjemettraisenépigraphe* Dismoicommenttuponctues etjetediraicommenttupenses

* Note : Une épigraphe est une courte citation en tête d'un livre ou d'un chapitre.

Pour rendre le texte lisible :

- **séparez les mots, séparez les phrases ;**
- **mettez la ponctuation qui convient.**

Aidez-vous des espaces et des majuscules !

102 **Lisez la dépêche ci-dessous.**

Ponctuez-la.
Replacez les majuscules.

Insolite : le courrier au père noël en augmentation de 8 % cette année

PARIS (AFP) - 26/12/2005 17h01 - le père noël dont la poste assure le secrétariat a reçu cette année 1,2 million de lettres et courriels ce qui représente une augmentation de 8% par rapport à 2004 a indiqué la poste lundi

le courrier du père noël est en augmentation régulière année après année mais cette année c'est le nombre de courriels envoyés par internet qui augmente le plus vite a indiqué un porte-parole de la poste cette année le père noël a reçu 1 030 000 lettres et 170 000 courriels en provenance de 118 pays différents

le secrétariat du père noël qui est installé à la poste de libourne gironde où travaille une équipe de 60 secrétaires recrutés pour l'occasion a scrupuleusement répondu à chacun des courriers par une lettre-type signée du père noël qui pense à toi

le nombre de réponses est même supérieur au nombre de lettres reçues puisque certaines lettres sont envoyées par des classes entières avec les listes d'adresses des enfants qui tous recevront une carte illustrée accompagnée de trois petits jeux-devinettes.

www.tv5.org

■ 2. Les termes de reprise ■

Dans un texte, pour rappeler quelque chose ou quelqu'un dont on a déjà parlé, on peut, bien sûr, utiliser à nouveau le mot qui l'a désigné la première fois. On change simplement le déterminant : *un/une* est remplacé par *le/la* ou *ce/cet/cette*.
Mais on peut aussi utiliser des **termes de reprise** :
- des pronoms personnels : *il, elle, le, la, lui...* ou relatifs : *qui, que, dont...*
- d'autres pronoms : *le premier, le second, l'un, l'autre, celui-ci, celui-là, ce dernier, certains...*
- un synonyme : *le voleur → le cambrioleur*
- un nom générique : *une secrétaire → l'employée/la femme ; une rose → la fleur*
- un terme affectif : « Un homme est tombé du train. *Le malheureux* s'est cassé la jambe. *Cet imbécile* voulait descendre avant l'arrêt du train. »
- une expression imagée : « Les feuilles mortes étaient tombées. *Ce tapis...*»

Les déterminants possessifs (*son/sa/ses/leur/leurs*) servent aussi de terme de reprise, car ils évitent de répéter le mot : « L'homme nous regardait. *Ses* yeux brillaient. » (ses yeux = les yeux de l'homme)

103 Lisez les textes suivants.

1. Le loup et l'agneau

[...] Un Agneau se désaltérait
Dans le courant d'une onde pure.
Le Loup survient à jeun qui cherchait aventure,
Et que la faim en ces lieux attirait.
« Qui te rend si hardi de troubler mon breuvage ?
Dit cet animal plein de rage :
Tu seras châtié de ta témérité.
– Sire, répond l'Agneau, que votre Majesté
Ne se mette pas en colère ;
Mais plutôt qu'elle considère
Que je me vas désaltérant
Dans le courant,
Plus de vingt pas au-dessous d'Elle,
Et que par conséquent, en aucune façon,
Je ne puis troubler sa boisson.
– Tu la troubles, reprit cette bête cruelle,
Et je sais que de moi tu médis l'an passé. [...] »

Jean de La Fontaine, *Fables*.

Jean de La Fontaine (1621-1695) est un des auteurs les plus populaires du XVIIe siècle. Dans ses fables, il a souvent choisi de mettre en scène des animaux.

2. [...] M. Seurel était descendu du petit bureau à deux marches où il était en train de nous faire la dictée, et Meaulnes marchait vers lui d'un air agressif. Je me rappelle combien je le trouvais beau, à cet instant, le grand compagnon, malgré son air épuisé et ses yeux rougis par les nuits passées au dehors, sans doute.

Il s'avança jusqu'à la chaire et dit, du ton très assuré de quelqu'un qui rapporte un renseignement:
— Je suis rentré, monsieur.
— Je le vois bien, répondit M. Seurel, en le considérant avec curiosité… Allez vous asseoir à votre place. […]

ALAIN-FOURNIER, *Le Grand Meaulnes*.

Le Grand Meaulnes est l'unique roman d'Alain-Fournier (1886-1914), mort prématurément dans les premiers jours de la guerre de 1914-1918. L'atmosphère très particulière et envoûtante de ce livre en ont fait une œuvre un peu mythique pour la jeunesse.

3. Le vieux peintre Wang-Fô et son disciple Ling erraient le long des routes du royaume de Han. [...]
Ling n'était pas né pour courir les routes au côté d'un vieil homme qui s'emparait de l'aurore et captait le crépuscule. Son père était changeur d'or ; sa mère était l'unique enfant d'un marchand de jade qui lui avait légué ses biens en la maudissant parce qu'elle n'était pas un fils. Ling avait grandi dans une maison d'où la richesse éliminait les hasards. [...]
Une nuit, dans une taverne, il eut Wang-Fô pour compagnon de table. Le vieil homme avait bu pour se mettre en état de mieux peindre un ivrogne ; sa tête penchait de côté comme s'il s'efforçait de mesurer la distance qui séparait sa main de sa tasse. L'alcool de riz déliait la langue de cet artisan taciturne, et Wang ce soir-là parlait comme si le silence était un mur et les mots des couleurs destinées à le couvrir.

Marguerite YOURCENAR, *Nouvelles Orientales*, Gallimard.

Marguerite Yourcenar (1903-1983) est l'auteur d'une importante œuvre romanesque. Elle s'est passionnée pour des formes variées d'expression culturelle : la poésie grecque antique, les spirituals américains qu'elle a traduits, le Nô japonais… Elle a été la première femme élue à l'Académie française.

4. Le paquet de gâteaux du dimanche matin

Des gâteaux séparés, bien sûr. Une religieuse au café, un paris-brest, deux tartes aux fraises, un mille-feuille. À part pour un ou deux, on sait déjà à qui chacun est destiné mais quel sera celui-en-supplément-pour-les-gourmands ? On égrène les noms sans hâte. De l'autre côté du comptoir, la vendeuse, la pince à gâteaux à la main, plonge avec soumission vers vos désirs ; elle ne manifeste même pas d'impatience quand elle doit changer de carton – le mille-feuille ne tient pas. […]

Philippe DELERM, *La Première Gorgée de bière et autres plaisirs minuscules*, Gallimard, 1997.

Philippe Delerm est né en 1950. Dans *La Première Gorgée de bière et autres plaisirs minuscules*, ouvrage qui réunit une trentaine de nouvelles très courtes, il évoque les mille et un petits plaisirs de la vie : écosser des petits pois, prendre un verre de porto, manger un banana-split… Il se définit lui-même « d'un côté, guetteur d'enfance et de mémoire, de l'autre buveur de petits instants découpés dans le présent ».

Complétez le tableau ci-dessous.

1. Identifiez les mots de reprise,
2. Classez-les selon le cas : *pronoms, noms/expressions* ou *déterminants possessifs.*

	Mots remplacés	Mots de reprise		
		Pronoms	Noms/expressions	Possessifs
Texte 1	le Loup			
Texte 2	le Grand Meaulnes			
Texte 3	Wang-Fô Ling la mère de Ling			
Texte 4	les gâteaux			

104 a) Imaginez la suite de chacune des phrases. Utilisez à chaque fois une des expressions encadrées.

ce dernier	les uns ... les autres	celles-ci	certains

1. Dans la cour de l'école, tous les enfants n'ont pas les mêmes jeux ; ______________________________

____

2. Parmi les peintres du XXe siècle, je préfère Matisse à Picasso ; ______________________________

____

3. La plupart des élèves de cette classe envisagent des études scientifiques ; mais pas tous :

____

4. Elles sont parties retrouver leurs amies. ______________________________

____

b) Imaginez maintenant la phrase qui précède.

1. ______________________________ :
la première avait les yeux bleus, la seconde de grands yeux verts.

2. ______________________________ :
cette dernière ne commençait jamais son travail avant 9 h 00.

3. ______________________________ .
L'un voulait partir, l'autre voulait rester.

4. ______________________________ ;
celui-ci n'avait jamais vu la mer.

105 Le petit texte qui suit est très difficile à lire à cause des répétitions.

Supprimez-les quand c'est possible : pour cela, utilisez des termes de reprise.

Attention, quand vous utilisez un pronom, il ne doit pas y avoir d'ambiguïté : on doit comprendre sans hésitation qui le pronom désigne.

Pierre attend le train. Mais le train a du retard et Pierre s'impatiente parce que Pierre est pressé de partir. Pierre va à Strasbourg. Jean, l'ami de Pierre, habite à Strasbourg depuis deux ans. Jean ne veut pas revenir à Poitiers. Jean a passé son enfance à Poitiers mais Jean est fâché avec sa famille et Jean déteste Poitiers. Mais Jean n'est pas fâché avec Pierre ! Pierre a promis de rendre visite à Jean quand Jean est parti mais Pierre ne l'a pas encore fait et Pierre et Jean ne se sont pas revus depuis le départ de Jean. Pierre sait que Jean attend Pierre avec impatience et Pierre pense souvent à Jean. La semaine dernière, Jean a téléphoné à Pierre pour demander à Pierre de venir voir Jean. Pierre a enfin accepté. Pierre est très content de revoir Jean, Pierre a beaucoup de choses à dire à Jean.

■ 3. Les connecteurs ■

Les **connecteurs** sont des mots qui organisent le texte et qui permettent de relier des propositions ou des phrases. On distingue par exemple :
- les mots qui organisent l'espace (les connecteurs spatiaux) : *en haut, en bas, à droite, à gauche, devant, derrière...*
- les mots qui situent les événements dans le temps (les connecteurs chronologiques) : *d'abord, puis, ensuite, alors...*
- les mots qui expriment des relations logiques (les connecteurs logiques) : *car, en effet, donc, mais, cependant...*
- les mots qui soulignent une organisation : *d'une part/d'autre part ; d'abord, ensuite, enfin...*

Quand on décrit ou quand on raconte, on a besoin des connecteurs spatiaux et chronologiques ; quand on veut souligner un enchaînement logique d'événements ou bien quand on veut marquer les étapes d'une explication, d'un raisonnement, d'une argumentation, on utilise plutôt les deux derniers types de connecteurs.

106 Lisez ce conte.

LE REFUS

Désarmé, découragé, le jeune acteur relisait pour la troisième fois la lettre de refus qu'il venait de recevoir des éditions Promos 2 000, son dernier espoir d'être publié.

« Notre comité de Triage n'a pas cru nécessaire de recommander la publication de votre roman, *Maman, mon amour.*
......(1)......, il estime que l'utilisation d'un ordinateur KYNDOSH 4 500 ne correspond pas à la sensibilité de votre texte, elle déforme même l'intrigue et, ...(2)......, le choix des caractères de type DY 54 n'est pas du tout adapté à la psychologie de vos personnages. Peut-être auriez-vous intérêt à tout recomposer sur un ordinateur moins ambitieux, un GERTOX 1800, par exemple. Votre roman trouverait ......(3)...... son véritable climat et même un éclairage nouveau. Avec nos regrets... »

Il relut une fois encore la lettre. Plus désemparé que jamais. Il y a quelques mois à peine, il venait justement de troquer, au prix de lourds sacrifices, sa vieille GERTOX contre l'inégalable KYNDOSH 4 500.

Jacques STERNBERG, *188 contes à régler*, Denoël, 1988.

On a volontairement supprimé trois mots de liaison.

Trouvez le mot qui convient. Cochez la bonne réponse.

1. c'est pourquoi ❐	en effet ❐	mais ❐
2. de plus ❐	en revanche ❐	donc ❐
3. enfin ❐	cependant ❐	ainsi ❐

107 *En France, les parents perçoivent des allocations familiales, c'est-à-dire une aide financière de l'État pour les aider à élever leurs enfants. À plusieurs reprises, on a évoqué la possibilité de retirer ces allocations aux parents dont les enfants commettent des délits.*

Lisez le texte suivant.

Replacez dans le texte les termes d'articulation qui en ont été retirés : *parce que* (2 fois), *car* (1 fois), *donc* (2 fois), *alors que* (1 fois), *mais* (1 fois), *d'abord* (1 fois), *ensuite* (1 fois), *enfin* (1 fois).

La suspension des allocations sert-elle l'autorité parentale ?
Hubert Brin, président de l'Union nationale des associations familiales : *« Non, cela ne fait qu'ajouter du malheur au malheur.»*

L'UNAF a toujours été opposée à la suppression des allocations familiales au motif de l'absence de responsabilité parentale, et elle le reste. Pourquoi ? ...., ... les allocations n'ont pas été faites pour cela .... pour compenser la charge que représente un enfant. Il ne faut .... pas leur faire jouer le rôle de sanction. ...., il est probable que la suspension des allocations ne fera qu'amplifier les difficultés de familles qui ne disposent déjà pas de revenus suffisants. Selon moi, prendre une telle mesure, c'est .... ajouter du malheur au malheur. ...., je ne comprends pas pourquoi on recourrait à cette suspension, ... il existe, dans l'arsenal législatif français, une disposition très contraignante, la tutelle aux prestations sociales, qui, sur décision judiciaire, permet de soumettre les parents gravement défaillants à une autorité de tutelle. C'est alors le tuteur qui prend un certain nombre de décisions de la vie courante et cela permet bien souvent d'engager tout un travail éducatif avec les parents. [...]

Les solutions financières punitives ne changeront rien au manque d'autorité de certains parents, ... ce problème est multifactoriel, lié avant tout à des questions de logement et d'emploi. Quand on vit entassés dans un petit logement, a-t-on les moyens de se faire entendre ? Et quand un parent se sent totalement dévalorisé .... il n'a pas d'emploi, ou un emploi mineur, peut-il faire preuve d'autorité à l'égard de ses enfants ? Voilà les questions qu'il faut se poser.

La Croix, 15 novembre 2005.

■ 4. Les temps du récit ■

Pour raconter une histoire au passé, on utilise plusieurs temps.
- Vous devez être capable d'utiliser l'imparfait, le passé composé, le plus-que-parfait. **L'imparfait** sert à décrire des paysages, des personnages, une situation ; **le passé composé**, à raconter les actions. **Le plus-que-parfait** indique qu'un événement a lieu avant d'autres événements passés. C'est le « passé du passé ».
- Dans les contes, les romans, les récits historiques, les articles de journaux, on trouve un autre temps : **le passé simple**. Il a la même valeur que le passé composé. On ne l'utilise ni à l'oral ni dans les écrits courants (dans une lettre, par exemple). Vous devez seulement, pour ne pas être gêné(e) quand vous lisez, reconnaître les principales terminaisons des verbes au passé simple, en particulier à la 1re et à la 3e personne de ce temps, qui sont les plus utilisées : [(je) ...ai /...is/ ...us - (il) ...a / ...it / ...ut - (ils) ...èrent / ...irent / ...urent].
- Pour évoquer des faits passés, on peut aussi utiliser **le présent de narration**. Le récit devient alors plus vivant, les faits semblent se dérouler sous les yeux du lecteur.

108 a) Complétez en mettant les verbes entre parenthèses au temps du passé – *passé composé, imparfait, plus-que-parfait* – qui convient.

Ce texte est extrait d'un roman qui raconte une histoire simple, banale et triste. Un homme disparaît. Sa femme l'attend, elle n'accepte pas sa disparition, elle le cherche.

Mon mari **a disparu**. Il .... (*rentrer*) du travail, il .... (*poser*) sa serviette contre le mur, il .... (*me demander*) si j' .... (*acheter*) du pain. Il .... (*devoir*) être aux alentours de sept heures et demie.

Mon mari **a-t-il disparu** parce que, ce soir-là, après des années de négligence de ma part, excédé, fatigué par sa journée de travail, il .... (*en avoir subitement assez*) de devoir, jour après jour, redescendre nos cinq étages en quête de pain? J' .... (*essayer*) d'aider les enquêteurs: .... (*être**) vraiment un jour comme les autres ? Nous .... (*éplucher*) un à un les fichiers informatiques ouverts par mon mari depuis le matin. Il .... (*ne rien vendre ni recevoir*) de spécial, il .... (*faire visiter*) trois appartements, il .... (*déjeuner*) comme tous les jours d'un sandwich acheté au coin de la rue. Les visiteurs (un jeune couple, un couple entre deux âges et un divorcé grisonnant, rencontrés par les enquêteurs) .... (*ne rien remarquer*) de particulier hormis un chauffe-eau défaillant et autres détails immobiliers, ils .... (*venir*) pour ça, ils ne .... (*se souvenir*) même plus de la tête de mon mari. [...]

Marie DARRIEUSSECQ, *Naissance des fantômes*, P.O.L., 1998.

*Attention ! C'est une question.

b) Réécrivez complètement le texte ci-dessous au présent de narration.

[...] Un dimanche, au marché, il acheta à un colporteur un tee-shirt qui lui plaisait bien, et qu'il enfila aussitôt. Sur le tee-shirt, il y avait un dessin qui représentait un homme coiffé d'un grand chapeau, portant deux cartouchières croisées sur sa poitrine et tenant une carabine à la main, dans lequel il reconnut sans peine le révolutionnaire Pancho Villa. Sous le dessin, était écrit en grandes lettres rouges : PARRAL, CAPITAL DEL MUNDO. Toute la matinée, et une partie de l'après-midi du dimanche, notre ami se pavana dans le centre ville, arborant son tee-shirt neuf. Il ne manqua pas de le montrer à Yola puis à quelques-uns de ses amis. Il allait rentrer chez lui pour déjeuner vers quatre heures, quand il avisa sur les marches de l'église, un vieux mendiant vêtu de haillons, coiffé d'un large chapeau à l'ancienne et chaussé de *huaraches* à semelles en pneu de camion. Comme il lui restait quelques pesos, il les mit dans la main du vieil homme. Celui-ci lui prit la main, et Paco pensa que c'était pour le remercier, mais le mendiant ne lâchait pas sa prise. [...]

J.-M.G. Le Clézio, *Le Centre du monde est partout*,
Éditions de La Martinière, TV5.

■ 5. Rédiger un texte ■

➔ **On n'écrit pas un texte comme on parle. Un texte écrit, ce n'est pas une transcription mot à mot de ce que l'on dit ; ce n'est pas non plus une suite de phrases juxtaposées.**

109 **Écoutez l'enregistrement de l'activité 9.**
Lisez l'extrait ci-après de la transcription.

[...] Les arracheurs ne chômaient pas, comme s'en souvient très bien Francine Le Trédoux, issue d'une famille de goémoniers depuis plusieurs générations.

Francine Le Trédoux : *Trois/quatre heures de rang hein/ils travaillaient ces heures-là et pour rentrer au port après/alors leur casse-croûte ils le mangeaient à la maison/bien sûr que c'était difficile/bon quand le temps était calme/ça allait/mais quand il y a par exemple le vent ou autre ou la tempête là vous savez ça c'est déjà plus dur/euh quand ils partaient comme ça ils étaient toujours debout dans le bateau/et comme ils sont toujours deux/il y en toujours un devant un derrière/pour ne pas se blesser avec l'outil qu'ils ont/euh donc la position bien sûr n'était pas toujours facile/ils se plaignaient pas beaucoup/les goémoniers ne ne se plaignaient pas beaucoup parce qu'ils disaient s'ils se plaignaient eh bien comme c'était leur gagne-vie eh bien rien ne rapportaient à la maison/donc ils avaient beaucoup de courage/surtout le courage ils avaient.*

Fréquence FDLM.

Faites de cette transcription un texte lisible.

Pour cela :
- supprimez les répétitions, les hésitations (*euh*...), les expressions utilisées seulement à l'oral quand on s'adresse à un interlocuteur (*hein, vous savez*...),
- faites des phrases complètes et reliées entre elles,
- faites attention aux temps des verbes : ce témoignage concerne le passé,
- gardez l'organisation du témoignage :
  - le nombre d'heures de travail,
  - les repas,
  - la difficulté du travail,
  - son déroulement,
  - le rapport des goémoniers à leur travail,
  - la qualité principale des goémoniers,
- ponctuez votre texte.

➔ Vous faites ce type de travail quand vous passez de l'écoute d'un document à un compte rendu écrit.

110 GALILEO : *lancement du premier satellite*

Mercredi 28 décembre 2005
Une fusée russe a décollé avec succès du centre spatial de Baïkonour au Kazakhstan à 11 h 19 (heure locale).
La fusée a embarqué le satellite Giove-A, « Galileo In Orbit Validation Element ».
Il sera placé en orbite à 23 000 kilomètres de la surface de la Terre.
Le satellite Giove-A est un gros cube de 602 kilogrammes ; il a été fabriqué par une société britannique.
Le satellite est le premier élément du système de navigation par satellite GALILEO.
Il va servir pendant deux ans à valider dans l'espace plusieurs technologies nouvelles.
Il va servir à tester par exemple l'horloge atomique la plus exacte jamais envoyée dans l'espace et les signaux de navigation.
Pour Dominique Detain, un des porte-parole de l'Agence spatiale européenne, le lancement du satellite Giove-A « est une étape essentielle du projet GALILEO : le passage de la théorie à la pratique ».
Pour Philippe Douste-Blazy, ministre français des Affaires étrangères, le lancement du satellite Giove-A « marque l'indépendance de l'Union européenne ».
GALILEO permettra à l'Europe d'acquérir son indépendance dans un domaine stratégique : le positionnement par satellites.
Le positionnement par satellites est devenu indispensable, par exemple pour la gestion du trafic aérien, maritime et automobile, la pêche, l'agriculture, les télécommunications.
Grâce à GALILEO on pourra retrouver un conteneur perdu, repérer une voiture volée, trouver son chemin en voiture dans une ville inconnue, secourir un randonneur perdu.
GALILEO est un projet principalement civil.
Avec ses 30 satellites, GALILEO sera opérationnel commercialement en 2010.

À partir des notes ci-dessus, rédigez un paragraphe construit.

Vous devez éliminer les répétitions et ponctuer correctement votre texte. Pour plus de clarté, si nécessaire, vous pouvez utiliser des mots de liaison.

■ 6. L'orthographe ■

111 Avec le téléphone portable, est apparu un nouveau mode de communication, le SMS. Les Français, surtout les jeunes, en envoient beaucoup. Limités à 140 ou 160 caractères, les SMS, mini-messages ou textos, ont fait naître le langage qui porte leur nom, composé d'abréviations les plus courtes possibles, de sigles... Les caractères majuscules traduisent une émotion forte. Les mêmes procédés d'écriture sont utilisés dans les courriels, les forums.

a) Comprenez-vous ces SMS ?

Proposez, pour chacun d'eux, une transcription correcte et clairement orthographiée.

1. Mer6 pour lé bo kdo →

2. tu M M ? tu m'mank ! a2m1 ! →

3. Dsole, SUI EN RTAR. SUI NRV G 1 PB mon PC é kc →

4. Kestufé ? JE TATAN 2PUI 25 MN ! →

5. lé sms c super en + sa va vite mé apré dan lé rédac de francé bonjour lé fote ! →

b) Ils se sont exprimés « pour ou contre les écoles mixtes » sur le forum de momes. net. Que disent-ils exactement ?

1. pour c clér sinon il y oré pa d'ambiance !!! ca seré triste !! evanou → ______

2. moi je trouve que bineta a raison ! c plus rigolo et je trouve que c bete de separer les filles des garçons !!!!!!!!!!!!!!!!!!!!!!!! → ______

3. moi je sui POUR packe sinon je pouré pa voir mon copin dan la cour BIG KISS → ______

112 *Le ministre de l'Éducation nationale a jugé la méthode globale d'apprentissage de la lecture responsable des difficultés des élèves français à l'écrit. Avec cette méthode, on apprend à reconnaître globalement les mots alors qu'avec la méthode syllabique, on apprend à déchiffrer syllabe par syllabe.*

Pour se moquer des déclarations du ministre, un lecteur écrit au magazine culturel Télérama une lettre volontairement pleine de fautes d'orthographe.
Corrigez la lettre encadrée.

B.a. – Ba

Mr Vilepain a en fin reconu queux la métode global d'aprentissage de la lectur et de lécritur nétez pa bone. Queux fé ton de la générassion de andicapés (si, si !) insi (dé)formé ? On leur verse une panssion, on les ressoit à Maquignon* pour présentez dé esscuses ou on leur offre un aboneman à Télérama en companssasion ?

* *Matignon est la résidence du Premier ministre, qui se nomme Dominique de Villepin.*

2. Décrire un événement

113 Observez les documents ci-après sur la Fête des lumières de Lyon.

1

Lyon renoue avec ses lumières

Des herbes folles au pied de l'opéra et de la mairie, des cathédrales mauves, des containers fluorescents empilés le long du Rhône et des millions de lumignons aux rebords des fenêtres. En dépit de deux nuits humides et glaciales, la Fête des lumières a débuté, mercredi 7 décembre, par l'illumination de l'ensemble de la colline de Fourvière. [...]

Sophie LANDRIN, *Le Monde*, 11 décembre 2005.

2

Premier événement lyonnais en terme de notoriété et de fréquentation, la Fête des lumières est un rendez-vous unique en Europe qui attire, pendant quatre soirées, plus de 3 millions de visiteurs, dans une ville transfigurée par la lumière.

La Fête des lumières s'appuie sur la tradition lyonnaise du 8 décembre. Elle propose des scénographies et des spectacles lumière innovants et surprenants, sur des sites traditionnels ou insolites mettant en valeur le patrimoine architectural.

http://www.lyonweb.net/index.htm

Petit historique

3

La statue de la Vierge Marie, installée sur la basilique qui domine la colline de Fourvière, devait être inaugurée le 8 septembre 1852. À cause du mauvais temps, cette inauguration fut repoussée au 8 décembre. Mais à cette date-là encore, les conditions météorologiques désastreuses obligèrent à annuler une partie des festivités prévues. Certains Lyonnais décidèrent alors de fêter malgré tout l'événement en allumant des bougies à leurs fenêtres. On trouva cette manifestation particulièrement réussie et on la reprit les années suivantes.
Cette fête, religieuse à l'origine, s'est popularisée peu à peu et elle est devenue surtout une grande fête populaire où tout Lyonnais se fait un devoir d'illuminer son balcon.
Dans les années 1980, la ville de Lyon a décidé de transformer cette fête du 8 décembre en une grande « Fête des lumières » où seraient illuminés, différemment chaque année, de grands lieux lyonnais.

Vous avez assisté à la fête des lumières à Lyon, le 8 décembre.
Vous rédigez un petit article pour le journal de la chaîne d'agences de voyage « Autour du monde ».

- Vous expliquez l'origine de cette tradition
- Vous décrivez ce que vous avez vu (les illuminations, la foule, l'ambiance...)
- Vous donnez votre opinion
- Vous conseillez aux lecteurs de vivre cette expérience

114

Un dimanche matin, le lendemain d'une fête chez elle, quand elle est entrée dans sa cuisine pour la ranger, une de vos amies a découvert avec stupeur que tout était inondé.
Votre amie écrit mal le français.

Afin de l'aider, **vous rédigez**, pour son agent d'assurance, **un petit compte rendu de ce qui s'est passé.**

Vous devez expliquer :

- ce qui a provoqué l'inondation,
- ce qu'elle a fait alors (elle a certainement téléphoné à un dépanneur... mais c'était un dimanche !),
- l'importance des dégâts (objets abîmés, dégradations de la maison),
- les travaux à envisager,
- les conséquences pour sa vie immédiate.

115

LE JOURNAL DE NOTRE VILLE

LES TEMPS FORTS DE L'ÉTÉ

LES BEAUX JEUDIS

Deux mille enfants ont participé cet été aux ateliers proposés dans le cadre des Beaux Jeudis. Poterie, peinture, pâte à sel…, ces techniques n'ont plus de secret pour eux ! Cette 4e édition, qui comptait six jeudis, a fait le bonheur des petits et des grands de notre département, mais aussi d'autres régions. ■

ON TOURNE

____

LE NOUVEAU MARCHÉ, C'EST PARTI !

____

GRAND SUCCÈS POUR LES RENCONTRES DE FOLKLORE

____

Lisez l'article « Les Beaux Jeudis ».

À votre tour, rédigez les trois courts articles qui correspondent aux trois autres titres.

Pour vous aider.

- « On tourne » : il s'agit du tournage d'un film. Vous pouvez indiquer de quel film il s'agit, qui est le réalisateur, quels acteurs connus jouent dans ce film, dire quelques mots du scénario, rappeler combien a duré le tournage, quelles ont été les conséquences pour la ville, annoncer quand il sortira...
- « Le nouveau marché, c'est parti » : vous pouvez rappeler pourquoi on construit un marché, combien de temps dureront les travaux, donner quelques précisions sur le bâtiment (dimensions, allure générale, matériaux...).
- « Rencontres de folklore » : à quel moment ? Était-ce la première édition ? D'où venaient les groupes ? Quel public ont-elles attiré ? Qu'est-ce qui a été particulièrement apprécié ? Quelles sont les perspectives ?...

3. Raconter une histoire

116 a) Lisez le texte suivant.

Une histoire, un parcours

ÉMILIE, *boulangère*

En 1994, après avoir décroché son bac, Émilie commence par deux ans de classe prépa puis entre à l'ESSEC (École supérieure des sciences économiques et commerciales). Une fois sortie de l'ESSEC, Émilie change totalement de voie : elle part pour un an au Mexique, en qualité d'observatrice des droits de l'homme au sein des communautés indiennes zapatistes du Chiapas. De retour en France, elle décide de passer d'abord une licence de sociologie, puis de chercher du travail dans le milieu rural. C'est ainsi qu'en 2003, elle rejoint le programme de compagnonnage de *Repas*, le « Réseau d'échanges et de pratiques alternatives et solidaires ». Elle y apprend l'esprit coopératif et l'autogestion avant de partir s'installer à Abbeville-Saint-Lucien avec trois autres personnes. Au Four banal*, Émilie a fini par trouver son équilibre.

Phosphore études, Hors-série n° 1.

* entreprise qui fabrique du pain biologique pour le vendre sur les marchés et dans les magasins spécialisés

1. Retrouvez les différents moments de la vie d'Émilie évoqués dans cet extrait.

2. Relevez les mots qui permettent d'organiser une suite d'événements, c'est-à-dire qui situent les événements les uns par rapport aux autres.

3. Sur ce modèle, racontez l'histoire, le parcours d'une personne qui fait partie de votre environnement ou qui est célèbre dans votre pays.

b)

LACLAVETINE, Jean-Marie (...-...)
Est né. Ignore pourquoi.
A connu des femmes, n'en a connu qu'une, a eu des enfants, des amis. Les a toujours, pas tous.
A lu des pages, en a écrit. Imagine qu'il va continuer.
A bu des verres en bonne compagnie.
S'est souvent demandé ce qu'il faisait là.
Cessera un jour de se le demander.

LAMBRON, Marc (1957-...)
Écrivain lyonnais installé à Paris, il tenta d'écrire selon son espoir, qui le portait vers la beauté, et de vivre selon sa loi, qui était celle du secret.

in *Dictionnaire des écrivains contemporains de langue française par eux-mêmes*, Mille et une nuits, 2004.

Pour entrer dans le *Dictionnaire des écrivains contemporains de langue française par eux-mêmes*, ces deux auteurs ont accepté de « se portraiturer comme s'ils avaient disparu ». Le premier l'a fait avec humour, le second avec sobriété.
Ils ont écrit ce qu'ils aimeraient pouvoir écrire sur eux-mêmes le jour de leur mort.

À votre tour, imaginez votre notice.

Vous pouvez parler de votre vie réelle ou vous inventer une vie.

Vous pouvez :
- raconter deux ou trois épisodes particulièrement intéressants, drôles ou au contraire tragiques de votre vie, un moment qui l'a complètement transformée,
- parler de votre caractère, de vos goûts, des gens que vous avez aimés ou détestés,
- parler de ce qui était important pour vous : l'amitié, l'amour, le travail, l'honnêteté,
- exprimer des regrets, des sujets de satisfaction...

N'oubliez pas que ce n'est pas une simple énumération de faits et de dates. Vous pouvez devenir un « héros », vous raconter avec humour, ironie.

117 ▶ DÉPÊCHES INSOLITES ◀

a) Lisez ce titre de dépêche :

UN FRANÇAIS RESTITUE UNE RELIQUE* 42 ANS APRÈS L'AVOIR VOLÉE EN NORVÈGE

* Une relique est un objet ancien, quelque chose que l'on garde comme témoignage du passé.

Imaginez comment l'article qui suit peut développer l'information.

On indique sans doute :
- de quel objet il s'agit exactement,
- dans quel musée il avait été volé,
- pourquoi le voleur l'avait pris, dans quelles circonstances,
- ce qu'il en avait fait,
- pourquoi il le restitue maintenant,
- quelles sont les réactions des autorités.

Rédigez l'article.

b) Choisissez l'un des titres suivants :

• **À 86 ans, elle passe le réveillon coincée pendant 48 heures dans son ascenseur**

• **Trahis par un pourboire trop généreux**

• **Un tracteur verbalisé* à Paris**

* La police verbalise un véhicule qui ne respecte pas le code de la route.

Réfléchissez aux questions auxquelles peut répondre l'article qui correspond à ce titre.

Écrivez l'article.

118 LE BAISER DE L'HÔTEL DE VILLE VENDU AUX ENCHÈRES

La plus célèbre des photos de Robert Doisneau, « Le Baiser de l'Hôtel de Ville », a été adjugée .... 155 000 euros.
C'est l'héroïne de la photo, Françoise Bornet, qui mettait en vente son tirage original, offert par le photographe ....
Chargée des enchères, la maison Artcurial-Briest-Poulain-Le Fur, estimait ce tirage argentique d'époque qui porte le cachet et la signature du photographe, entre 15 000 et 20 000 euros.
Robert Doisneau (1912-1994) avait pris cette photo .... alors qu'il réalisait un reportage sur les amoureux de Paris pour le magazine américain *Life*.
Prenant un verre à une terrasse, le photographe repère un jeune couple d'amoureux. ...., il propose à ces deux élèves du célèbre cours de théâtre Simon de poser pour lui. Elle s'appelle Françoise Bornet, lui, Jacques Carteaud. La photo dort .... pendant plus de trente ans dans les archives de l'agence Rapho ....
Un couple a assuré se reconnaître sur la photo jusqu'à ce que Doisneau .... rétablisse la vérité : la photo n'était pas volée, elle était posée, et ce couple n'était pas le bon. « Je n'aurais jamais osé photographier des gens comme ça. Des amoureux qui se bécotent dans la rue, ce sont rarement des couples légitimes... », avait malicieusement glissé le photographe.
Françoise Bornet se manifeste .... et vient voir Doisneau avec le tirage (18 × 24,5 cm) qu'il lui avait envoyé quelques jours après la prise de vue.
Les amoureux de la photo ne sont pas restés ensemble. Jacques Carteaud est devenu viticulteur. Quant à Françoise Bornet, elle vend sa photo et d'autres biens pour monter avec son mari une maison de production cinématographique.
La vente, qui se déroulait à l'Hôtel Dassault à Paris, comportait aussi des photographies de Jacques-Henri Lartigue, William Klein ou Maxime Du Camp.

Cette dépêche raconte l'histoire d'une photo très célèbre en France.

a) Lisez-la. Replacez dans le texte les indicateurs de temps qui ont été enlevés : *ensuite* ; *lundi soir* ; *en 1950* ; *aussitôt* ; *avant d'être repérée par un éditeur de posters et de faire le tour du monde* ; *alors* ; *en 1992* ; *quelques jours après la prise de vue.*

b) À partir des notes suivantes, écrivez l'histoire du célèbre tableau de Léonard de Vinci, *La Joconde* (dite aussi *Mona Lisa*).

Notez que pour votre récit, vous pouvez utiliser le présent, comme dans l'histoire du « Baiser de l'Hôtel de Ville ». Faites des phrases et reliez-les. Utilisez des connecteurs temporels.

Peint par Léonard de Vinci entre 1503 et 1507.
Identité du modèle : peut-être Lisa Gherardini, qui avait épousé en 1495 Francesco del Giocondo, marchand d'étoffes florentin.
Apporté en France par Léonard lorsqu'il vient à la cour du roi François Ier.
Acquis par François Ier en 1519.
Entre dans les collections royales.
Exposé à Versailles à l'époque de Louis XIV.
Installé par Napoléon aux Tuileries, dans les appartements de Joséphine.
En 1804, offert par Napoléon au Louvre, devenu musée en 1793.
Volé le 21 août 1911. Longue enquête policière. Soupçons sur Picasso et Apollinaire.
Retrouvé en 1913.
Auteur du vol : un vitrier italien, qui avait travaillé au musée. À son procès, il se défend : il voulait le restituer à son pays d'origine.
Réinstallé solennellement au Louvre.
Mis en sécurité pendant la Seconde Guerre mondiale.
Deux grands voyages : États-Unis 1963, Japon 1974.
Objet d'un véritable culte.

c) Vous connaissez peut-être l'histoire d'une autre œuvre d'art ?

119 a) Lisez ces trois extraits d'un conte coréen : ils se situent respectivement au début, au milieu et à la fin du conte.

Imaginez ce qui s'est passé après chaque épisode. Racontez l'histoire.

Le Dragon bleu et le Dragon jaune

Au pays du Matin calme, l'empereur, pour le vingtième anniversaire de son couronnement, décide d'orner la salle du trône de son palais du plus beau paravent qu'on ait jamais vu jusqu'alors.
Il convoque le peintre le plus célèbre de l'empire, qui habite dans une caverne loin de la ville. L'artiste se rend aussitôt à la cour et l'empereur lui fait part de son désir : sur le paravent de la salle du trône doivent figurer deux dragons, un bleu et un jaune, pour symboliser la puissance de l'empire et la paix qui a illustré le règne de l'empereur.

L'empereur, hors de lui, persuadé que le peintre a voulu faire une mauvaise plaisanterie, qu'il a définitivement gâché la soie merveilleuse dont la fabrication a demandé tant de soin, donne l'ordre d'arrêter le peintre et de le jeter en prison.

Le peintre est libéré et l'empereur fait placer le paravent orné des deux dragons dans la salle du trône.

D'après *Histoires merveilleuses des 5 continents*, Seghers.

b) Lisez le résumé de ce conte célèbre.

Un roi et une reine n'avaient pas d'enfant. Un jour enfin, la reine a mis au monde une jolie petite fille. Très heureux, le roi et la reine ont fait une grande fête et invité les sept fées du pays. Mais pendant le repas, une vieille fée que tout le monde avait oublié est arrivée, très fâchée de ne pas avoir été invitée. Avant de partir, les fées ont toutes fait un don à la petite princesse mais la vieille, elle, a prononcé une malédiction : « Que la princesse se perce la main d'un fuseau* et meure ! » Heureusement, une jeune et gentille fée qui n'avait pas encore fait son cadeau a pu corriger un peu cette malédiction : « Que la princesse dorme cent ans ! »

À 16 ans, la princesse s'est piquée avec un fuseau et elle est tombée dans un profond sommeil. La fée qui la protégeait a alors endormi tout le monde autour d'elle, même les chiens et les chevaux!
Les années ont passé. Une forêt a poussé autour du château.
Cent ans plus tard, un jour, un jeune prince qui chassait a voulu savoir ce qu'il y avait dans ce mystérieux château. C'était difficile d'y entrer mais il a réussi à aller jusqu'à la chambre où dormait la jolie princesse. C'est juste à ce moment-là que celle-ci a ouvert les yeux…

* une petite bobine aux deux extrémités en pointe qui servait à filer la laine.

Enrichissez ce résumé pour en faire un vrai conte. Vous pouvez par exemple :

- décrire et caractériser les personnages,
- préciser les dons des fées,
- développer un peu l'enfance de la princesse,
- décrire le château endormi,
- détailler davantage les moments importants : la blessure de la princesse, l'arrivée du prince,
- préciser les sentiments...
- ...

c) Maintenant, inventez vous-même un conte.

Écrivez-le en racontant l'histoire autour du fil conducteur ci-dessous.

Une raison toute personnelle pousse le héros ou l'héroïne à quitter le lieu où il/elle vit habituellement. Avant d'arriver au terme de son voyage, il/elle traverse un pays inconnu et doit surmonter bien des épreuves. Sur son chemin, il/elle rencontre un personnage bénéfique et un personnage maléfique. Pour sortir de ses difficultés il/elle va recourir trois fois à un objet magique. Il/elle arrive enfin à destination et est récompensé(e).
Votre héros/héroïne peut être un animal.

4. Décrire des sujets familiers

120

Monsieur René

« Bonne retraite » en sucre plie et casse sous le couteau
Monsieur René s'en va, on fait un pot
« Un discours », réclament en chœur les cinq personnes de l'assemblée
Parler c'est pas son fort à M'sieur René
Monsieur René a passé l'âge
Monsieur René faut tourner la page
Tout le monde descend : troisième étage
Les collègues ont fait la quête, offrent une sacoche en cuir
Le patron voulait faire un geste, c'est une boîte de cigares
René ne fume plus depuis dix ans mais remercie quand même
Sur un bureau des gobelets en plastique et une quiche lorraine [...]

BÉNABAR, *Les Risques du métier*, Album 2003.

Les fins d'années scolaires ne s'achèvent pas de la même façon en tous lieux. De nombreuses écoles organisent des distributions de prix. Ce jour-là constitue un autre couronnement. On a dressé une estrade pour les autorités, l'inspecteur, le maire... Devant la foule des parents, des discours ronflants se succèdent. Puis de gros livres cartonnés aux couleurs voyantes, aux titres géants, sont remis aux meilleurs élèves. Prix d'excellence, prix d'honneur, prix d'orthographe, prix de calcul, de grammaire, d'histoire... Cela s'opère dans la gaieté. S'il existe une musique municipale, elle participe à ma fête qui salue les succès des bons écoliers.

Hippolyte GANCEL, *L'Écolier*, Éditions Ouest-France, 2003.

Ces deux textes décrivent des traditions, des rites.
Dans le premier, il s'agit d'une tradition toujours vivante. Laquelle ?

Dans le second, d'une tradition abandonnée aujourd'hui. Laquelle ?

Décrivez une tradition qui existe chez vous, à l'école (ou à l'université) ou dans le monde du travail ; évoquez :
- les personnes concernées,
- les étapes du rite,
- le but, la signification de cette tradition.

Comment, dans votre langue, désignez-vous une personne à la retraite ? L'expression utilisée souligne-t-elle le fait qu'elle s'est retirée d'un emploi ou qu'elle perçoit une pension ?

121 Lisez ce texte.

De juin à septembre, les ports du Languedoc, tout autour de l'étang de Thau, organisent des joutes nautiques. Barque rouge contre barque bleue. Le rite est immuable depuis le XVIIIe siècle. L'épreuve reine se déroule le 25 août à Sète.
Le but du jeu est simple : faire tomber son adversaire à l'eau. Des barques lourdes propulsées par huit à dix rameurs s'avancent l'une vers l'autre. Le jouteur, tout de blanc vêtu, est juché sur une plate-forme nommée la « tintaine ». Il porte une lance de plus de deux mètres de long sous le bras et un pavois, un bouclier de bois. Il attend, concentré... Il doit déséquilibrer son adversaire en le faisant tomber à l'eau, tandis que les barques se croisent...
Une passe d'honneur ouvre le tournoi. Les jouteurs présentent la lance et se serrent la main lorsque les bateaux se croisent. La musique - tambours, tambourins, fifres - accompagne la joute et sanctionne la chute d'un jouteur ou la casse d'une lance...
Le vainqueur est celui qui reste en place sur la tintaine après l'assaut. Contrairement aux autres formes de joutes, il n'y a pas de classement par équipes en joutes languedociennes. Seul le jouteur individuel est couronné. Il plonge embrasser son dernier adversaire dans l'eau, ce dernier « noie » alors son champion.

Ce texte décrit un sport : les joutes nautiques.

1. Soulignez les points abordés.

l'historique - l'origine géographique - la période de l'année où on le pratique - la région où on le pratique - le déroulement - la règle du jeu - les qualités requises pour le pratiquer - les variantes régionales - le prix remis au vainqueur - le nombre de participants - les rites.

2. Décrivez un jeu auquel vous aimez jouer, un sport que vous pratiquez (ou non !), qui est/a été populaire dans votre pays ou votre région.

Donnez son nom, rappelez éventuellement son histoire, expliquez la règle du jeu, indiquez les difficultés...

122

Chez Laurette

À sa façon de nous app'ler ses gosses
On voyait bien qu'ell' nous aimait beaucoup
C'était chez ell' que notre argent de poche
Disparaissait dans les machines à sous

Après les cours on allait boire un verre
Quand on entrait Laurette souriait
Et d'un seul coup nos leçons nos problèmes
Disparaissaient quand ell' nous embrassait

C'était bien, chez Laurette
Quand on faisait la fête
Elle venait vers nous.. Lau-rette

C'était bien, c'était chouette
Quand on était fauché
Elle payait pour nous.. Lau-rette

Et plus encore afin qu'on soit tranquille
Dans son café y avait un coin pour nous
On s'y mettait pour voir passer les filles
Et j'en connais qui nous plaisaient beaucoup (...)

Michel DELPECH, SBA.

Figures du soir et de la nuit

En hiver, ici, le jour ou la nuit – comme on voudra – bascule vers les cinq heures. C'est le moment où règne dans *Le Petit Établissement** une ambiance particulière, que, vivrais-je mille ans, je garderai présente en moi. Des étudiants de l'École de chimie, par petits groupes, lisent mettent à jour leurs notes, travaillent, discutent. D'autres sont plongés dans leurs bandes dessinées. Boissons : lait ; thé ; chocolat ; coca. Silence. Et une chaleur qui tient à la fois de la somnolence et du recueillement.

Georges HALDAS, *Le Livre des passions et des heures,* L'Âge d'Homme, 1979.

* *Le Petit Établissement* est un café restaurant de Genève où Haldas a passé de longues années de sa vie. Une sorte de lieu de vie où il travaillait et recevait et qui a nourri son livre.

Les deux textes ci-dessus évoquent des cafés.

À votre tour, décrivez soit un café précis, soit les cafés de votre pays, tels qu'ils sont en général.

Dites, par exemple :
- qui le/les fréquente ?
- à quel moment ?
- qu'est-ce qu'on y fait (discuter, boire, manger, jouer – à quoi ? – regarder la télé...) ?
- quelle est l'atmosphère ?...

Vous pouvez choisir un autre lieu où les gens se rencontrent : un petit commerce de quartier, une laverie d'immeuble, un club, un hammam, un foyer...

123 Lisez cet extrait de l'interview que Jean-Marie Guidez, spécialiste des déplacements des Français, a accordée à Radio-France le 19 septembre 2005.

Comment les Français se déplacent-ils pour aller travailler ?

J-M. G. : En valeur relative, les déplacements domicile-travail ne sont pas ceux qui se développent le plus depuis quelques décennies. Au contraire, puisque ce sont les déplacements « autres motifs » (loisirs, courses, démarches, visites) qui se développent de plus en plus puisqu'on est dans une société de loisirs, que les gens sont en retraite relativement tôt, etc. En plus, depuis quelques décennies, Paris mis à part, on est passé de quatre déplacements domicile-travail à deux, parce que les gens ne rentrent plus déjeuner chez eux, parce que c'est trop loin, parce qu'il y a une cantine, etc. [...]

La voiture demeure-t-elle notre principal moyen de transport ?

J-M. G. : [...] De plus en plus de gens vont travailler en voiture et elle se développe presque partout en France. Sa part de marché ne cesse d'augmenter (entre 85 et 90 %). Alors, c'est un peu un paradoxe à côté du discours politiquement correct d'aujourd'hui. On dit qu'il serait bon de limiter son usage et presque partout c'est le contraire qui se produit. Et on parle très peu du chiffre très important du taux d'occupation des voitures. Un taux qui n'arrête pas de baisser. Je crois qu'actuellement le taux moyen est de 1,1 ; donc pour aller vite on peut dire que les gens vont travailler tout seul dans leur voiture et quiconque à Paris ou à Lyon le voit bien le matin ou le soir. On parle de covoiturage et de fait c'est le contraire qui se passe pour des raisons d'indépendance.

www.radiofrance.fr

Que répondriez-vous à ces questions : comment se déplace-t-on en général dans votre ville ou votre région, là où vous habitez ? Pourquoi ? Et vous-même, utilisez-vous plutôt la voiture, les transports en commun, la bicyclette ou le roller ?

➔ Dans ce genre de description, on constate d'abord des pratiques, ensuite on peut les expliquer (facteurs culturels, historiques ou économiques, par exemple) et enfin on peut évoquer quelques conséquences de ces pratiques sur le plan collectif ou individuel.

124 Qu'est-ce qu'un bon livre ?

L'avez-vous remarqué ? À chaque rentrée littéraire, revient la même question : « Mais au juste, qu'est-ce qu'un bon livre ? » Pour ma part, je me suis toujours méfié de ceux qui prétendent détenir les critères du « bon » livre, du « grand » écrivain ou de la « vraie » littérature : je sais ce qui me plaît et ce qui me déplaît, mais je sais aussi que mes jugements, pour enthousiastes ou argumentés qu'ils soient, restent personnels, donc égoïstes, subjectifs, injustes. Et pourtant, cette question – « Qu'est-ce qu'un bon livre ? » – est sur toutes les lèvres. [...] Dubravka Ugresic[1] rapporte l'anecdote suivante : « Interrogé sur ce qui fait un bon livre, un de mes étudiants a répondu sans hésiter : "Il faut qu'il étincelle." Fabuleux, non ? Étinceler, voilà un critère qui me transporte[2] ! » Charles Dantzig[3], de son côté, théorise mais sous un angle astucieux : « On reconnaît le bon écrivain à ce qu'il nous intéresse à ce qui ne nous intéresse pas. Les plaines, les Flandres, les ciels bas me rebutent, mais j'aime Verhaeren[4]. Un autre critère du bon écrivain est qu'il donne envie d'écrire. »

François BUSNEL, *Lire*, octobre 2005.

1. Romancière et essayiste croate exilée aux Pays-Bas, spécialiste de la littérature russe. Dans son livre *Ceci n'est pas un livre*, elle décrit avec humour l'univers du livre.

2. qui m'enthousiasme.

3. Essayiste, poète et romancier. En 2005, il s'est vu décerner le prix Décembre pour son *Dictionnaire égoïste de la littérature française*.

4. Poète belge (1855-1916) qui a beaucoup célébré sa région, la Flandre, plaine en bordure de la mer du Nord.

À votre tour, répondez à la question : « Qu'est-ce qu'un bon livre ? »
Rédigez un texte construit et cohérent.

Il s'agit ici de répondre à une question, donc de rédiger une réponse claire et argumentée.
Vous pouvez :

- donner votre propre définition (que signifie « bon » ?),
- développer votre point de vue,
- le justifier en l'illustrant d'exemples, éventuellement de citations,
- aborder la question : « Qu'est-ce qu'un bon écrivain ? »,
- conclure en disant ce qu'est un mauvais livre/un mauvais écrivain pour vous ou donner des exemples.

N'oubliez pas d'organiser vos idées, de les relier : un texte qui expose une opinion est plus convaincant s'il est bien organisé !

125 Depuis quelques années, en France, la mixité à l'école fait l'objet de discussions : faut-il garder les écoles mixtes, où filles et garçons étudient ensemble, ou ne vaudrait-il pas mieux revenir à des écoles séparées pour les filles et pour les garçons ?
Dans l'activité 111, vous avez lu des opinions de jeunes sur ce sujet.

Et vous, êtes-vous pour ou contre la mixité à l'école ?

Quand on donne son opinion pour ou contre quelque chose, on doit la justifier, en général avec plusieurs arguments. Ces arguments, on doit les exprimer clairement et les développer en donnant un exemple, en rappelant un fait important. On doit aussi les organiser, marquer le passage de l'un à l'autre avec des mots d'articulation. On termine souvent par l'argument qu'on juge le plus important.
On peut ne pas être entièrement pour ou contre quelque chose mais avoir une opinion nuancée, être partagé. Dans ce cas, on expose les deux positions en utilisant « d'un côté... de l'autre... ».
Et s'il y a une position qui nous semble l'emporter, c'est par elle que l'on termine.
Dans tous les cas, on fait une petite phrase d'introduction qui donne l'orientation générale de sa pensée et une petite phrase de conclusion pour résumer.

Pour vous aider à chercher des arguments sur la mixité, voici quelques extraits d'articles :

- Dans une remarquable enquête où elle a rencontré des centaines de lycéens, la sociologue Dominique Pasquier met en évidence la difficulté croissante qu'éprouvent filles et garçons à se parler.

  « Aujourd'hui, les garçons dévalorisent systématiquement la culture des filles, parce qu'ils craignent pour leur propre identité. »

- Pour Marie Duru-Bellat, auteur de *L'École des filles*,

  « La mixité prépare les filles à être d'éternelles secondes, les profs ne les soutiennent pas. »
  Télérama, 30 mars 2005.

- Pour François Dubet, auteur d'un article paru dans *Le Monde* du 7 février 2003,

  « Les filles et les garçons ne sont pas identiques, et le rôle de l'école est de leur apprendre à vivre ensemble, sans les nier et sans les séparer. »

126 Lisez attentivement les données chiffrées ci-dessous.

Le nombre de lecteurs de la presse quotidienne nationale est passé de 9 millions en 1994 à 8,56 millions en 2004, soit une baisse de 2,3 %. Cette baisse est de 8,5 % pour les 15-24 ans et de 7,2 % pour les 25-34 ans. Le lectorat des quotidiens régionaux vieillit également.
Selon un sondage réalisé au printemps dernier par BVA, pour les jeunes, les principales sources d'information sont la télévision (68 %), Internet (17 %), la radio (13 %), la presse écrite ne représentant que 1 %. Parmi les 8,5 millions de Français de 15-25 ans, 78 % utilisent Internet (6,6 millions), indique pour sa part l'étude MSN Conso des médias de 2004. […]

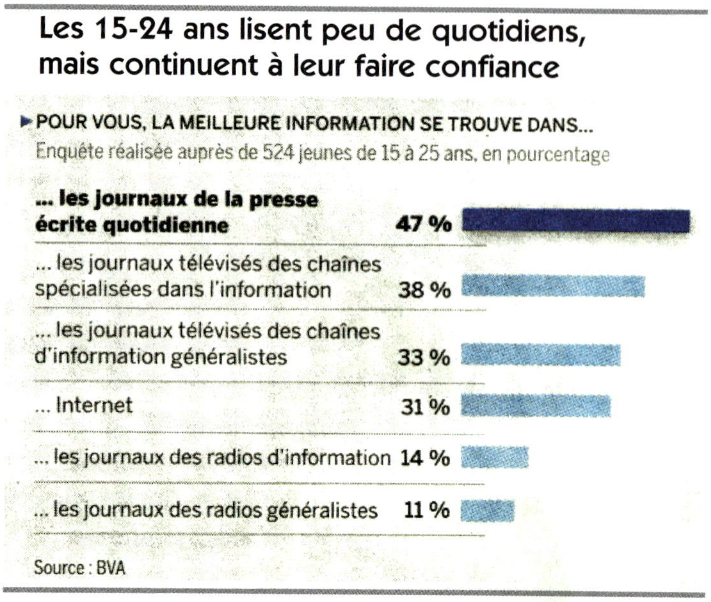

Le Monde, 5 janvier 2006.

Commentez ces données :

- faites apparaître la contradiction qu'elles révèlent,
- essayez de proposer des explications.

Ensuite, donnez votre propre opinion sur le sujet : « Pour vous, la meilleure information se trouve dans… » ; dites quelle source d'information vous trouvez la meilleure et pourquoi. Dites aussi si c'est réellement la source d'information que vous utilisez le plus.

→ - On souligne une contradiction, une opposition avec les mots d'articulation *alors que, pourtant, en revanche*.
- Pour mettre en relief un élément, on utilise souvent la construction *c'est… qui/que*. Ex. *Le moyen d'information le plus utilisé par les jeunes, c'est la télévision./C'est la télévision que les jeunes privilégient comme moyen d'information.*
- Pour expliquer, on peut utiliser les expressions *Si…, c'est sans doute à cause de…/parce que…. C'est peut-être aussi/également que…. La cause/la raison de…, c'est probablement (que)…. Cela s'explique sans doute par…*

127

Sondage CSA/Télérama/Le Monde de l'éducation réalisé par télép
les 28 et 29 juin 2005 auprès d'un échantillon national représenta
de 953 personnes âgées de 18 ans et plus.

Si votre enfant souhaitait s'orienter vers l'un des métiers suivants, quels sont ceux que vous lui recommanderiez ?

	Ensemble des Français %
Médecin	43
Ingénieur	35
Enseignant	33
Avocat	26
Commissaire de police	15
Notaire	14
Député, homme politique	6
Aucun de ces métiers	4
Ne se prononcent pas	3

Télérama, n° 2903-31 août 2005.

Les métiers de demain

Voici les métiers qui recruteront le plus d'ici à 2010 : ce sont les 22 premiers d'une liste de 50. Les chiffres donnés sont des prévisions du nombre d'emplois à pourvoir.

Assistantes maternelles	600 000
Agents d'entretien	458 000
Cadres administratifs et dirigeants d'entreprise	392 000
Enseignants	390 500
Professions intermédiaires du commerce	374 200
Ouvriers qualifiés du bâtiment	311 400
Conducteurs de véhicules	299 700
Ouvriers de la manutention	276 000
Ouvriers des industries de process	274 400
Informaticiens	260 400
Catégorie C de la Fonction publique	236 100
Chercheurs	233 200
Secrétaires	227 500
Recruteurs et formateurs	195 700
Cadres technico-commerciaux	180 000
Employés administratifs d'entreprise	179 100
Infirmiers, sages-femmes	172 300
Ouvriers qualifiés de maintenance	169 300
Professions de l'action sociale, culturelle et sportive	158 600
Techniciens des services administratifs	154 900
Techniciens, agents de maîtrise des industries de process	153 700
Employés de maison	144 600

Phosphore Études, Hors série n° 1.

Lisez les deux documents.

Commentez-les en une douzaine de lignes.

Vous devez :
- d'abord résumer les documents (le sondage et l'extrait du rapport du groupe « Prospectives des métiers et qualifications » du Commissariat général du plan) ;
- ensuite les commenter, c'est-à-dire établir des relations en mettant en relief, par exemple, les points communs et les points de divergence qui vous semblent intéressants ;
- enfin conclure, c'est-à-dire tirer les conséquences de cette comparaison.

Vous pouvez aussi prolonger (brièvement) votre réflexion et proposer une comparaison de la situation française avec celle de votre pays (en particulier à partir du second document).

128

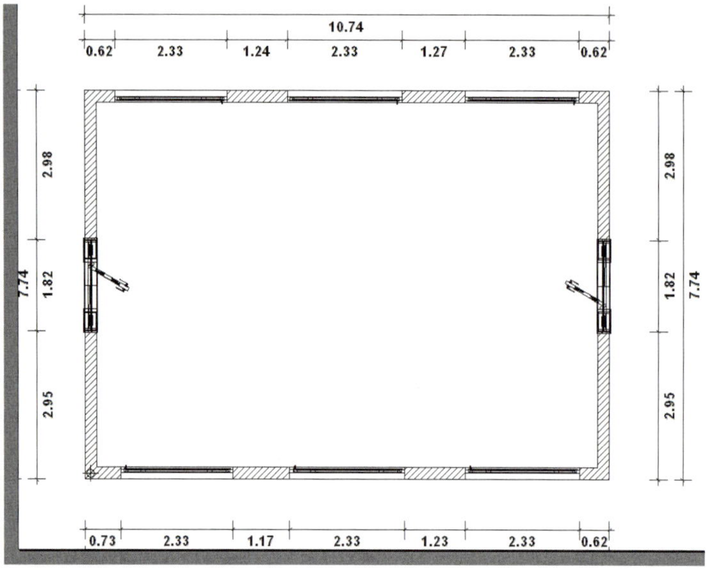

Vous travaillez dans une société spécialisée dans la conception et l'aménagement d'espaces de travail. Une société de service vous sollicite pour réaménager un de ses bureaux (un rectangle de 10 m × 7 m, très lumineux, avec des ouvertures et des parois vitrées sur les deux longueurs). Vous interrogez le personnel, la direction, recueillez le maximum d'informations, examinez les solutions possibles et en retenez une.

Vous rédigez le rapport que vous présenterez au comité d'entreprise de la société.

Un rapport sert à résoudre un problème limité et quotidien, à en rechercher les causes et à proposer des mesures adaptées.
L'introduction pose clairement le problème, donne une idée de l'orientation choisie.
Le développement établit un diagnostic, dégage les causes réelles, dresse l'inventaire critique des solutions possibles, justifie la solution préconisée, celle qui, par exemple, représente un bon compromis.

✔ LA SITUATION : neuf employés – secrétaires, comptables, conseillers – se partagent un même espace ouvert ; chaque poste de travail est équipé d'un téléphone, d'un ordinateur ; il y a un photocopieur/imprimante ; les conseillers reçoivent des clients.

✔ LE PROBLÈME : difficultés à se concentrer (trop de bruit – sonneries de téléphone, volume sonore des conversations –, trop de passage, manque d'intimité, de confidentialité...) → nécessité de repenser l'espace.

✔ TROIS SOLUTIONS ENVISAGEABLES :

Solution 1 : cloisons mobiles de 2 m (sur roulettes) en tissu et verre acrylique translucide.	- espace modulable selon les besoins - plus d'intimité (on ne se voit pas d'un box à l'autre) - atténue le bruit - formule la moins coûteuse	- peu efficace contre le bruit - on ne peut pas accrocher de panneaux aux cloisons, ni y adosser du mobilier (classeurs, étagères)
Solution 2 : semi-cloisons (1,60 m) fixes, en bois, sans porte	- espace individualisé, plus intime, mais qui préserve la communication d'un box à l'autre - atténue le bruit - permet de mettre mobilier et panneaux le long des cloisons	peu efficace contre le bruit
Solution 3 : cloisons pleines jusqu'au plafond avec portes	bureaux individuels : - intimité parfaite - bonne isolation sonore à condition de prévoir des matériaux performants - aménagement intérieur aisé	aménagement très classique : - crée un couloir de distribution - enferme chacun dans son espace : ne favorise pas le travail en équipe, rend la concertation plus difficile (oblige à de fréquents déplacements d'un bureau à l'autre)

Vous pouvez :
- rappeler la mission qui vous a été confiée,
- décrire le problème,
- dégager les causes,
- analyser les différentes solutions, les avantages et les inconvénients de chacune,
- conseiller celle qui vous paraît la meilleure.

En situation d'interaction écrite, on doit écrire une lettre, une carte postale, un message électronique, un petit mot, quelquefois en réponse à un écrit.
Il faut bien considérer deux points :
- Pourquoi écrit-on ? Pour donner des nouvelles, faire part de son opinion, transmettre une information ?
- À qui écrit-on ? À un ami, un journal, des lecteurs inconnus, sur un forum, dans un blog ? On n'utilise ni les mêmes mots ni le même ton.

La lettre, le courriel, la carte, le petit mot qu'on laisse à une personne absente ont aussi des présentations différentes.
En outre, comme pour n'importe quel écrit, on doit organiser son texte, éviter les répétitions, faire attention à la ponctuation, à l'orthographe.
En situation d'interaction écrite, il faut savoir choisir ses mots pour exprimer le plus justement possible son opinion, ses sentiments car on n'a pas les mêmes moyens qu'à l'oral : l'intonation, les gestes, les mimiques.
Les activités qui suivent ou les pistes suggérées pour lese réaliser permettent de développer ces stratégies.

1 ■ Décrire des expériences, des sentiments

129 Je me revois.

Je revois ce jeune homme aux joues et au front inaltérés, un jeune homme vierge jeté comme l'habitant d'une autre planète sur une terre aux langages non déchiffrés, aux signes mystérieux. [...] Ça m'exalte d'être là, dans cette vallée perdue de Virginie, sur ce campus si beau et si impeccable que j'en ai eu un coup à la poitrine lorsque je l'ai découvert ; ça m'exalte, parce que là-bas, loin, très loin, en France, mes frères ne le vivront jamais et les amis que j'ai laissés derrière moi, au lycée, au lendemain du bac philo, eux aussi ont raté cette formidable aventure. [...] Alors, je me plonge dans cette rivière et je veux devenir comme les Américains que je côtoie, je change de peau.
Pourtant au début, je ne comprends rien. Ce qui est dit autour de moi, les mots, les phrases, les expressions. Ce qui est fait, les gestes, les simulacres. Ce qui est porté, les vêtements, les couleurs. Tout est nouveau, à traduire. Ça fait peur et en même temps, ça me soulève de bonheur, de désir. Mais comme je n'ai pas le courage ou l'honnêteté de dire à voix haute à ceux qui m'entourent : « Expliquez-moi », parce que je ne veux pas qu'ils me méprisent ou me négligent ou se moquent de moi, il faut que j'apprenne en faisant semblant d'avoir déjà tout compris.

Philippe Labro, *L'Étudiant étranger*, Gallimard.

Comme Philippe Labro, qui est parti à dix-huit ans pour les États-Unis, vous avez quitté votre pays pour continuer vos études ou pour travailler.
Quelques semaines après votre arrivée, vous envoyez un courrier à paraître dans le journal de votre ancienne école ou université, à la rubrique : « Que sont-ils devenus ? »
Vous donnez de vos nouvelles.

Rédigez votre lettre.

De quoi allez-vous parler ? De vous, de votre nouveau cadre de vie, de vos rencontres ?
Vous pouvez aussi parler de votre pays d'accueil, dire ce que vous appréciez ou pas, raconter vos difficultés (climat, habitudes différentes, langue...) mais aussi vos moments de bonheur.
Vous pouvez enfin donner des conseils à ceux qui pourraient partir comme vous.

130 Radio France a invité les auditeurs à écrire pour confier des « premières fois », des moments importants de leur vie.

Lisez le témoignage ci-dessous.

Un jour, j'ai eu sept ou huit ans et le vélo de Louisette Trichet, la fille de la pharmacienne. J'ai oublié les circonstances de ce don, les jours qui l'ont précédé. Je n'ai pas oublié le moment précis où je l'ai vu. C'était un dimanche à midi.
Accoté au mur du garage, grand, fier, brillant sous la lumière de mai, un peu hautain mais bienveillant, il m'attendait. Il était à moi, pour moi... Il était le premier que j'allais tenir, guider. Nous sommes partis tous les deux, seuls, sur le chemin derrière la maison... Je me souviens la marche incertaine sur la pointe des pieds pour être à la hauteur, la tension dans les bras pour l'empêcher de tomber, la difficulté à le remettre dans le droit chemin, la pédale tapant sur le mollet, la vilaine marque noire sur la chaussette blanche... [...]
Quand maman est arrivée, longtemps, longtemps après, elle nous a trouvés, le vélo et moi, deux ennemis à présent, couchés chacun de notre côté dans le chemin poussiéreux.

Premières fois, Radio France-Librio.

Vous aussi, vous écrivez votre témoignage sur une « première fois » : par exemple, votre première bicyclette ou la première fois où vous avez conduit une voiture seul, la première fois où vous avez pris l'avion, où vous avez vu la mer/la montagne/la neige, la première fois où vous êtes allé au cinéma...

Décrivez avec précision : - la situation, - le cadre, le lieu, - vos sentiments ou vos sensations physiques, - ce qui s'est passé, - comment ça s'est terminé.

Vous pouvez bien sûr inventer.

131 **Lisez ce texte.**

Un crime à l'âge du bronze

QUI ÉTAIT « ÖTZI », cet homme momifié, vieux de 5 300 ans, découvert en 1991 au Tyrol?
Quatorze ans d'enquêtes n'ont révélé qu'une partie de son secret. Ce qui ne fait pas de doute, c'est qu'il a été assassiné.
C'était une bien belle journée de septembre. L'air était vif, la neige étincelante, et les Simon descendaient d'un bon pas du sommet du Finail vers le refuge du Similaun. Helmut est un honnête retraité qui respire la santé et sillonne depuis des années, avec son épouse Erika, ce coin du Tyrol, les Alpes de l'Ötzal, comme on dit dans le coin. Les deux randonneurs allemands ont coupé vers midi par un petit col glacé, sur une ligne de crête. C'est là qu'ils l'ont trouvé, à 70 m du sentier, coincé contre un éperon rocheux, au bord du vide.
Les Simon ne se sont pas doutés tout de suite, ce jeudi 19 septembre 1991, qu'ils avaient fait une découverte archéologique majeure: l'une des plus vieilles momies de tous les temps, deux mille ans de plus que le regretté Toutankhamon. ■

Le Monde, 30 décembre 2005.

Les secours, venus en hélicoptère, ont réussi, quelques jours plus tard, à dégager le corps de la glace. Ils pensaient qu'il s'agissait d'un alpiniste disparu dans la région en 1941. C'est plus tard, à l'Institut médico-légal d'Innsbruck, qu'on a donné à « Ötzi » son âge véritable. Pour les archéologues, cette découverte est un vrai miracle, surtout que la momie est remarquablement bien conservée et qu'on a aussi retrouvé ses vêtements et son équipement.

Imaginez la lettre qu'Érika pourrait avoir écrite à des amis le jour où on lui a appris que « leur homme des glaces » était si vieux et si important pour les archéologues.

Elle raconte:

- les circonstances de leur découverte, ce qu'elle a éprouvé à ce moment-là, ce que son mari et elle ont fait alors,
- ce qui s'est passé après, jusqu'à la datation du corps,
- ses sentiments aujourd'hui.

Pour décrire leurs réactions au moment de la découverte, vous pouvez avoir besoin d'expressions qui traduisent des manifestations physiques (*avoir le cœur qui bat, les jambes qui fléchissent, trembler de tout son corps, pousser un cri, être paralysé/pétrifié, avoir la nausée, changer de couleur...*).

2. ÉCRIRE UNE LETTRE PERSONNELLE POUR DONNER DES NOUVELLES

132

sujet **Je pense à vous de loin...**
Été 2005. Carte postale à vos collègues de travail

auteur **21st century Schizoïd Man** - lundi 25 juillet 2005 17:10

Chers tous...
Ici, tout va bien... Après une petite averse matinale, le temps s'est éclairci, et je pense sortir tout à l'heure sous le soleil... Ce matin, j'ai pris mon café tranquillement, pas de chef pour me houspiller* !! Mais la conversation avec la machine à café reste très limitée. J'espère que ça se passe bien pour vous *en Bretagne, en Provence, en Italie, en randonnée, à la ferme...*[1].
Merci de m'avoir fait confiance en me laissant les clefs du bureau.

Le nouveau

P.-S. Il y a eu quelques coups de téléphone, je vous en parlerai à votre retour. Bonnes vacances...

(1) Choisissez la formule qui vous correspond.

* adresser des reproches, des critiques répétés.

http://www.liberation.fr/forum.

Vous êtes un collègue du « nouveau ».
Vous lui répondez sur le forum du journal.

Vous dites où vous passez vos vacances, décrivez brièvement le paysage, parlez de vos activités, du climat. Faites-le rêver !

Vous pouvez plaisanter, le plaindre, lui donner des conseils, etc.

133 **Reportez-vous à l'activité 79 et relisez les trois lettres.**

À votre tour, **écrivez une lettre de voyage.**
Inspirez-vous des points traités dans ces lettres :
- Où êtes-vous exactement ?
- Que faites-vous ?
- Qu'allez-vous faire ?
- Comment vous sentez-vous ?
- ...

Choisissez votre destinataire : un membre de votre famille, un(e) ami(e). Pensez à adapter votre lettre à ce destinataire.

134 **Reportez-vous à l'activité 80 et relisez la lettre de Sido à Colette.**

Vous avez déménagé. **Vous écrivez à un(e) ami(e) pour l'en informer** :

- vous expliquez pourquoi vous avez déménagé,
- vous décrivez votre nouvel appartement/votre nouvelle maison (sa situation, le nombre de pièces, une ou deux particularités),
- vous dites si vous aimez ce nouveau logement, si vous êtes content, si vous regrettez ou non l'ancien,
- vous racontez comment s'est passé le déménagement,
- vous invitez votre ami/e à venir vous voir.

135 Un(e) ami(e) français(e) a eu l'occasion de passer des vacances dans votre pays.

Vous lui avez fait visiter votre ville, votre région ; il/elle a rencontré votre famille, partagé des loisirs avec certains de vos amis peut-être.

Vous lui écrivez régulièrement pour lui donner de vos nouvelles bien sûr mais aussi pour lui parler des gens qu'il/elle a connus durant ses séjours, des petits riens de la vie quotidienne de votre quartier (la fermeture ou l'ouverture d'une boutique, le mariage d'un voisin...) ou des « grands » événements (des travaux, une manifestation culturelle, la venue d'un visiteur de marque...) qui se sont déroulés dans votre ville.

Rédigez votre lettre.

136 Laurie reçoit un jour la lettre ci-dessous.
François est professeur des écoles. Il vient d'être nommé dans une nouvelle école.

Turette, le 28 septembre 2005

Chère Laurie,

C'est mercredi! Je rentre d'une grande balade en forêt. Génial! Moi qui redoutais de me retrouver à la campagne, je me demande comment j'ai pu vivre dans une grande ville.
J'ai une classe de CM1*, 12 filles et 7 garçons. Je suis très impressionné, ils m'appellent « maître ».
Je n'ai pas donné une seule punition depuis le début de l'année!
Je m'étais préparé à serrer la vis** : en CM1, ce sont des « grands ». Je suis arrivé avec ma liste de règles de vie (celle que je t'ai montrée) et le premier jour je leur ai demandé laquelle ils pensaient avoir le plus de mal à respecter. Il y en a un qui s'est lancé timidement : « Moi, c'est le soin, j'ai beaucoup de mal mais je vais m'appliquer. »
Ils savent presque tous ce qu'ils veulent faire plus tard, surtout les garçons : j'en ai un qui veut étudier la nappe phréatique, un autre devenir égyptologue, un troisième pilote de chasse.
Avec les parents, ça se passe plutôt bien.

Vive la rentrée! Il faut absolument venir me voir.

Je t'embrasse.

François

* Cours moyen 1re année : avant-dernière classe de l'école primaire. Les élèves ont en général 9 ans.

** Être sévère, strict.

Laurie répond à la lettre de François : elle est très contente que tout se passe bien pour lui ; elle peut elle aussi lui parler de son travail (a-t-il changé depuis sa dernière lettre ou leur dernière rencontre ?), de l'organisation de ses journées, de son temps libre, de ses projets (formation, stages, voyages...) ou bien, elle est elle-même élève, elle a fait la rentrée dans un nouvel établissement. Elle raconte l'ambiance, parle de ses professeurs, de ses camarades de classe, de son emploi du temps, etc.

Rédigez la lettre de Laurie.

3. Écrire une lettre personnelle pour exprimer sa pensée sur un sujet abstrait

137 **L'intégrale** Wolfgang en CD pour une bouchée de pain

Mozart écrase les prix

Tout Mozart – ou presque – en 170 CD pour 99 euros ! C'est ce que propose l'éditeur néerlandais Brilliant Classics spécialisé dans la réédition d'enregistrements historiques à prix modique. Mais 60 centimes l'unité, quand on sait qu'une nouveauté peut coûter jusqu'à 26 euros, c'est du jamais vu ! Et n'allez pas penser qu'il s'agisse de fonds de tiroir : les interprétations réunies dans cette intégrale sont parmi les meilleures. L'acheteur peut donc se frotter les mains et fêter en fanfare la future année Mozart (pour le 250e anniversaire de sa naissance) en enrichissant sa discothèque de versions qu'il ne se serait pas forcément procurées au prix fort.

Cette aubaine pour le consommateur (déjà dix mille coffrets vendus en France) appelle quelques remarques. D'abord, elle consacre un type d'éditeur qui ne se met plus au service d'artistes en activité ou d'un répertoire, mais exploite – avec une intelligence artistique mâtinée d'un sens indéniable des affaires – des catalogues déjà existants. Elle marque ensuite la marchandisation absolue du disque classique (réduction au minimum des coûts, prix le plus attractif possible, pari sur la quantité écoulée) et le banalise, en marginalisant les éditeurs qui prennent des risques, découvrent des artistes, explorent des répertoires, accomplissent un travail d'accompagnement iconographique et textuel. Car tout cela, naturellement, a un coût.

Alors, sommes-nous en train de vivre un moment historique dans l'histoire du disque compact classique ? Sa dématérialisation devient désormais inéluctable, comme pour les autres musiques, tout comme l'achat en ligne et le téléchargement (plus ou moins) légal. Drôle de signe du temps, cette opération Mozart : aubaine pour les opérateurs, aubaine pour les acheteurs, réussite artistique et économique indéniable. Et danger absolu pour la bonne marche de la vie musicale. Paradoxal, non ?

Xavier Lacavalerie, *Télérama*, n° 2916.

Vous avez lu cet article dans votre magazine.

Vous écrivez au Courrier des lecteurs pour réagir, donner votre opinion sur l'opération « Tout Mozart pour 99 euros ! ».

→ Quand vous écrivez en réaction à un article ou à une opinion exprimée sur un forum,
- précisez à quoi vous vous référez : indiquez la date et la page de l'article, la référence du témoignage trouvé sur le forum,
- indiquez si vous êtes d'accord ou non avec l'orientation de l'article, du témoignage.
Vous pouvez écrire par exemple : *Je suis absolument d'accord avec ce que vous écrivez/Vous avez tout à fait raison d'écrire/Lorsque vous écrivez...* ou au contraire *Je ne comprends pas votre jugement/Comment pouvez-vous dire que...*

Vous pouvez aussi ne pas vous adresser directement à l'auteur de l'article mais parler de lui : *Je suis d'accord avec ce qu'écrit X/X a tout à fait raison lorsque...*, etc.
- enchaînez ensuite sur votre propre opinion : *Comme vous/lui, je trouve...* ou *Je trouve au contraire...* Si votre opinion est positive : *je trouve très bien, très intéressant, formidable, j'estime que c'est une excellente idée...* Si elle est négative : *je trouve honteux, choquant, scandaleux...*
- justifiez cette opinion : développez votre (vos) argument(s).

Vous avez noté que l'article était plutôt critique (« danger absolu »).
Vous pouvez aussi réagir au dessin.
Pour vous aider, voici quelques propositions d'arguments.

- POUR :
  - « réussite artistique », selon le journal même.
  - L'œuvre du génial compositeur à la portée de tous !
  - Découverte d'œuvres méconnues.
- CONTRE :
  - Pas d'enregistrement nouveau, seulement des rééditions.
  - « Marchandisation » de la culture : prix « cassés » comme pour un autre produit.

Mais vous pouvez bien sûr en avoir d'autres. Vous pouvez aussi, que vous soyez pour ou contre, ne développer qu'un seul argument, le plus convaincant à votre avis.

____

____

____

____

____

____

____

____

138

Les comptes du Dakar

Vingt-huit ans que se reposent les mêmes questions. Faut-il ou non traverser une partie de l'Afrique avec des engins motorisés lancés à pleine vitesse, au risque de tuer ?

C'est la question que pose Éric Fottorino, dans un billet du journal *Le Monde*, à propos du « Dakar », au lendemain d'un accident qui a coûté la vie à deux enfants.

> Le « Dakar » est un rallye automobile qui part d'Europe, traverse plusieurs pays d'Afrique et se termine le plus souvent à Dakar. Il se déroule chaque année au début du mois de janvier. C'est une course hors-piste, essentiellement à travers le désert du Sahara, ouverte à trois catégories de véhicules différents : autos, motos et camions.

Le « Dakar » est très contesté, à cause des accidents d'abord, pour des raisons écologiques aussi et enfin à cause du contraste entre la compétition et la situation des pays traversés. Pourtant, il est reconduit chaque année : attrait de la course, intérêt pour les constructeurs automobiles et, selon ses partisans, chance pour les pays africains.

Vous répondez, sur un forum ouvert par le journal, à la question posée par Éric Fottorino.

139 Vous participez à un forum sur la gratuité des biens de consommation culturelle :

L'entrée des musées doit-elle devenir gratuite pour tout le monde ?
Le prêt des livres en bibliothèque doit-il rester gratuit pour tous également ?

Vous donnez votre opinion.
Vous pouvez vous reporter à l'activité 96 pour trouver des éléments de discussion.

140 À la une du *Monde* du 17 janvier 2006, il y avait trois photos de femmes et ce titre :

Chili Michelle Bachelet entre au club des femmes chefs d'État

Ellen Johnson-Sirleaf, Michelle Bachelet et Tarja Halonen, trois présidentes. Mme Johnson-Sirleaf, élue chef de l'État du Liberia, face au footballeur George Weah, devait inaugurer ses fonctions lundi 16 janvier. Au Chili, Mme Bachelet l'a emporté, dimanche, avec plus de 53 % des voix, sur le candidat conservateur. En Finlande, Mme Halonen, présidente sortante et candidate de la gauche, est arrivée en tête du premier tour avec 46,3 % des voix et devra disputer un second tour.

Vous avez eu envie de réagir aussitôt, d'exprimer :
- votre enthousiasme, votre confiance dans l'avenir,
- ou votre satisfaction de voir la situation des femmes évoluer,
- ou encore votre méfiance, votre scepticisme.

Vous avez ouvert votre blog pour faire part de ces sentiments et appeler ceux qui vous liront à vous donner leur avis.

141

FOYALÉ

FOYALÉ
La main c'est fait pour donner
FOYALÉ
Les pieds c'est fait pour bouger
FOYALÉ
Deux bras pour serrer
Ma force pour t'aider
Ma tête pour y penser
Et mon cœur pour t'aimer

J'ai mal là, j'ai mal ici
Celui qui reste assis se plaint souvent
Si ta vie peut sauver des vies
Vas-y, fais donc un pas en avant
Ce serait une maladie
De ne penser rien qu'à soi tout le temps
Égoïste on devient petit
Alors que généreux on devient grand
[...]

La chanson Foyalé (« Il faut y aller » en langue texto) est interprétée par Yannick Noah, MC Solaar, Tété et Zazie. Elle milite en faveur de l'association *Sol en Si* (Solidarité enfants sida) qui soutient les familles et les enfants atteints de la maladie.

Faites l'une des deux activités suivantes.

1. La chanson de *Sol en Si* vous a donné envie de bouger.
Vous écrivez un petit article dans le journal des élèves/étudiants de votre établissement.
Vous exposez une cause qui vous tient particulièrement à cœur, qui vous semble particulièrement importante.
Vous lancez une idée d'action et vous invitez les lecteurs à vous rejoindre.

2. Vous donnez votre avis sur la chanson, le spectacle en général, mis au service d'une grande cause (recherche médicale, catastrophe humanitaire). Vous pouvez bien sûr être entièrement pour, entièrement contre ou plutôt réservé.

4. LAISSER DES NOTES QUI TRANSMETTENT UNE INFORMATION

142 Ludovic partage un appartement avec deux colocataires.

En leur absence, il reçoit un appel téléphonique concernant l'un des deux, Damien.
Il prend des notes et lui laisse un message sur le bureau.

Vous êtes Ludovic.
Écoutez, prenez des notes et rédigez le message.

143 Vous louez un appartement en France.
Vous allez chez votre propriétaire pour lui remettre le chèque de votre loyer et lui demander de bien vouloir attendre quelques jours pour l'encaisser (le déposer à sa banque).
Vous voulez aussi lui rappeler qu'il a promis de vous envoyer un plombier pour un problème de robinet qui fuit dans la salle de bains.
Mais il n'y a personne au moment où vous passez chez lui.
Vous décidez de lui laisser un message.

Ce n'est pas une lettre formelle mais faites quand même attention au ton que vous utilisez : ne soyez pas trop sec !

Expliquez bien à votre propriétaire pourquoi il ne doit pas encaisser votre chèque immédiatement.

144 Un(e) ami(e) français(e) voudrait bien poursuivre ses études universitaires à l'étranger.
Il (elle) vous écrit pour vous demander de le (la) renseigner sur les conditions d'hébergement des étudiants étrangers dans votre pays (mise à disposition de chambres sur le campus, location d'appartements, distance de l'université au centre- ville...), sur les distractions, etc.

Il (elle) vous demande aussi s'il est facile de louer une voiture.

Vous vous renseignez et lui envoyez un courriel.

Pour répondre à la première partie de son courrier, vous pouvez vous reporter à l'activité 89.

145 Votre voisin et ami Dominique est parti en vacances dans sa famille pour deux semaines. Il ne rentrera que le 30 avril.
Avant son départ, il attendait une convocation pour un entretien pour un petit boulot l'été prochain à la mairie. Aussi vous a-t-il demandé de relever son courrier, d'ouvrir et de lire les lettres en provenance de la mairie et de son club de football afin de lui transmettre toute information importante.

Trois jours plus tard, vous trouvez dans son courrier une convocation pour le jeudi 20 avril à 15 heures chez le directeur des ressources humaines de la mairie.

Il y a également le message suivant de son club :

Club de football
de Clairbois

Salut Domi !
L'entraînement du dimanche 30 est annulé. RDV le jeudi 4 mai à 20 h au stade.
On compte sur toi.

Max

Vous envoyez un courriel à votre ami pour lui communiquer ces informations.

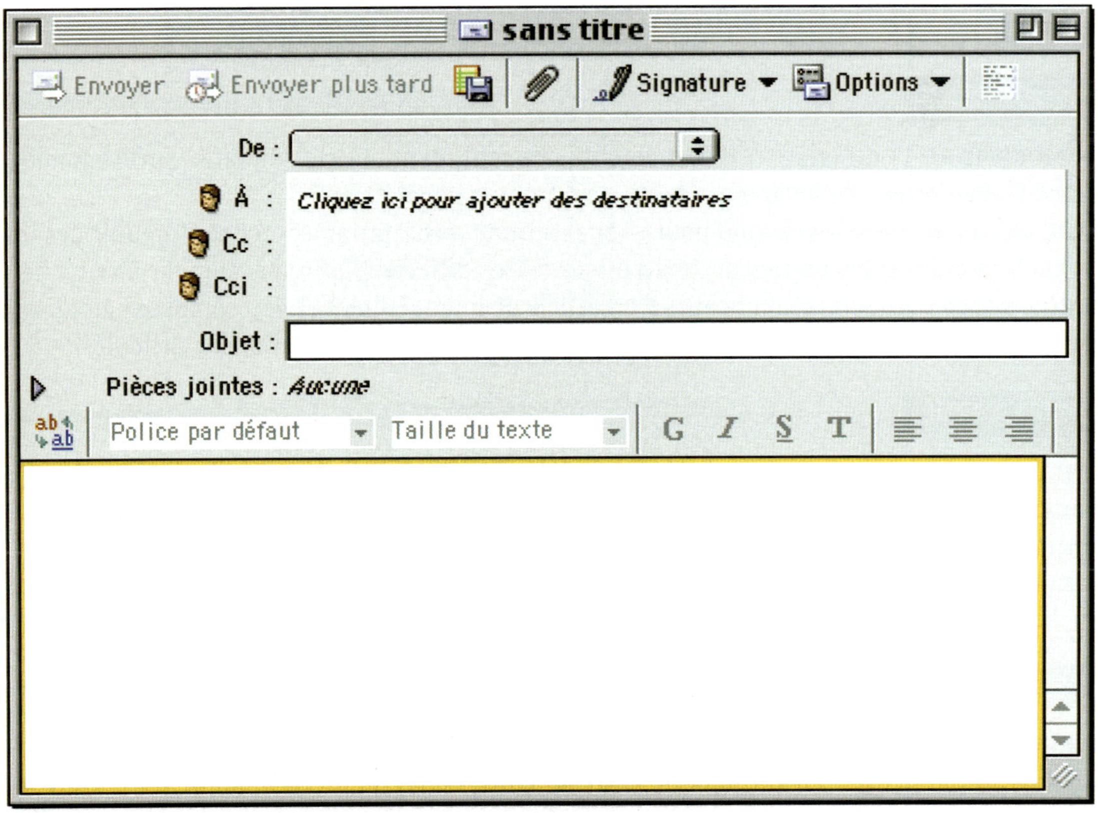

AU NIVEAU B1 DU CADRE COMMUN...
À L'ORAL, JE DOIS ÊTRE CAPABLE DE :

EN RÉCEPTION

- **SUIVRE** les points principaux d'une longue discussion se déroulant en ma présence.
- **SUIVRE** le plan général d'exposés courts sur des sujets familiers.
- **COMPRENDRE** l'information contenue dans la plupart des documents enregistrés ou radiodiffusés.

EN PRODUCTION

- **RACONTER** l'intrigue d'un livre ou d'un film et décrire mes propres réactions.
- **DONNER** brièvement les raisons et les explications relatives à des opinions, projets et actions.
- **FAIRE** de brèves annonces préparées sur un sujet proche des faits quotidiens dans mon domaine.
- **FAIRE** un exposé simple et direct, préparé, sur un sujet familier qui soit assez clair pour être suivi sans difficulté la plupart du temps et dans lequel les points importants soient expliqués avec assez de précision.

EN INTERACTION

- **RÉAGIR** à des sentiments et les exprimer.
- **PRENDRE PART** à une discussion formelle courante sur un sujet familier ou à la discussion de solutions à des problèmes pratiques.
- **RÉSUMER**, en donnant mon opinion, un bref récit, un article, un exposé, une interview ou un documentaire.
- **FOURNIR** des renseignements concrets dans un entretien ou une consultation.

À L'ÉCRIT, JE DOIS ÊTRE CAPABLE, PAR EXEMPLE, DE :

EN RÉCEPTION

- **COMPRENDRE** la description d'événements, de sentiments et de souhaits, suffisamment bien pour entretenir une correspondance régulière avec un correspondant ami.
- **PARCOURIR** un texte assez long pour y localiser une information cherchée et réunir des informations provenant de différentes parties du texte ou de textes différents afin d'accomplir une tâche spécifique.
- **RECONNAÎTRE** les points significatifs d'un article de journal direct et non complexe sur un sujet familier.
- **IDENTIFIER** les principales conclusions d'un texte argumentatif clairement articulé.

EN PRODUCTION

- **FAIRE LE COMPTE RENDU** d'expériences en décrivant mes sentiments et mes réactions.
- **RACONTER** une histoire.
- **ÉCRIRE** de brefs essais simples sur des sujets d'intérêt général.
- **ÉCRIRE** des rapports très brefs de forme standard conventionnelle qui transmettent des informations factuelles courantes et justifient des actions.

EN INTERACTION

- **ÉCRIRE** une lettre personnelle pour donner des nouvelles.
- **EXPRIMER** ma pensée sur un sujet abstrait ou culturel, tel qu'un film ou de la musique.
- **LAISSER** des notes qui transmettent une information simple et immédiatement pertinente.

LE POINT

AVEC CE LIVRE,

À L'ORAL, J'AI APPRIS, PAR EXEMPLE, À :

EN RÉCEPTION

- **COMPRENDRE** globalement les sujets abordés dans une conversation .... activité 21
- **SUIVRE** une visite guidée .... activité 7
- **COMPRENDRE** des petites annonces radiophoniques .... activité 17

EN PRODUCTION

- **PRÉSENTER** un film et dire pourquoi je l'ai aimé .... activité 24
- **EXPLIQUER** de un changement d'orientation professionnelle .... activité 36
- **ANNONCER** une visite et présenter l'invité .... activité 42
- **PRÉSENTER** un produit .... activité 43

EN INTERACTION

- **REPÉRER** et **EXPRIMER** des sentiments face à des situations différentes .... activité 47
- **PROPOSER** des solutions à un problème concret .... activité 56
- **RENDRE COMPTE** d'une information et donner mon opinion .... activité 61
- **RÉPONDRE** aux questions d'un médecin .... activité 66

À L'ÉCRIT, J'AI APPRIS, PAR EXEMPLE, À :

EN RÉCEPTION

- **COMPRENDRE** le contenu et le ton d'une lettre personnelle .... activité 80
- **REPÉRER** des informations précises dans un article .... activité 89
- **SAISIR** les points essentiels d'un article .... activité 92
- **COMPRENDRE** le point de vue d'un éditorial .... activité 96

EN PRODUCTION

- **DÉCRIRE** un incident .... activité 114
- **RACONTER** ou **INVENTER** un conte .... activité 119
- **PRÉSENTER** un aspect de vie quotidienne .... activité 123
- **PRÉSENTER** un rapport pour aider à prendre une décision .... activité 128

EN INTERACTION

- **ECRIRE** une lettre de voyage .... activité 133
- **RÉAGIR** à un fait d'actualité .... activité 140
- **LAISSER** un message à un ami .... activité 142

TRANSCRIPTION DES ENREGISTREMENTS

COMPRÉHENSION ORALE

1 **FOLLAVOINE**, *son dictionnaire ouvert devant lui sur la table*: Voyons... « Îles Hébrides ?... Îles Hébrides ?... (*On frappe à la porte. - Sans relever la tête et avec humeur*) Zut ! Entrez ! (*À Rose qui paraît*) Quoi ? Qu'est-ce que vous voulez ?
ROSE, *arrivant du pan coupé de gauche*: C'est Madame qui demande Monsieur.
FOLLAVOINE, *se replongeant dans son dictionnaire et avec brusquerie*: Eh bien, qu'elle vienne !... Si elle a à me parler, elle sait où je suis.
ROSE, *qui est descendue jusqu'au milieu de la scène*: Madame est occupée dans son cabinet de toilette ; elle ne peut pas se déranger.
FOLLAVOINE: Vraiment ? Eh bien, moi non plus ! Je regrette ! je travaille.
ROSE, *avec indifférence*: Bien, Monsieur. *Elle fait mine de remonter.*
FOLLAVOINE, *relevant la tête, sans lâcher son dictionnaire. - Sur le même ton brusque*: D'abord, quoi ? Qu'est-ce qu'elle me veut ?
ROSE, *qui s'est arrêtée à l'interpellation de Follavoine*: Je ne sais pas, Monsieur.
FOLLAVOINE: Eh bien, allez lui demander !
ROSE: Oui, Monsieur. *Elle remonte.*
FOLLAVOINE: C'est vrai ça !... (*Rappelant Rose au moment où elle va sortir*) Au fait, dites donc, vous... !
ROSE, *redescendant*: Monsieur ?
FOLLAVOINE: Par hasard, les... les Hébrides... ?
ROSE, *qui ne comprend pas*: Comment ?
FOLLAVOINE: Les Hébrides ?... Vous ne savez pas où c'est ?
ROSE, *ahurie*: Les Hébrides ?
FOLLAVOINE: Oui.
ROSE: Ah ! non !... non !... (*Comme pour se justifier*) C'est pas moi qui range ici !... C'est Madame.
FOLLAVOINE, *se redressant en refermant son dictionnaire sur son index de façon à ne pas perdre la page*: Quoi ! quoi, « qui range » ! les Hébrides !... des îles ! bougre d'ignare !... de la terre entourée d'eau... vous ne savez pas ce que c'est ?
ROSE, *ouvrant de grands yeux*: De la terre entourée d'eau ?
FOLLAVOINE: Oui ! de la terre entourée d'eau, comment ça s'appelle ?
ROSE: De la boue ?
FOLLAVOINE, *haussant les épaules*: Mais non, pas de la boue ! C'est de la boue quand il n'y a pas beaucoup de terre et pas beaucoup d'eau ; mais quand il y a beaucoup de terre et beaucoup d'eau, ça s'appelle des îles !
ROSE, *abrutie*: Ah ?
FOLLAVOINE: Eh bien, les Hébrides, c'est ça ! C'est des îles ! Par conséquent, c'est pas dans l'appartement.
ROSE, *voulant avoir compris*: Ah ! oui !... c'est dehors !
FOLLAVOINE, *haussant les épaules*: Naturellement ! c'est dehors.
ROSE: Ah ! ben, non ! non, je les ai pas vues.
FOLLAVOINE, *quittant son bureau et poussant familièrement Rose vers la porte pan coupé*: Oui, bon, merci, ça va bien !
ROSE, *comme pour se justifier*: Y a pas longtemps que je suis à Paris, n'est-ce pas... ?
FOLLAVOINE: Oui !... oui, oui !
ROSE: Et je sors si peu !
FOLLAVOINE: Oui ! Ça va bien ! allez !... Allez retrouver Madame.
ROSE: Oui, Monsieur ! *Elle sort.*
FOLLAVOINE: Elle ne sait rien, cette fille ! rien ! Qu'est-ce qu'on lui a appris à l'école ? (*Redescendant jusque devant la table contre laquelle il s'adosse.*) « C'est pas elle qui a rangé les Hébrides » ! Je te crois parbleu ! (*Se replongeant dans son dictionnaire.*) « Z'Hébrides... Z'Hébrides... » (*Au public*) C'est extraordinaire ! je trouve zèbre, zébré, zébrure, zébu !... Mais de Zhébrides, pas plus que dans mon œil ! Si ça y était, ce serait entre zébré et zébrure. On ne trouve rien dans ce dictionnaire !
Par acquit de conscience, il parcourt des yeux la colonne qu'il vient de lire.

Georges FEYDEAU, *Quatre Pièces pour rire*, Club des Libraires de France.

2 **1.** Si j'avais su... - **2.** Vivement la suite ! - **3.** Bah ! Plutôt moyen, non ? - **4.** Je ne ferai plus confiance aux critiques ! - **5.** Tout ce que j'aime : des sentiments, de l'action... - **6.** Je ne comprends pas qu'on autorise ces films ! - **7.** Tu as aimé ça, toi ? Je n'en reviens pas ! - **8.** C'est bête... 7 euros pour ça ! - **9.** C'est bien la dernière fois que je me laisse prendre ! - **10.** Vraiment, ils n'étaient doublés ? - **11.** Les acteurs, quel jeu ! - **12.** Vraiment ? Ils n'étaient pas doublés ? - **13.** Une heure quarante de bêtises ! Une heure quarante de perdue ! - **14.** J'ai bien fait de venir ! - **15.** Les critiques étaient bonnes ?

3 – Dis-moi, j'ai vu une affiche sur le festival du court-métrage à Clermont. Toi le cinéphile, tu dois sûrement connaître ça ?
– Je pense bien ! C'est le premier festival de court-métrage du monde !
– Ah bon ?... Et il y a un palmarès comme à Cannes ?
– Bien sûr ! Il y en a même trois parce qu'il y a trois compétitions en fait : nationale, internationale et labo.
– Labo, c'est quoi ?
– Des films plus expérimentaux, des recherches de formes, tu vois...
– Et ça fait beaucoup de films tout ça ?
– Tu parles ! J'ai entendu à la radio que les organisateurs en avaient reçu près de 4000. Tu te rends compte ! Mais il y a une sélection évidemment... Dans la compétition internationale, il y a 80 films cette année, j'ai oublié combien dans les autres, un peu moins sans doute.
– Alors, comment ça marche pour le public ? Je veux dire c'est organisé comment ?
– Eh ben les films sont répartis dans des programmes d'1 h 30-1 h 40 à peu près, la durée d'un film normal quoi, en général un programme c'est cinq ou six courts-métrages. Et à chaque heure, tu as le choix entre cinq programmes. Parce qu'en plus des trois compétitions, il y a encore plein d'autres choses. Par exemple, chaque année il y a un pays différent qui est invité d'honneur. Cette année, c'est le Royaume-Uni. Il y a aussi des sélections pour les jeunes, des programmes sur des thèmes particuliers...
– Attends, à chaque heure ? Mais tu dis qu'un programme dure au moins une heure et demie ?
– Oui, mais dans cinq salles, les séances commencent aux heures impaires (13 h, 15 h, 17 h...) et dans cinq autres aux heures paires (14 h, 16 h...). Depuis quelques années, c'est comme ça pour essayer de partager les spectateurs et de réduire les files d'attente.
– Il y a beaucoup de monde ?
– Oui, énormément. C'est un festival international et il est très populaire dans la ville même, en particulier auprès des étudiants. Quand il a commencé en 1979, c'était un tout petit festival. Aujourd'hui, on attend 130 000 spectateurs.
– C'est concentré sur un seul ciné ?
– Non, pas du tout, ça se passe dans deux cinés mais aussi à la fac, à la maison des congrès.
– C'est cher l'entrée ?
– 3 euros la séance mais on peut acheter un carnet de vingt places pour 56 euros, et si on l'achète avant le début du festival, on a 10 places gratuites en plus. C'est ce que j'ai fait, je partage avec des copains. Si ça t'intéresse, je peux te filer quelques tickets.
– Ah je veux bien, ça dure combien de temps ?
– Neuf jours, d'un week-end à l'autre. Ça commence ce vendredi et ça se termine samedi prochain.
– Et c'est sur toute la journée ?
– Le matin, il y a moins de séances. Mais de 13 heures à 23 heures, c'est comme je t'ai dit. Si tu tiens le coup, tu peux en voir cinq !
– C'est ce que tu fais ?
– Non, quand même pas ! mais quatre, oui, ça m'est arrivé ! J'aime vraiment, ça te donne une très bonne idée du jeune cinéma, des tendances actuelles. J'aime surtout les sélections internationales. Et puis l'ambiance est très sympa, les spectateurs réagissent, applaudissent. Assez souvent, les réalisateurs assistent aux projections. Tu sais, beaucoup de « grands » d'aujourd'hui ont débuté là.
– Et comment tu choisis ce que tu vas voir ?
– Il y a un programme très complet qui donne une idée de chaque film. Je l'ai eu quand j'ai pris les tickets. Je te le passerai. Et puis comme dans tous les festivals, il faut écouter ce que disent les autres, le bouche-à-oreille...

4 – Bonjour, Madame, vous vous souvenez de moi ? Je suis passée ce matin.
– Non, enfin... peut-être... Vous savez, pendant les soldes nous voyons tellement de monde ! Qu'est-ce que je peux faire pour vous ?
– Eh bien voilà, je vous ai pris ces bottes ce matin et je voudrais les échanger.
– Je peux voir ?... Merci... Mais, elles étaient en soldes, n'est-ce pas ? Je reconnais le modèle.
– C'est bien ça.
– Alors, je suis désolée. Regardez. C'est bien précisé : « Ni repris, ni échangé. »... Je ne peux rien faire malheureusement.
– Mais attendez, regardez, je ne peux pas les mettre, elles ont un défaut. Il y a un clou dans la gauche, tout au fond. Je l'ai senti tout de suite quand j'ai voulu mettre les bottes en arrivant chez moi. J'aurais pu me blesser !
– Et vous n'avez rien vu quand vous les avez achetées ?
– Non, j'ai seulement essayé le pied droit. Vous m'avez apporté l'autre botte après. J'ai bien examiné les deux extérieurement et je n'ai rien vu.
– C'est dommage mademoiselle, je vous le répète, je n'y peux rien !
– Bon, si c'est comme ça, je voudrais parler à la responsable du magasin.
...
– Que se passe-t-il, Madame Forestier ?
– Mademoiselle a acheté ces bottes en soldes ce matin et elle veut les échanger. Elles ont un défaut, il y a un clou dans la botte gauche.

– Voyons ?... Ah oui, en effet, il y a un clou. Le défaut n'est pas visible, c'est bien une cause d'échange... Il faut proposer une autre paire à Mademoiselle. Elle est dans son droit.
– Il y a un problème Mademoiselle. C'était la dernière paire de ce modèle.
– Vous avez une autre paire semblable, en noir ?
– Non, en noir, il n'y a plus rien.
– Alors, remboursez-moi !
– Je vais demander si c'est possible.
– C'est entendu Mademoiselle, nous allons vous rembourser. À moins que... Voulez-vous essayer ces bottines ou des chaussures de sport ?

5 **1.** – Bonsoir Julie, Bonsoir Marc. Ici, Madame Courtine. Voilà, je dois faire un long voyage en train pour me rendre chez mes enfants. Ma valise est un peu encombrante et je la laisse toujours dans le porte-bagages qui se trouve à l'entrée de la voiture. Une amie m'a dit qu'en cas de vol je ne serai pas indemnisée. Est-ce vrai ?
– (*Marc*) Bonsoir, Madame Courtine. C'est malheureusement exact ! Un jugement de la Cour de cassation a estimé que la SNCF n'était pas responsable, même quand elle imposait au voyageur de déposer les bagages dans un endroit éloigné de la place du voyageur. En revanche, elle engage sa responsabilité si on lui confie ses bagages, c'est-à-dire si on utilise son service « bagages à domicile » qui prend et livre vos bagages aux adresses que vous lui indiquez. Dans ce cas, si le jour de livraison prévu n'est pas respecté, la SNCF vous verse une indemnité forfaitaire de 30,50 euros.
En cas de perte ou de détérioration, elle vous verse une indemnité limitée à 914 euros par bagage ordinaire (valise, sac...) et 396 euros par bagage volumineux (un vélo, par exemple).
Je vous conseillerai donc de faire appel à ce service : non seulement vous voyagez plus tranquillement, mais encore vous êtes protégée en cas de perte ou de vol !
– Merci bien, Marc !
– Je vous en prie ! Une autre question ?
– (*Julie*) Oui. Nous ne quittons pas le domaine des voyages. C'est une question de Monsieur Villiers. Parlez, Monsieur, c'est à vous !

2. – Merci. Je voyage peu en avion et je n'ai jamais eu de problèmes avec mes bagages. Mais hier soir j'ai vu la fin d'un reportage sur ce sujet et je n'ai pas bien compris. Et comme je dois bientôt partir, je voudrais savoir ce qu'il en est. Si mes bagages n'arrivent pas, qu'est-ce que je dois faire ?
– Selon la société *Aéroports de Paris*, deux bagages sur mille sont endommagés par an, sept sur mille sont mal acheminés, et trois sur dix mille sont définitivement perdus. Cela peut sembler marginal, mais si vous êtes le malchanceux des statistiques, il y a des mesures à prendre d'urgence !
Si vos bagages ne se présentent pas sur le tapis de réception à l'aéroport, il faut le signaler tout de suite au service bagages de la compagnie ou de l'aéroport et exiger un récépissé. Si les bagages sont retrouvés, ils sont livrés sans frais à l'adresse indiquée dans votre réclamation. Vous pouvez demander une indemnité si, du fait de ce retard, vous avez été obligé d'acheter des affaires de première nécessité (brosse à dents, vêtements...) mais il faut faire cette réclamation au plus tard dans les 21 jours qui suivent la livraison de votre bagage.
Si vos bagages sont perdus ou endommagés il faut adresser à la compagnie, le plus vite possible dans le premier cas, et dans les sept jours suivant la découverte du dommage dans le second, une réclamation écrite. Le montant de votre indemnisation dépend de votre situation mais elle plafonne en général à 25 euros le kilo à l'aéroport. Attention, ceci n'est valable que pour les bagages transportés en soute. Vous êtes responsable des bagages que vous transportez en cabine, sauf si le dommage intervient pendant le vol (chute du compartiment bagages par exemple). Dans ce cas l'indemnisation est plafonnée à environ 410 euros par passager.
Voilà, j'espère que vous n'aurez pas besoin de mettre en application ces conseils ! Bonsoir Monsieur Villiers !
– Bonsoir, merci pour ces précisions !
– (*Julie*) Notre émission touche à sa fin et il va falloir nous quitter... Je vous donne rendez-vous lundi prochain à l'écoute de « C'est votre droit ». Bonsoir !

6 – Agence Mary Poppins, bonjour !
– Bonjour ! Est-ce que je pourrais parler à la personne qui s'occupe du placement des jeunes filles au pair, s'il vous plaît ?
– Un instant, je vous prie.
– Nathalie à votre service !
– Bonjour ! Je m'appelle Karen, je suis danoise et je voudrais travailler comme fille au pair dans une famille française pour améliorer mon français.
– Avez-vous déjà déposé un dossier de candidature dans une agence de votre pays ?
– Non, pas du tout. J'ai eu vos coordonnées par l'intermédiaire d'une copine polonaise qui a été placée dans une de vos familles il y a trois ans, à Grenoble.
– Ah bien ! J'espère que tout s'est bien passé pour elle.
– Oui, elle était très contente !
– Je veux bien vous donner quelques renseignements maintenant mais vous devrez obligatoirement remplir un dossier

d'inscription. D'accord ? Il y a un certain nombre de formalités à remplir même si c'est un peu simplifié pour vous puisque vous faites partie de l'Union européenne. Vous n'avez pas besoin de visa ; un passeport valide ou une carte d'identité suffit et vous êtes dispensée de l'autorisation provisoire de travail par exemple. Quel âge avez-vous ?
– 22 ans.
– Parfait. Ces échanges s'adressent aux jeunes entre 18 et 28 ans.
– Combien de temps faut-il rester dans la famille ?
– De un à trois mois l'été, six mois, dix mois, pendant l'année scolaire de septembre à juin ou douze mois. On peut aller jusqu'à dix-huit mois dans certains cas. Avez-vous déjà été au pair ?
– Oui, mais pas longtemps, au Canada : je me suis occupée d'un bébé. Est-ce que vous pouvez me dire quelles sont les conditions en France ?
– Le temps de travail est fixé par la loi à trente heures par semaine, ce qui fait cinq à six heures par jour mais il faut être flexible ; les heures peuvent être réparties différemment selon les jours. Vous devez essentiellement vous occuper des enfants. Inutile de dire qu'il faut les aimer et avoir une bonne dose de patience.
– (*Rires*) Oui, ça va.
– (*Rires*) Bon, tant mieux ! Oui, je disais,... vous occuper des enfants : alors qu'est-ce que ça veut dire ? Selon les âges, bien sûr : les préparer pour l'école, aller les chercher, préparer les goûters et les repas, jouer avec eux, leur donner le bain. Vous devez aussi vous occuper de leur linge, ranger les jouets.
– Et le salaire ?
– Alors, le travail au pair est considéré comme un échange culturel, ce n'est pas un contrat de travail donc on ne va pas parler de salaire mais d'argent de poche. Pour trente heures de travail, vous touchez environ 300 euros par mois (au minimum 275 euros). Vous êtes évidemment nourrie, logée.
– On peut avoir des vacances ?
– Vous avez un jour de congé complet par semaine.
– Pardon, n'importe quel jour ?
– Le dimanche en général. Vous avez également du temps pour aller suivre des cours de français deux fois trois heures par semaine – c'est obligatoire – et enfin une semaine de vacances rémunérées après six mois de travail. Voilà.
– J'aimerais bien trouver une famille dans les Alpes parce que j'adore la montagne.
– Dans la mesure du possible, nous essayons de vous placer dans la région de votre choix mais ce n'est pas toujours possible.
– Merci beaucoup. Excusez-moi, je vous rappelle demain parce que je n'ai plus de crédit sur mon portable.
– Vous n'avez qu'à me demander, ce sera plus facile. Je m'appelle Nathalie. Au revoir !
– À demain, au revoir !

7 **Guide** : Nous voici maintenant devant le Musée d'Orsay. Le bâtiment vous rappelle peut-être la Gare de Lyon ? Rien d'étonnant à cela, il a été construit à la même époque, dans le même but. Avant d'être le Musée d'Orsay, c'était la Gare d'Orsay. En fait, c'est un lieu chargé d'histoire. Au IXXe siècle, ici, il y avait deux constructions : une caserne de cavalerie et le Palais d'Orsay. Pendant la Commune, en 1871, un incendie a tout détruit et pendant plus de 30 ans on n'y voyait que des ruines calcinées. À la veille de l'exposition universelle de 1900, l'État a cédé le terrain à la Compagnie des Chemins de Fer d'Orléans qui y a fait construire une gare pour desservir le sud-ouest de la France. La gare et son hôtel, construits en deux ans, ont été inaugurés le 14 juillet 1900. C'était une gare très moderne, avec un immense hall de 138 mètres de long, 40 mètres de large et 32 de hauteur. Jusqu'en 1939, elle a été une gare importante mais après cette date, à cause de l'électrification des lignes et de l'allongement des trains, elle n'a plus desservi que la banlieue. Pendant la guerre, elle est devenue un centre d'expédition de colis aux prisonniers, et, à la Libération, un centre d'accueil pour ces mêmes prisonniers. Plus tard, elle a servi de décor à des films et elle a accueilli un temps la compagnie de théâtre Renaud Barrault. En 1973, l'hôtel ferme et la gare est menacée de destruction. C'est le renouveau d'intérêt pour le IXXe siècle qui la sauve. En mars 1973, elle est inscrite sur l'inventaire supplémentaire des Monuments historiques. Par ailleurs, la direction des musées de France envisage d'implanter dans la gare d'Orsay un musée où représenter tous les arts de la seconde moitié du IXXe siècle. La décision officielle est prise le 20 octobre 1977 à l'initiative du président Valéry Giscard d'Estaing. En 1978, le bâtiment est classé monument historique et la construction et la mise en œuvre du musée commencent. Inauguré par le président François Mitterrand, le musée ouvre ses portes en décembre 1986.
Vous voyez, ce musée, c'est toute une histoire !
Actuellement, et jusqu'au 28 mai, dans le cadre de l'année Cézanne, vous pouvez y voir une magnifique exposition consacrée à ce célèbre peintre et à Pissarro.

8 **Marie-Michelle** : Je me suis installée il y a sept mois dans ce village de l'Allier de 700 habitants. Je suis native de La Bourboule dans le Puy-de-Dôme mais j'ai vécu en Seine-et-Marne. Mes enfants, qui sont grands, n'ont pas compris qu'à 51 ans, avec une bonne place que j'étais sûre de garder jusqu'à la retraite, je me sois lancée dans cette aventure. J'étais responsable de fabrication chez Total. Mais j'en avais assez de l'ambiance de travail, du manque de contact avec les gens, du stress, de la pollution... J'avais chaque jour une boule dans la gorge. Alors, j'ai cherché sur Internet et j'ai découvert l'annonce du conseil général de l'Allier concernant ce commerce. En deux mois, tout était plié ! Je n'ai jamais regretté cette soi-disant folie ! Bien entendu, je travaille énormément, six jours et demi par semaine. « Le Voltigeur » est le seul commerce de Biozat. Un

multiservices avec épicerie, dépôt de pain et de journaux, timbres, bar, etc. Plus de treize services. Mais les contacts avec la population sont enrichissants. On apprend de nouveaux rythmes, ceux des saisons, de la campagne, des chasses, des moissons. On découvre un autre univers, d'autres façons de vivre et c'est bon pour l'équilibre. Je souhaite à de nombreux citadins de vivre ce bonheur.

Christophe: Depuis mai 2004, nous avons quitté Othis, en Seine-et-Marne, pour nous installer à Thégra, un petit village de 400 habitants. La société où travaillait ma femme a été liquidée et ça a été l'occasion de quitter la région. Mais nous y pensions depuis plusieurs années. Et, à 37 ans, c'était le moment ou jamais. Moi, je travaillais à *La Poste* mais j'avais déjà travaillé dans un café. C'est comme ça que nous avons pu nous installer à notre compte en ouvrant notre hôtel-restaurant. Pour mes deux enfants de 6 et 8 ans, ça a été un peu dur au début, mais ils se sont adaptés assez rapidement. S'ils avaient été plus vieux, ça aurait été plus difficile, et nous aurions sans doute hésité à déménager. Pour ma part, je suis né à Périgueux, puis j'ai vécu une quinzaine d'années en région parisienne. Alors, pour moi, cette installation à la campagne est un peu un retour aux sources. Le plus agréable, c'est de pouvoir oublier l'insécurité et le stress. Sans parler de la pollution. En somme, la ville ne nous manque pas du tout.

9 **Gilles de ROMILLY** – Après les Gorges du Verdon on met le cap à l'ouest direction la pointe bretonne./Je vous le demandais au début de cette émission:/avez-vous une petite idée du point commun entre la peinture/le rouge à lèvres/les chemises synthétiques/les pellicules photo et la crème glacée?/Eh bien, pour connaître la réponse,/écoutez attentivement le reportage d''Édouard GARZARO.

Édouard GARZAROD – Ils contiennent tous des alginates fabriquées à base de goémon autrement dit d'algues/en Bretagne l'arrachage du goémon est une pratique séculaire mais l'aventure industrielle de cette algue n'a commencé qu'au IXXe siècle comme nous l'explique Yannig BIGOUIN, responsable du musée des goémoniers de PLOUGUERNEAU.

Yannig BIGOUIN – On a trouvé qu'en brûlant des algues on arrivait à en tirer de l'iode et, mélangé à l'alcool, ça donnait de la teinture d'iode/donc ce grand désinfectant/et à partir de cette invention on peut dire/des industriels se sont rapprochés de ce coin de Bretagne et ont demandé aux gens de la côte de récolter les algues/de les faire sécher et de les faire brûler/et à partir de la cendre on pouvait faire de la teinture d'iode/donc au début du IXXe siècle, en 1828, une première usine s'est construite au CONQUET et puis après, ça s'est éparpillé un petit peu partout dans le Finistère et en Bretagne/des industriels qui ont construit des usines pour faire de la teinture d'iode.

Édouard GARZAROD – Pour obtenir 15 kg d'iode, il fallait 25 tonnes de goémon;/à bord de leurs petits bateaux à voile/armés de leur scoubidou/une grande perche munie d'une serpe pour récupérer les algues au fond de la mer/les arracheurs ne chômaient pas comme s'en souvient très bien Francine LE TREDOUX issue d'une famille de goémoniers depuis plusieurs générations.

Francine Le TREDOUX – **Trois/quatre heures de rang hein/ils travaillaient ces heures-là et pour rentrer au port** après/alors leur casse-croûte ils le mangeaient à la maison/bien sûr que c'était difficile/bon quand le temps était calme/ça allait/mais quand il y a par exemple le vent ou autre ou la tempête là vous savez ça c'est déjà plus dur/euh quand ils partaient comme ça ils étaient toujours debout dans le bateau/et comme ils sont toujours deux/il y en toujours un devant un derrière/pour ne pas se blesser avec l'outil qu'ils ont/euh donc la position bien sûr n'était pas toujours facile/ils se plaignaient pas beaucoup/les goémoniers ne ne se plaignaient pas beaucoup parce qu'ils disaient s'ils se plaignaient eh bien comme c'était leur gagne-vie eh bien rien ne rapportaient à la maison/donc ils avaient beaucoup de courage/surtout le courage ils avaient.

Gilles de ROMILLY – Aujourd'hui, la Bretagne n'est pas la seule à arracher les algues/les goémoniers sont moins nombreux et leur travail moins pénible grâce notamment aux machines qui n'ont pas besoin de courage pour braver les tempêtes.

FDLM n°335, septembre 2004.

10 **Gilles de ROMILLY** – C'est un véritable géant des airs construit par le consortium européen Airbus qui a fait ses premiers vols d'essai il y a quelques mois/73 mètres de long/24 mètres de hauteur/20 roues et 845 mètres carrés de voilure pour faire décoller ce poids lourd de 560 tonnes/l'Airbus A380 emportera jusqu'à 1 000 passagers en configuration charter/14 ans seulement après les premières recherches pour créer un avion à deux ponts, Airbus a fait voler au printemps le premier A380./Déjà vendu à près de 150 exemplaires, il effectuera ses premiers vols commerciaux au printemps prochain sous les couleurs de la *Singapore Airlines*/qui aura déboursé au passage quelques 250 millions d'euros l'unité./C'est clair,/c'est le plus gros,/le plus lourd,/le plus beau et/nous dit-on/le plus silencieux des avions/mais c'est là que le bât blesse/lors du deuxième vol d'essai le 4 mai dernier sur l'aéroport de Toulouse-Blagnac, la polémique a pris de l'ampleur/l'A380 ne serait pas aussi discret qu'on voudrait nous le faire croire/Frédéric BOURGADE était sur place/

Frédéric BOURGADE – Peu de bruit au décollage/idem à l'atterrissage/la foule qui assistait au premier vol le disait/l'A380 est silencieux/un effort environnemental dont Noël FORGEARD le PDG se félicitait quelques minutes seulement après le décollage.

Noël FORGEARD – Tout le monde a pu voir aussi qu'il était extrêmement silencieux/3 décibels de moins que la concurrence/c'est satisfaisant de l'entendre ou plutôt de ne pas l'entendre.

Frédéric BOURGADE – Mais dans la foule des experts sonomètres en main ont enregistré 88,5 décibels au décollage/103 à l'atterrissage après remise des gaz/deux mesures qui font dire à Nadine SALOMÉ qu'Airbus a survendu le silence de son avion.

Nadine SALOMÉ – Airbus communique en disant ce sera l'avion le moins bruyant du monde/en fait ce sera l'avion le moins bruyant du monde/par passager/mais l'avion lui-même fera plus de bruit qu'un A320/plus de bruit qu'un A340 et euh semble-t-il un bruit voisin de celui d'un 747

Frédéric Bourgade – Comme Nadine SALOMÉ Henri SUNE est riverain des pistes d'Airbus et voici le bruit de l'A380 lors du second vol d'essai d'aujourd'hui/conclusion du riverain Henri SUNE
Henri Sune – Lors du passage de cet avion j'ai essayé d'entretenir la conversation/non contents de pas avoir saisi ce que j'ai dit les personnes qui étaient à côté de moi n'ont rien entendu
Frédéric Bourgade – Airbus explique ce bruit par le fait qu'au premier vol l'avion ne rentre pas immédiatement le train d'atterrissage et qu'il faut ajouter celui de la Corvette qui le suivait/mais pour Chantal DEMANDER de l'Association contre les nuisances aéroportuaires le survol des maisons parisiennes par l'A380 sera dérangeant pour les habitants
Chantal Demander – Eux, ils auront pas les essais mais ils l'auront en trafic/et eux aussi ils le disent/est-ce qu'on doit attendre dans le progrès de la motorisation/dans les progrès acoustiques un soulagement pour nous/et bien ils disent/ben non/et donc la seule façon pour nous d'être soulagés/c'est d'enlever ces aéroports qui sont trop nuisants et de les mettre en dehors des villes
Frédéric Bourgade – Les anti-bruits ne sont pas anti-Airbus ni pro-Boeing/juste des riverains qui aspirent au silence/expliquent-ils.

FDLM n°341, septembre 2005.

11 **Gilles de Romilly** – Au milieu des dizaines de milliers de mots que compte cette langue si chère/il y a forcément des mots que vous aimez parce qu'ils sonnent bien ou qu'ils éveillent en vous des émotions positives et d'autres mots que vous n'aimez pas/pas facile à dire comme cela à brûle-pourpoint/les enfants eux ont leur petite idée sur la question/Nicolas SCHMITT est allé le vérifier pour Fréquence FDLM – Le mot *amour* parce qu'il y a des fois où on fait des enfants et puis c'est/c'est beau à voir des enfants/et puis moi j'aime bien les petits frères ou les petites sœurs – Moi c'est *chaton* parce que moi les chats: j'adore les chatons et il y en a des couleurs que j'aime bien les chatons – Ben moi c'est lapin parce que j'aime bien les lapins quand ils sautent/ça fait « bouing bouing » - Moi c'est *les vacances* parce que j'aime pas l'école – Moi ce que j'aime bien c'est le mot *les*/parce qu'il y en a plusieurs des machins –
Nicolas Schmitt – Comment tu l'écris/les – Ben l-e-s – Moi mon mot détesté c'est ma sœur/parce qu'elle fait que de m'embêter – Ben moi le mot que j'aime pas/c'est le mot porte/parce qu'à chaque fois maman elle me dit de fermer la porte et puis j'oublie/alors à chaque fois je me fais crier/puis si ça existerait pas il y aurait pas besoin de la fermer.

FDLM n°332, mars 2004.

12 **Gilles de Romilly** – Demandez à vos enfants/neveux/nièces/petits cousins ou petits voisins ce qu'ils veulent faire quand ils seront grands/les réponses sont universelles et immuables/au hit parade des métiers de rêve pour les enfants/on trouve rarement inspecteur des impôts/le quinté gagnant depuis des décennies et pour encore des siècles et des siècles/c'est toujours policier/maîtresse/pompier/coiffeuse et footballeur/Christelle LAPIERRE est encore allée le vérifier auprès des enfants de Muizon/une petite commune à côté de Reims/au cœur de la Champagne – Maîtresse/parce que j'aime bien faire maîtresse et puis j'aime bien les maîtresses/c'est donner du travail aux enfants et puis c'est les mettre des fois en récréation.
Christelle Lapierre – Alors toi, qu'est-ce que tu voudrais faire comme métier plus tard – Pompier/parce qu'il y a des tuyaux d'arrosage/il y a des bottes et aussi il y a des combinaisons.
Christelle Lapierre – C'est pas un peu dangereux – Je trouve que c'est dangereux moi – On peut se tuer mais c'est pas grave hein.
Christelle Lapierre – Et toi qu'est-ce que tu veux faire comme métier – Policier/parce que j'aime bien arrêter les gens/parce qu'ils vont trop vite et puis ils font des bêtises – Ils volent des trucs aussi/de l'argent/des diamants et tout – Je crois qu'il y a un ordinateur. Puis l'ordinateur il leur dit quand quand il y a un voleur/c'est pour arrêter les bandits – J'aimerais bien être coiffeuse parce que j'aime bien coiffer les autres/je leur fais des chignons/puis je leur fais des/je leur coupe les cheveux et il faut bien savoir se servir des ciseaux.
Christelle Lapierre – Et alors toi tu m'as pas dit quel métier tu voulais faire – Ben je sais pas parce que je veux faire dentiste et aussi maîtresse/parce que j'ai/j'ai des caries et je connais Fabienne/c'est ma dentiste/et puis elle est gentille parce que avec ses gants elle fait des ballons en forme de coq ou de poule.

FDLM n°338, mars 2005.

13 **Roger Arduin** – Il a quelques semaines, Marseille a célébré le cinquantième anniversaire de la Cité radieuse/un bâtiment de 153 mètres de long/perché sur pilotis pour ne pas être une barre infranchissable/avec sur huit étages doubles trois cent trente sept appartements duplex traversant l'immeuble et orientés est-ouest/conçu peu après la guerre par l'architecte Le Corbusier c'était alors vraiment un immeuble révolutionnaire/Isabelle LANGLADE responsable de l'exposition qui lui a été consacrée.
Isabelle Langlade – Oui, il est révolutionnaire pour plusieurs raisons/C'est la première utilisation du béton brut dans l'architecture moderne/il y a huit rues/en CORBUSIER on ne parle pas de couloirs mais de rues/et puis c'est un bâtiment dans lequel les appartements bénéficient d'une technicité remarquable/par exemple l'apparition pour la première fois des cuisines intégrées à l'américaine avec un équipement révolutionnaire/un vide-ordures/une cuisinière/la climatisation de tous les appartements/une isolation phonique par l'utilisation des doubles vitrages/des liaisons téléphoniques intérieures gratuites/des ascenseurs qu'il avait fait venir des États-Unis/donc des prestations de très haut niveau supérieur à ceux des logements sociaux habituels/et puis Le CORBUSIER n'envisageait pas simplement de faire des appartements alignés et superposés mais aussi

d'introduire dans ce bâtiment des lieux de rencontre/ce qui fait la grande originalité de cet immeuble/par exemple une section de cinéma/une bibliothèque/une école maternelle et puis des commerces situés dans la troisième et quatrième rues/et là les gens bien sûr se rencontraient en faisant leurs courses/chez le boucher ou au restaurant/un hôtel - restaurant qui existe toujours aujourd'hui.
R.A. – Et tout cela a été conçu deux ans seulement après la fin de la guerre
I.L. – Donc dans un contexte extrêmement difficile/il faut se replacer dans ce contexte pour comprendre vraiment la bataille à laquelle a donné naissance cet immeuble entre les partisans de cette œuvre étonnamment moderne et au contraire ses détracteurs.
R.A. – Au point que certains avaient même baptisé l'immeuble « la maison du fada », c'est-à-dire la maison du fou.
I.L. – Oui, « la maison du fada » c'est comme ça qu'on continue parfois à l'appeler à Marseille tout simplement parce qu'on jugeait que cet homme était fou et qu'il allait rendre les gens fous en les empilant de la sorte/mais la grande ambition de Le CORBUSIER c'était d'élever le logement social vers le haut et malheureusement il n'a pas toujours été suivi dans cette voie.
R.A. – Aujourd'hui cependant, la Cité Le CORBUSIER est classée monument historique et c'est l'un des sites les plus visités de Marseille.

FDLM n°326, mars 2003.

14 Ici, à Marie-Galante, la vie s'écoule à... un tout autre rythme qu'en Guadeloupe, la grande sœur distante de quelques kilomètres. Georges est né à Marie-Galante et n'a jamais quitté son île; il est l'un des rares à se déplacer encore avec un char à bœufs sur les petites routes. Il a raison, Georges, les jeunes fous qui le doublent à toute allure n'ont rien compris à la vie, rien compris à la philosophie de Marie-Galante. C'est son rythme à lui qui est le bon. Il fait chaud, parfois une chaleur très humide, l'île est belle, parfois très belle et de surcroît, il n'y a aucune raison de stresser.
Marie-Galante n'accueille pas beaucoup de touristes: d'abord parce qu'il y a très peu d'hôtels et seulement quelques dizaines de chambres d'hôtes, ensuite parce qu'il faut prendre un bateau depuis Pointe-à-Pitre et que c'est compliqué pour les métropolitains qui viennent en vacances. Et pourtant, après 40 minutes de traversée, vous arrivez à Grand-Bourg et, d'emblée, vous êtes sous le charme de Marie-Galante. Nulle autoroute, nul hypermarché et point de building en béton. Des cases créoles, de petites maisons, des routes jamais encombrées, bref le bonheur parfait.
Quelques lieux de mémoire à visiter: l'habitation Murat, une ancienne plantation de canne à sucre, le moulin Bézard, reconstruit à l'identique et en état de marche et pour le reste du temps, une belle nature qui va des plages splendides et paisibles côté mer des Caraïbes jusqu'aux falaises et aux côtes plus agitées sur la façade Atlantique. Dépaysement total, belle authenticité et surtout une qualité de contact avec l'habitant que l'on a beaucoup de mal à trouver en Guadeloupe, toujours secouée par quelques conflits qui pourrissent la vie de tout le monde et en particulier des touristes. En clair, si vous envisagez de vous rendre en Guadeloupe, choisissez plutôt ses dépendances afin d'être tranquille et si, à Marie-Galante, il vous arrive de doubler un char à bœufs, ne klaxonnez pas! Vous pourriez stresser Georges!

Thierry BEAUMONT, *Destination Voyages*, France Info, 6 février 2006.

15 LE PETIT LIVRE DES COULEURS

Voir rouge, rire jaune, être vert de peur, bleu de colère ou blanc comme un linge? Pour savourer l'histoire de ces expressions, lisez d'urgence *Le Petit Livre des couleurs* aux éditions du Panama. Michel Pastoureau, anthropologue, y dialogue avec Dominique Simonnet.
Et voici le jaune, symbole d'infamie, la couleur de la robe de Judas. Le vert dangereux des Martiens, aujourd'hui recyclé dans l'écologie. Le bleu, symbole de conservatisme et de raison, la couleur favorite des français. Celle des jeans et des chemises, des drapeaux de l'Europe et de l'ONU. Au Japon, on lui préfère le rouge.
À chaque civilisation, époque ou religion ses modes, évoluant au rythme des progrès dans les pigments pour la teinture et la peinture. Guère de bleu dans l'antiquité, au point qu'au IXXe siècle certains croyaient que les Grecs ne le voyaient pas. Le bleu éclate au Moyen Âge dans les vitraux des cathédrales. D'abord symbole féminin. Puis l'inverse... Le rouge était encore la couleur des robes de mariées il y a cent ans! Il pâlit ensuite en rose pour habiller nos petites filles.
Mais au fait, combien y a-t-il de couleurs? Avec un prisme, en 1665, Newton décompose la lumière en sept couleurs de base: violet, indigo, bleu, vert, jaune, orangé et rouge. Aujourd'hui, scientifiques et artistes s'accordent pour reconnaître six couleurs principales, pas une de plus: le bleu, le rouge, le blanc, le vert, le jaune et le noir.
Les constructeurs informatiques nous vantent les millions de couleurs de leurs écrans... Tromperie: notre œil ne sait pas distinguer plus de deux cents nuances. Car c'est l'œil humain qui fait les couleurs. D'ailleurs, si notre soleil était une étoile plus rouge ou bleue, ou émettait des rayons X, l'évolution nous aurait conçu avec d'autres yeux, et nous verrions les choses autrement.
Avec son *Petit Livre des couleurs*, aux éditions du Panama, Michel Pastoureau nous fait toucher de l'œil une palette d'une telle richesse, que nos rêves n'en sont que plus colorés.
Décidément, l'arc-en-ciel inspire. Deux livres récents lui sont consacrés: *Les Figures de l'arc-en-ciel*, de Michel Blay, chez Belin, très bien illustré, et *Histoire de l'arc-en-ciel*, de Bernard Maitte, au Seuil, une analyse approfondie de cette énigmatique merveille de la nature qui jalonne toute l'histoire des sciences. Ne disait-on pas autrefois aux enfants qu'au pied de l'arc-en-ciel se cachait un trésor!

Laurent BROOMHEAD, *La Science en livres*, France Info, 5 février 2006.

16 FRANCE BLEU PAYS D'AUVERGNE : L'EMPLOI

• L'ANPE recherche un/une responsable d'atelier électricien poids lourds, auto, travaux publics, agricoles. Vous êtes autonome, vous supervisez et vous encadrez une équipe de quatre techniciens. Maîtrise de l'informatique souhaitée pour ce contrat d'une durée indéterminée. Une expérience de 3 à 5 ans est exigée. Le diplôme niveau bac électrique auto est exigé.
• À Coudes, un électricien ou une électricienne automobile pour de la maintenance. Vous avez une formation électricien auto ou poids lourds ou agricole ou encore engin de chantier. Vous assurerez le montage des circuits électriques sur les poids lourds mis en service à l'atelier. Vous serez formé (e) mais vous devez être rapidement autonome. C'est un CDD de 2 mois évolutif sur un CDI. Une expérience d'un an est souhaitée mais on accepte aussi les débutants. Un CAP électricité auto est souhaité.

• À Issoire, un plombier-chauffagiste homme ou femme. Vous préparez et posez tous les éléments nécessaires à l'installation complète d'un équipement sanitaire ou de chauffage. Vous devez justifier d'une première expérience significative ou être titulaire d'un CAP ou BEP électrotechnique ou encore électromécanique. C'est un contrat d'une durée indéterminée. Une expérience d'un an minimum en plomberie-chauffage est demandée.

• Des offres sont à pourvoir avec l'ANPE du Puy, Nadine.

Nous recherchons un pâtissier/pâtissière de restaurant. C'est pour un restaurant gastronomique. Celui-ci sera fermé du dimanche soir au mardi midi. C'est un contrat à durée indéterminée. Expérience exigée de 2 à 4 ans en pâtisserie restaurant et CAP pâtisserie également exigé.
• Et puis, l'espace info-jeunes recherche des préparateurs de commandes en CDD. Vous travaillerez régulièrement les samedis de 5 h à 13 h. Vous préparerez les commandes sur une plate-forme logistique en fonction d'un listing. Le poste est à pourvoir début février sur Cournon. Pour postuler, vous devez être rigoureux et rapide. Un poste qui conviendrait parfaitement à des étudiants. Si vous êtes intéressé(e), appelez le 04 73 14 72 34.

France Bleu Pays d'Auvergne, vendredi 3 février 2006.

17 Message 1

Le 14 mai, les amis du livre en Auvergne-Bourbonnais organisent leur 5e Train du livre.
Dans ce train Clermont-Ferrand-Montluçon tracté par la célèbre locomotive à vapeur 141 R 420, vous voyagerez en compagnie de cent trente auteurs. À Montluçon, séance de signatures au centre Athanor et possibilité de visiter la ville. Attention, pour prendre place à bord du Train du livre le 14 mai avec France Bleu, il est prudent de réserver au 04 73 63 61 50.

France Bleu Pays d'Auvergne, vendredi 3 février 2006.

Message 2

Si la seule évocation du mille-pattes vous donne la chair de poule, si le bourdonnement d'un butineur déclenche la panique, si la vue d'un rampant vous fait détaler aussi vite que l'éclair, c'est que vous ne connaissez pas assez les insectes.
Chaque samedi dans H2O, Gérard Guillot vous explique la vie fascinante de ces petites bêtes. Qu'ils volent, qu'ils sautent, qu'ils rampent ou piquent, vous ne regarderez plus les insectes avec le même œil.
L'abécédaire des insectes, le samedi, dans H2O entre 9 h et 11 h sur France Bleu Pays d'Auvergne.

France Bleu Pays d'Auvergne, vendredi 3 février 2006.

Message 3

Réponse possible aux excès du capitalisme : l'économie sociale. Un homme, une voix, c'est le credo des coopératives, des mutuelles, des associations. Elles emploient en France près de deux millions de personnes qui sont en concurrence avec des entreprises capitalistes. Le secteur se porte bien et fait des émules.
Rue des entrepreneurs, c'est demain matin à 9 h 10 sur France-Inter avec Didier Adès et Dominique Dambert.

France-Inter, vendredi 27 janvier 2006.

Message 4

Vous avez un projet innovant, envie de créer votre entreprise, participez au concours national d'aide à la création d'entreprises de technologies innovantes. Il a déjà permis de créer 800 entreprises. Vous pouvez obtenir jusqu'à 450 000 euros pour financer votre projet.
Informations au 01 55 quatre fois, 01 55 55 55 55 ou sur recherche point gouv point fr. Clôture des inscriptions le 28 février prochain.
C'était un message du Ministère chargé de l'enseignement supérieur et de la recherche.

France Bleu Pays d'Auvergne, vendredi 3 février 2006.

Message 5

Vous aimez les livres, vous aimez les voyages, vous aimez les livres de voyages… Devenez juré du prix « Les semelles de vent » qui sera décerné en juin, sur l'île de Bréhat et récompensera le récit de voyage que vous, lecteurs, vous aurez choisi.
Dites-nous par lettre qui vous êtes, pourquoi vous voulez participer à ce jury. Vous avez jusqu'au 1er avril pour envoyer votre candidature à l'adresse suivante : Les semelles de vent, 7 rue Blaise Cendrars, 22500 Paimpol.

18 Au moment où vous allez nous quitter et repartir dans votre pays, j'ai tenu à vous réunir pour vous dire combien nous avons été heureux de vous accueillir ici. Nous espérons que les trois années que vous avez passées dans notre école resteront pour chacun d'entre vous un moment privilégié qui vous aura permis de découvrir une autre culture, de tisser des liens d'amitié.

Il vous appartient désormais de garder le contact entre vous, avec vos amis de promotion mais aussi avec nous tous, avec la langue française. Vous pensez sans doute que ce n'est pas facile. Alors je vais vous donner quelques idées.
Donnez de vos nouvelles en écrivant au Journal de l'école. Vous pourrez échanger des impressions, des informations, donner des conseils. Dans votre pays, rejoignez les associations d'anciens boursiers ou mettez en place une association qui regroupe d'anciens élèves de notre école ou d'autres grandes écoles. Vous serez probablement très surpris de constater que tel ou tel de vos compatriotes a eu le même parcours que vous. Et puis ne manquez pas de participer aux festivités organisées par l'Ambassade à l'occasion de la semaine de la langue française et de la francophonie ou bien encore du 14 juillet!
Vous allez, j'en suis persuadé, avoir une vie professionnelle intense qui ne vous laissera pas toujours beaucoup de loisirs mais sachez trouver quelques instants par jour pour lire la presse francophone, écouter, regarder des émissions en français. Ne vous cachez pas derrière de faux prétextes: je ne trouve pas de journaux, je ne connais pas la fréquence... Il vous suffit de taper trois w point. Vous connaissez la suite...
À tous, bonne chance!

19 **MÈRE**: Bonjour les enfants!
KATE: Bonjour!
MÈRE: Ça va Patrick? Ça va Kate?
PATRICK: Ouais Maman, ça va.
MÈRE: Alors, ça s'est passé comment?
PATRICK: Ben...
KATE: Bof pour moi, très bien... hein...
PATRICK: Ben, écoute non... Mais chais pas, on verra... T'sais... Ben, y a des trucs que j'ai mieux sentis que d'autres...
MÈRE: Faut attendre les résultats, c'est tout!... Hein? De toutes façons tu es toujours anxieux mon chéri... n'est-ce pas Kate?
KATE: Ouais...
PÈRE: Ah Patrick... Kate... Bonjour...
PATRICK: Ça va Papa?
PÈRE: Ça va?
PATRICK: Ouais... tranquille.
PÈRE: Alors? Ces partiels?
PATRICK: Ben, écoute, c'que j'disais à Maman... Chais pas on verra quoi, on verra.
PÈRE: Bon. Eh ben on verra.
MÈRE: Ah! Au... au fait Patrick... Tu as une lettre qui est arrivée...
PATRICK: C'est vrai?
MÈRE: C'est la Poste, je crois.
PATRICK: C'est la Poste?
MÈRE: Oui, oui, ça doit être une réponse...
PATRICK: Eh ben, vas-y, donne, fais voir
KATE: Oh super!
PATRICK: Merci.....Alors, qu'est-ce qu'ils disent?
MÈRE: Alors? Qu'est-ce que ça dit?
PATRICK: Attends, attends, attends... Cher Monsieur, tatati... tatata... Ah on me propose un... ah ouais, un entretien dans une semaine... Eh, pour les deux mois, juillet août...
MÈRE + KATE: Ah ben c'est génial!
PATRICK: Ah oui mais attends...
PÈRE: Kate, ton jus d'orange, tiens!
KATE: Merci!
PATRICK: Ah oui non, attends c'est pour faire facteur...
PÈRE: Et alors?
MÈRE: Oui, et alors?
PATRICK: Attends, moi j'avais demandé les guichets...
KATE: Mais, un job c'est un job hein!
PATRICK: Ah oui, mais, attends d'accord un job c'est un job mais attends, facteur, tu sais ce que c'est?
MÈRE: Mais ça peut être intéressant justement...
PATRICK: C'est très intéressant, d'accord, attends, c'est hyper physique comme métier!
MÈRE: Non mais arrête!
PÈRE: Tu es un garçon physique Patrick enfin!
PATRICK: Non mais d'accord attends quand même faut se lever à cinq heures du matin... c'est... OK, c'est un job d'été mais bon c'est un peu les vacances aussi quoi... Tu vois je travaille toute l'année... Attends, je vais me lever à cinq heures, le matin, pour faire tout le quartier à pied avec une grosse sacoche de de courrier... attends, c'est... pfff
PÈRE: Patrick, à quelle heure tu auras fini?
PATRICK: J'en sais rien.. j'en sais rien papa... j'ai aucune idée... mais ça, ça va me prendre toute la matinée...

MÈRE : Moi, moi je suis d'accord avec ton père, Patrick... Tu auras fini certainement très tôt dans la journée... Tu auras peut-être toutes tes après-midi... Et c'est une réponse positive ! Hein ?
PÈRE : Et puis tu sais Patrick, c'est pas non plus si compliqué que ça... Tu disais tout à l'heure c'est physique, c'est physique... euh... entre être à un guichet pendant toute une matinée et être dehors... ce sont des caddies, hein, c'est pas un vélo, c'est pas une sacoche sur l'épaule...
PATRICK : D'accord mais attends papa il fait 30° dehors là... attends moi je préfère être tranquille à un guichet tu vois quitte quitte à se faire ennuyer par les gens autant être à un guichet je pense tranquillement installé, enfin voilà quoi.
MÈRE : Oh moi je suis pas d'accord avec toi !
PÈRE : Tu sais tu risques...
MÈRE : Facteur, ça peut être très sympa.
PÈRE : Ben je pense que c'est beaucoup plus sympathique, le contact n'est pas le même. Au guichet tu risques de te faire plus souvent embêter, voire engueuler que de recevoir des des messages de sympathie hein... Tu sais euh pour le contact...
MÈRE : Moi je pense que tu en aurais ras le bol au bout d'une semaine tu vois... le guichet...
PATRICK : Attends pour Sciences Eco, facteur, ça n'a rien à voir, excuse-moi mais je vois pas vraiment le rapport.
PÈRE : C'est une ouverture d'esprit.
MÈRE : Et quel salaire ils te proposent ? Hein ?
PATRICK : Chais pas, en plus ça doit être misérable, attends... Ça j'en sais rien... Chais pas c'est pas un plein temps... Ça c'est... Chais pas peut-être 600... 600 à tout casser quoi... peut-être 700... 700 au maximum
PÈRE : 700 euros...
MÈRE : Ce serait déjà pas mal...
PÈRE : Patrick, 700 euros, tu es à la maison, tu as besoin de rien, ça te fait de l'argent de poche pour ta rentrée,
PATRICK : Non, non, je suis d'accord papa... mais seulement si on me propose quelque chose de plus intéressant, excuse-moi, je vais foncer... J'ai postulé à quinze quinze trucs, j'ai demandé à des banques, j'ai demandé...
PÈRE : Là, combien de réponses tu as eues pour l'instant ?
PATRICK : Pour l'instant, pour l'instant c'est la quatrième là, c'est la seule positive, d'accord, et j'ai envoyé quinze euh j'ai au moins envoyé quinze CV à des trucs beaucoup plus intéressants.
MÈRE : Oui mais enfin au moins tu as cette réponse, elle est positive, c'est la seule que tu aies pour l'instant,
PATRICK : Non mais je vais y aller hein...
MÈRE : Ça pourrait être pas mal du tout sur ton CV et c'est mieux que de rester tout l'été à rien faire...
PÈRE: Ecoute ta mère, laisse-nous te donner un petit conseil, hein ? Tu as effectivement encore la possibilité d'avoir d'autres réponses...
PATRICK : Oui
PÈRE : Ne néglige pas celle-là qui peut être une possibilité, on ne sait jamais, peut-être que tu n'auras pas de réponse positive derrière, va à cet entretien, et éventuellement euh... laisse-toi la possibilité, si c'est possible hein, de de d'avoir un tout petit peu de temps de réflexion, mais mais mais ne refuse pas parce que peut-être que derrière tu auras rien du tout !
PATRICK : Non, je sais bien, je sais bien, maman, mais j'ai postulé dans des banques, j'ai postulé dans des entreprises qui seraient beaucoup plus intéressantes par rapport à par rapport à ma formation, par rapport à... ben voilà quoi, des...
MÈRE : Oui, m'enfin y en aura d'autres des jobs d'été, peut-être que l'année prochaine tu seras dans une banque, ou... voilà, il faut il faut des expériences diverses !
PATRICK : L'année prochaine je m'en fiche maman, ce qui m'intéresse c'est maintenant !
PÈRE : Ne sois pas non plus totalement négatif...
MÈRE : T'as pas fini, ta formation, excuse-moi mon chéri ça commence alors... !
PATRICK : Ça commence d'accord, mais autant, si c'est possible, prendre des des des... travailler dans des entreprises en rapport avec ce que je veux faire, et avec mon cursus... c'est quand même... euh...
PÈRE : Tout à fait
PATRICK : Ça me paraît évident...
MÈRE : Bon mais on va pouvoir passer à table hein ?

20 **E** : Et qu'est-ce qui se passe, là ?
F1 : Ah ben on vient de passer devant un radar ! Et devant les radars, tout le monde ralentit !
E : Ils freinent tous !
F1 : Oui on joue tous les premiers de la classe et après on redémarre ! Ça sert à rien mais c'est pas grave !
E : C'est bizarre !
H : Ah oui, non mais c'est bizarre mais ça c'est typiquement français hein ça c'est le radar, c'est fantastique, c'est génial ! Les gens ils voient annoncé « Radar à deux cents mètres », ils ralentissent juste avant, ils passent à la bonne vitesse, et après pfft ils réaccélèrent...
F2 : Non, c'est pas vrai
E : C'est pas un peu dangereux ?
H : Mais si.
F2 : Regarde, regarde tu vois bien que les gens ils ont pas réaccéléré comme des malades juste après le radar !

H : Et ben tiens ! Regarde, regarde-le, regarde-le celui-là, là-bas ! Et ben voilà !
F2 : D'accord une voiture sur combien ? On est combien là sur la route ?
H : Ma foi tu sais bien... ils vont, ils vont
F2 : Moi je ne suis pas du tout d'accord avec toi, moi je pense que tous les moyens sont bons pour sauver des vies et même la répression et je crois que plus on installera de radars, plus les gens feront attention et que la la sévérité finit toujours par payer, ça c'est sûr tu vois et que moins y a de tués, moins y a de blessés sur les routes eh ben moi mieux moi mieux je me porte. Tu te rends compte ? Est-ce que t'as vu les chiffres depuis six mois ? Est-ce que t'as regardé un peu les statistiques ? Et ben elles ont énormément baissé grâce à tous les radars qu'on a installés partout, je crois qu'y en a plus de mille, c'est ça maintenant, eh bien je t'assure que les statistiques ont vraiment baissé et les chiffres de mortalité de la route et ben euh...
H : Et ben oui
F2 : Ça s'est sérieusement amélioré.
H : Tu as vu aussi les chiffres de ce que ça rapporte ? Ça c'est quand même fantastique
F1 : Et regardez-moi celui-là ! Et allez, il me colle, il me colle ! Il a bien freiné au radar et puis maintenant... ras-le-bol !
F1 : Allez vas-y énerve-toi ! Allez, passe !
E : Vous êtes un peu latins les Français hein ? (*Rires*)
H : Non mais c'est vrai c'est on est dans un système c'est du racket permanent enfin les radars c'est surtout ça ! La sécurité c'est une chose mais...
F1 : Qu'est-ce qu'il fait ? Il met pas son cligno
H : Non mais ben oui !... Hé ! Mais c'est surtout un moyen de te prendre encore un peu plus d'argent ! Ça fait rentrer de plus en plus d'argent dans les caisses d'une façon euh...
F2 : Super ! Ecoute, écoute, non, y a un code de la route qui est fait pour qu'il soit respecté non ? Sinon ça sert à quoi ?
H : Mais toutes les mesures que qu'on prend il a été prouvé et y a des gens très spécialisés qui disent que ça sert à rien et qu'il faudrait quelque chose de beaucoup plus intelligent...
F2 : Attention, celui-là il déboîte là...
H : Oui
F1 : Oui, d'accord je l'ai vu.
F2 : Je suis d'accord avec toi
H : De plus intelligent que ça tu vois.
F2 : Mais moi je suis d'accord avec toi
H : C'est à dire qu'y a des moments où on peut rouler plus qu'à 110 ou à120, si y a personne sur la route à ce moment-là, c'est pas grave...
F2 : Ben non, ben non...
H : Mais si...
F1 : Moi je me suis fait avoir deux fois, deux fois... Avec quoi ? J'avais plus de vingt kilomètres heure quoi vraiment un dépassement ridicule hein, tu vois, limité à 110 eh ben on m'a enlevé deux points, 135 euros à chaque fois !
E : C'est si cher que ça ?
F1 : Et j'ai mis aucune vie en danger hein... Je vous assure ! Hein... Vraiment... Tu vois comment je conduis toi qui es tout le temps dans ma voiture
H : Oui...
F2 : Tu vois, tu dis vingt kilomètres de plus seulement. Vingt petits kilomètres de plus... Imagine... Regarde le type-là qui t'a doublé tout à l'heure qui t'a fait une queue de poisson, vingt kilomètres de plus eh ben on y passait peut-être tous les quatre !
H : Alors tu sais ce qu'il faut pour toi ? Toi, il faut que t'achètes une voiture intelligente qui pense à ta place, comme ça t'auras plus rien, t'auras plus de questions à te poser, tu mettras ton régulateur de vitesse sur la vitesse autorisée...
F2 : Mais moi je suis pour !...
H : Et puis voilà ! Comme ça ta voiture, elle roulera...
E : Comme les Américains
F2 : Mais moi je suis complètement pour, ils devraient limiter les voitures, ils devraient les brider, je suis pour !
F1 : Et t'as entendu aussi parler euh des voitures justement avec leurs accélérateurs intégrés là, euh qui étaient bloqués à 200 sur l'autoroute ? T'en as entendu parler ?
H : Ouais, bien sûr.
F2 : Et des gens qui savaient pas comment faire ? Qu'arrivaient pas à freiner ni rien ? Ah mais c'est n'importe quoi ça, c'est des âneries... Moi je pense que ce soit, de toutes façons les contraventions, les radars, euh... le taux d'alcoolémie, bref, toutes les mesures qui ont été mises en œuvre, tous les moyens sont bons moi je pense, quand il s'agit de sauver des vies. Et... Ecoute, regarde par exemple sur la route, moi, pas loin de chez moi y a un petit carrefour tu sais, je suis un peu en rase campagne et cetera, y a euh deux semaines de ça, y a un gamin qui s'est fait renverser par une voiture tu vois, jambes cassées, et cetera, bon, tu veux dire les parents, mal, tu vois, mais super mal, un chauffard, un type, qui débarquait, qui déboîtait de la droite, qui a pas regardé et paf !
E : C'est quoi un chauffard ?
F2 : Le môme en l'air, tu vois ?
F1 : Un chauffard c'est quelqu'un qui conduit pas aussi bien que moi ! (*Rires*)

H: Un chauffard, ça veut dire c'est c'est oui, voilà, c'est un danger sur la route...
F1 : C'est vrai... y en a hein
F1 :Vous parliez des radars tout à l'heure le nombre de personnes qui mettent pas leur cligno! Ça ce sont des dangers publics aussi! Ah!!
F1 : Regarde-moi ça et alors il accélère maintenant! Ah ça m'énerve! Et allez, passe! Passe! Passe!
E: Comment comment ça se passe chez vous pour contrôler... l'alcool test... comment ils font...?
H:Ah! Eh ben c'est très simple, en fait, y a souvent des barrages de police, ou bien y a oui des gendarmes qui t'arrêtent et à ce moment-là on... il faut souffler dans un petit appareil... donc un alcotest et c'est tu souffles dedans et y a une coloration y a des cristaux qui se colorent et en fonction de la couleur on détermine le nombre de grammes d'alcool que tu as dans le sang.
E: On a ça aussi oui
H:Voilà hein je crois que c'est c'est partout... donc euh en fait si on a entre 0,50 g et 0,80 g d'alcool dans le sang, c'est une infraction au code de la route donc ça coûte 135 euros d'amende et en plus on retire six points sur le permis de conduire.
F2: Et ils peuvent aussi aller jusqu'à te suspendre ton permis de conduire
F1 : Et ben dis donc!... Vous semblez bien au courant moi je trouve!... (*Rires*)
H: Ben y vaut mieux savoir hein parce que...
F1 : En tout cas moi je suis sobre les enfants, je suis sobre... (*Rires*)
H: Ben... Laisse les mains sur le volant s'il te plaît et regarde devant toi... (*Rires*)

21 **A.** Qu'est-ce que tu prends? Tu veux un long sucré, un court en... avec... euh... Qu'est-ce que tu veux?
B. Ben moi, je prends un chocolat
A. Et toi?
C. Ah moi, un petit café, un serré
A. D'accord! OK! Ah zut! J'ai pas assez de monnaie. T'as t'as 20 centimes en plus?
B. Tiens, tiens!
A. Ah! Merci. Ah au fait vous avez vu dans le journal là, le joueur qui a intenté un procès au Casino. Il a été débouté...
B. Non, c'est quoi cette histoire?
A. T'as pas entendu parler de ça?
B. Ben non moi tu sais, l'actualité locale...
A. C'est pas de l'actualité locale, on en a entendu parler même sur France Inter!
B. Ah bon, hé ben, vas-y, c'est quoi?
A. Ben oui, tiens, tiens, tiens ton café!
C. Merci!
A. et ton chocolat... Et ben c'est euh tu sais c'est un type là je sais plus il avait joué je crois qu'il a perdu attends il a joué et surtout il a perdu quoi le pauvre euh un truc comme 700 000 euros aux machines à sous et à la roulette. Et il estime que c'est le Casino qui est responsable... [*Rires*]
B. Il a quel âge? C'est un adulte, non?
A. Bah bien sûr, il a plus de 40 ans
B. Pff, on est responsable de ce qu'on fait à cet âge-là, il me semble...
A. Oui moi aussi c'est ce qui me semble. Enfin apparemment d'ailleurs il me semble aussi que le tribunal est allé dans ce sens-là puisqu'il a été débouté et le jugement a été rendu hier. Alors, tu vois...
C. Pardon, débouté, qu'est-ce que ça veut dire?
B. Ça veut dire que le tribunal rejette sa demande.
A. Mais il peut encore faire appel s'il veut. D'ailleurs c'est ce qu'il va faire, je crois.
C. D'accord.
B. Franchement, c'est ahurissant cette affaire hein... Et s'il avait gagné à la roulette, il aurait attaqué le Casino, non?
A. En plus, s'il était trop faible pour arrêter tout seul, on sait bien hein y a des gens pour qui c'est une maladie hein de jouer dans les casinos il n'avait qu'à se faire interdire l'accès aux casinos, interdire de jeu quoi, c'est possible.
C. Ah bon, c'est possible ça?
A. Ben oui.
C. On se fait interdire?
A. Oui, oui, oui tu t'adresses à la police des jeux. Je sais pas très bien comment ça marche parce que moi j'ai jamais enfin presque jamais été jouer... [*Rires*] Tu t'ins... on t'inscrit sur la liste des personnes qui n'ont pas le droit d'entrer au Casino. Comme ça, t'as plus le droit de jouer.
B. Ben apparemment, il ne l'avait pas fait hein.
D. (*qui arrive et se mêle à la conversation*) Salut!
A + B + C. Salut!
D. Ah vous parlez de l'affaire du Casino?
A + B + C. Oui...
D. Et ça me rappelle celle du fumeur là, vous vous souvenez qui avait attaqué qu'est-ce qu'il avait attaqué la Seita là parce qu'il avait un cancer des poumons.

A. Ouais, c'est exactement le même principe : on n'est responsable de rien, il y a forcément quelqu'un qui est responsable pour vous...
B. Ouais enfin bon quand même ça se discute hein parce que OK on est responsable, mais euh il y a vraiment des gens qui sont faibles
A. Mais tu trouves normal qu'il y ait des gens qui en vivent, des gens dont le boulot c'est de profiter de ta faiblesse ? Moi, je trouve quand même qu'il y a quand même un peu d'exagération tu vois là-dedans. Et puis, par exemple pour le tabac, y avait pas toutes ces campagnes de prévention, il y a quelques années...
B. Oui...
A. Maintenant, quand même, ça fait ça produit un effet
D. D'ailleurs t'as pas une clope là ?
A. Tu sais bien ça fait 3 semaines que j'ai arrêté de fumer.
B. Enfin bon, en tout cas, pour le jeu, c'est une autre histoire, si tu choisis d'aller jouer dans un Casino, c'est ton problème, le Casino n'est pas venu te chercher, tu n'étais pas obligé d'y aller.
D. Enfin moi, personnellement, je ne veux pas y mettre les pieds, j'ai vraiment le sentiment que si je commençais, je pourrais pas m'en sortir. Et vous, vous avez joué déjà ?
A. Jamais. Et vous les filles ?
C. Une fois, moi à Las Vegas. On ne peut pas faire autrement là-bas.... J'étais avec mon ami, on a d'abord joué 20 $ et on a on a perdu... Mon ami il a dit « ça suffit, on rentre ! ». Il était plus raisonnable. Mais moi, j'ai voulu continuer ! cette fois, j'ai joué à une sorte de bingo, il fallait cocher des numéros sur une carte et j'ai gagné... j'ai gagné peut-être 50 $ mais j'étais très fière ! *(rires)*
D. Eh dis donc à propos des États-Unis, j'y pense vous savez pas qui j'ai rencontré en ville hier ?
A + B. Non
D. Françoise !
B. Ah bon, elle est là ?
D. De passage seulement, elle repart à New York dimanche elle m'a dit. Elle avait l'air très en forme hein, elle a pas changé du tout.
A. Elle t'a dit si elle se plaisait là-bas ?
D. Beaucoup, beaucoup elle m'a dit, enfin, moi, ça m'étonne, hein elle qui avait une maison, un grand jardin...
B. Ouais je me rappelle les fêtes qu'on a fait chez elle c'était super
D. Elle qui adore la campagne tout ça enfin...
B. Oh oui, l'été dernier, c'était formidable !
D. Elle doit être assez dépaysée là-bas....

22 Qu'est-ce qu'un comité d'entreprise et quels sont ses pouvoirs dans une entreprise ?

La mise en place d'un Comité d'Entreprise est obligatoire pour toutes les entreprises de cinquante salariés ou plus. Le chef d'entreprise préside le CE qui est composé de représentants du personnel. Leur nombre dépend des effectifs de l'entreprise. Il est par exemple de trois titulaires et d'autant de suppléants s'il y a entre cinquante et soixante-quatorze salariés. Ces représentants sont élus tous les quatre ans, d'après une loi de 2005, et non plus tous les deux ans comme auparavant. En outre, s'il y a des syndicats dans l'entreprise, leurs représentants siègent également au CE.
Les attributions du CE sont à la fois économiques, sociales et culturelles.
Sur le plan économique, le Code du travail prévoit de nombreux thèmes sur lesquels la direction doit le consulter : les effectifs, le temps de travail, la formation et l'organisation de l'entreprise. Cette consultation obligatoire est particulièrement importante lorsque la direction veut procéder à un licenciement collectif. Cependant, le CE n'a pas de pouvoir de décision, son avis reste seulement consultatif.
Sur le plan social et culturel, le CE bénéficie d'un budget spécifique pour organiser des activités sportives ou culturelles, il peut aussi mettre en place des aides aux loisirs ou aux vacances. Le CE se réunit au moins une fois par mois. Cependant une réunion extraordinaire doit être organisée sur un sujet précis si la majorité des membres le demande.
Son fonctionnement est financé par l'entreprise qui doit lui consacrer 0,2 % de la masse salariale brute, en plus de la dotation pour les activités sociales et culturelles.
Pour leur activité dans le CE, les membres titulaires disposent d'un crédit de vingt heures de temps de travail par mois
En 2005, les CE ont fêté leur soixantième anniversaire. Ils ont été créés juste après la guerre, par le gouvernement provisoire dirigé par le Général de Gaulle.

23 *Figure médiatique de notre temps, Albert Jacquard s'interroge sur le devenir d'une communauté humaine, regroupant six milliards d'éléments portant le sceau de la diversité.*

« Si par chance/entre ces éléments/il y a/des/interactions subtiles/alors/la communauté humaine/a/la complexe/une complexité plus grande que la complexité de chacun de ces éléments/elle a donc des performances/qu'aucun de ces éléments/ne peut manifester/il y a des choses que je ne sais pas faire/que vous ne savez pas faire/et que nous/savons faire/à cause/du fait que ce nous n'est pas vous plus moi/mais c'est vous/et moi/en interaction/et que par conséquent/on peut imaginer/d'expliquer certaines/des performances humaines très fabuleuses comme la capacité/à être conscient/on peut imaginer/qu'elles lui sont données non pas/de l'intérieur par ce qu'il a reçu de la nature/mais de l'extérieur/par la rencontre qu'il fait des autres/si je dis je/c'est une phrase un peu rapide/c'est que d'autres m'ont dit tu/mon patrimoine génétique/ne m'a pas appris à dire je/je dis je parce que j'appartiens à l'espèce humaine et que j'ai rencontré d'autres hommes/et que la conscience a été une longue création pour notre espèce/dire tu/ça signifie/respecter/ça signifie/sortir de lui – même/é/duquer/c'est toujours une fausse étymologie mais qui est bien meilleure que la vraie/educare/nourrir/c'est/ouvrir un crâne et le remplir de savoir/c'est pas mal mais c'est pas suffisant tandis que/educere c'est prendre l'enfant par la main et le conduire ducere hors/de/lui-même/faire qu'il dise je c'est-à-dire faire qu'il parle de lui à la troisième personne/il se trouve que notre société croit que l'éducation/c'est le déversement du savoir/non/le savoir est utile/c'est merveilleux le savoir/mais la finalité du savoir/c'est/la rencontre/finalement/j'aimerais que Monsieur Lang/se présente comme le Ministre/de l'art de la rencontre/au fond ça devrait lui plaire/eh oui/il est le/il devrait écrire sur toutes les universités/et toutes les écoles primaires/ici l'on apprend l'art de la rencontre/car c'est la finalité/de tout ce que l'on y fait/c'est très beau d'apprendre de l'histoire/mais pourquoi/pour savoir un peu ce qu'est l'autre qui a eu une autre histoire que la mienne/la finalité/ce n'est pas de préparer la vie active/d'autant plus que/les jeunes/quel que soit leur âge/sont en pleine vie active/par conséquent leur dire/qu'on la prépare/c'est vraiment/se moquer d'eux/ça n'est pas non plus/de/devenir capable de participer à la production/à la consommation/etc/c'est tout de même pas une finalité grandiose/autrement dit/l'avenir économique d'un pays/c'est peut-être à l'école qu'il se joue/mais je m'en fous/ce qui me passionne/c'est de penser que moi j'ai été capable/de comprendre tout ça/il m'a fallu des centaines de milliers d'années maintenant/c'est fait/et il faut que j'en tire la conséquence/la conséquence/c'est qu'il me faut préserver cette richesse et il me faut même l'accroître/j'ai inventé demain/car demain n'existe pas/et nous les hommes nous savons qu'il existera/apparemment nous sommes les seuls/eh bien/ce demain/il nous faut le construire/le construire/c'est d'abord/au fond imaginer une utopie/moi mon utopie/c'est que/effectivement/demain/chacun sera/éduqué/et que chacun saura/que cette éducation elle lui vient des autres/et que par conséquent il peut dire merci. »

Canal U.

PRODUCTION ÉCRITE

101 « Le point, disait-il, ferme le sens. » Je m'appliquais, en écrivant sous la dictée, à déterminer le moment où le sens était fermé. Depuis – oh ! la puissance des maîtres ! – je suis resté hanté par la crainte de mal ponctuer. À chaque nouvelle épreuve d'imprimerie – et il me faut beaucoup de nouvelles épreuves – je change la ponctuation de la précédente. Je voudrais écrire sur la matière un traité où je mettrais en épigraphe : « Dis-moi comment tu ponctues et je te dirai comment tu penses. »

INTERACTION ÉCRITE

142 – Allô Damien ?
– Ah non, c'est Ludovic.
– Pardon de te déranger, ici Christophe. Je pourrais te laisser un message pour Damien ?
– Bien sûr, sans problème… Attends un instant s'il-te-plaît, je prends un stylo… Voilà. J't'écoute.
– Il a besoin de ma voiture demain en fin de matinée pour aller à son entretien d'embauche.
– Ah oui, j'suis au courant.
– Alors, je vais essayer de la garer dans ma rue, si possible au pied de mon immeuble. Il pourra aller chercher la clé chez ma copine Flora qui tient la petite boutique de bijoux fantaisie, tu vois ? Juste à côté de la papeterie.
– Ok… Boutique Flora…. Et pour les papiers ?
– Flora aussi. Important : tu lui dis bien de vérifier le niveau d'huile, j'suis pas sûr qu'il y en ait assez. C'est plus prudent avant de prendre la route. Il fait le plein aussi, du sans plomb. C'est tout, je crois.
– Il peut t'appeler s'il a un problème…
– Non, pas vraiment, je suis en réunion toute la matinée. Il voit plutôt avec Flora.
– D'accord, c'est noté.
– Merci ! Salut Ludovic !
– Salut !

Crédits photographiques

8 Festival du Court Métrage Clermont-Ferrand 2006 © SQP ; 12 © HPP/J.-L. Bohin/Explorer ; 14 © HPP/Gérard Sioen/Rapho ; 19 © HPP/Sylvain Grandadam/Hoa-Qui ; 28 © HPP/Keystone-France ; 31 g © Collection Christophe L ; 31 d © Collection Christophe L ; 33 © Collection Roger-Viollet ; 34 Éliane Grandet ; 35 © Éric Faferberg/AFP ; 36 ht © F. Achdou/Urba Images Server ; 36 m © J.-C. Pattacini/Urba Images Server ; 39 Ministère de la culture et de la communication ; 44 ht g © Amnesty International ; 44 ht m © Sidaction, 2006 ; 44 ht d © Greenpeace France ; 51 © Benoît Decout/REA ; 89 BIS/Ph. P. Vals - Coll. Archives Larbor ; 92 BIS/Ph. J.L. Charmet © Archives Larbor ; 96 © HPP/Izis Bidermanas/Rapho ; 113 Salvador Dali, La Persistance de la mémoire, 1931 - New York, Museum of Modern Art © AKG © Salvador Dali, Gala-Salvador Dali Foundation - Adagp, Paris 2006 ; 114 © Denis/REA ; 118 © Scanpix/AFP ; 128 © Croix-Rouge française ; 133 © HPP/Édouard Boubat/Top-Rapho ; 144 ht g © Nicolas Tavernier/REA ; 144 bas g Eliane Grandet ; 144 ht d © Collection Christophe L ; 144 bas d © Gernot Huber/LAIF-REA ; 148 « Le Baiser de l'Hotel de Ville » de Robert Doisneau, 1950 © HPP/Robert Doisneau/Rapho ; 149 DR ; 153 © HPP/Pierre Reimbold/ Hoa-Qui ; 170 © Jérôme Prévost/L'Équipe/AFP ; 171 g © Jim Watson/AFP ; 171 m © Martin Bernetti/AFP ; 171 d © Thomas Wirth/AFP.

Crédits des documents sonores

- Annonce pour le « Train du livre », 3 février 2006, *France Bleu Pays d'Auvergne*.
- Annonce pour le concours national d'aide à la création d'entreprises de techniques innovantes, 3 février 2006, *France Bleu Pays d'Auvergne*.
- Annonce pour l'émission H2O, Jacques Guillot, 3 février 2006, *France Bleu Pays d'Auvergne*.
- Annonce pour l'émission Rue des Entrepreneurs, Didier Adès, Dominique Dambert, 28 janvier 2006, *France-Inter*.
- Chronique « La science en livres : le petit livre des couleurs », Laurent Broomhead, 5 février 2006, *France Info*.
- Chronique « Destination voyages : Marie Galante », Thierry Beaumont, 6 février 2006, *France Info*.

Achevé d'imprimer en France par Clerc s.a.s. - 18200 Saint-Amand-Montrond
N° d'éditeur : 10195827 - imprimé en mars 2013